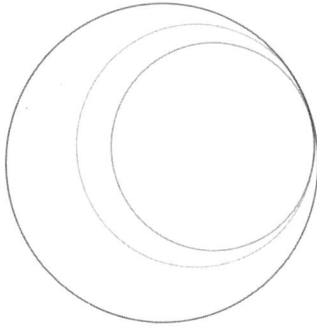

问道中国经济
转型升级

兰建平◎著

ZHEJIANG UNIVERSITY PRESS
浙江大学出版社

序　一

金　碚[*]

从 1978 年实行改革开放到党的十八届三中全会提出全面深化改革,我国从人均国民生产总值只有 230 美元的贫困落后国家发展成为世界第二大经济体。30 多年来,改革开放所焕发出的巨大能量推进了我国经济高速增长,其巨大成就显著地提升了我国的国际地位和国际话语权。30 年前,"中国人"是"穷人"的代名词,而今天,"中国人"几乎成为"有钱"的代名词。差不多可以说,全世界的国家都在盯着中国的"钱袋子"。有国际机构预测,到 2014 年年底,按购买力平价计算,中国的经济产出总量将超过美国成为全球第一。如此"财大"的国家,现实经济究竟如何?如何按照党的十八届三中全会提出的要求,进一步探索改革、创新的道路,寻求中国经济持续发展的新动力,是当下中国发展的重大理论和实践问题。21 世纪以来,特别是近 5 年来,中国经济发展的内外部环境发生了深刻变化,既有后金融危机时代全球经济形势复杂多变、发达国家回归制造业、周边各国快速发展的影响,

---

[*]　中国社会科学院学部委员、中国区域经济学会会长兼理事长,中国社会科学院工业经济研究所原所长。

也有我国传统发展模式动能减弱和矛盾显现的挑战,更有面临新工业革命的新机遇,中国经济转型升级的压力日益凸显,中国十八大和十八届三中全会提出全面深化改革正是反映了我国经济转型升级的迫切要求。

中国经济和社会所面临的一系列现实问题和突出矛盾表明,必须实现转型升级,中国经济才能转轨到更加健康和可持续发展的道路上。两年前,中青年学者兰建平同志主持开展了省级层面的工业化问题研究,对于深入了解和深刻认识中国经济发展尤其是区域工业化进程提供了一个很好的视角,形成了一批有价值的研究成果。他们的研究成果表明,打造中国经济升级版,不仅仅是国家层面的顶层设计,更是地方层面的创新实践。两年前,我曾有幸向读者推荐过他们的著作。我知道在以往研究成果的基础上,两年来他们又不断获得新的成果。作者再次邀请我为他的新作作序,我深感欣喜。兰建平同志主编的这部专著围绕现阶段我国经济发展的主要问题,以经济转型升级为重点,进行有益的探索和深入思考,特别是对于浙江工业经济发展的实践以及存在的问题具有独到见解。从浙江省的经济发展方向、战略重点,到结构变迁、企业应对等,从产业的转型升级到整个经济的转型升级,从经验总结、问题剖析,到政策评估、对策建议,作者都进行了较全面的论述。全书内容不仅密切联系浙江省的实际,而且具有全国视野,对我国其他地区的发展也很有参考借鉴意义。

以区域案例为比较研究的对象是本书的特色之一。作者选取不同区域的各个块状经济、产业集群,运用各种分析方法,对各区域空间内的资源禀赋、产业特点、文化特征等进行比较研究,揭示了产业组织形态变迁、绿色发展、技术结构升级等对区域经济转型升级的重要意义。例如,从行业转型升级的角度看,作者以当前社会关注度较高的船舶行业为例子,进行了全景式的分析,不仅具有现实针对性,而且具有理论意义。从区域的角度看,作者选取了温州乐清作为研究重点,分析块状经济如何向产业集群转型升级,提出了从模拟产品为主导向数字化产品为主导,单机产品为主导向成套服务为主导,低压产品为主导到低、中、高一体化发展的转型升级路径,不仅对乐清块状经济的转型升级具有直接指导意义,而且对于其他类似的块状经济的转型发展也具有借鉴价值。针对近年来社会越来越关注的产业发展与自然环境之间的关系问题,人们特别需要知道如何才能把经济价值追求与社会环境价值取向最大限度地一致起来? 作者选择了国内闻名的蓄电池产业基地浙江长兴,围绕绿色转型的实践,分析这两种价值之间的舍取和权衡。他们的研究成果和对策建议,无论对于经济发展方式的转变还是产业的粗放经营向集约经营转变,都具有十分重要的参考价值。

根据作者的观点,要实现转型升级就需要始终坚持经济的实体性导向,不断推进工业化进程,在制度创新、政府服务创新的支撑下,激发浙江民营企业的活力,加快现代产业集群建设,增强创新驱动力,通过"做精产品、做强企业、做高产业、做大网络、做新模式",努力实现产品竞争力、企业竞争力、产业竞争力、渠道控制力、商业模式引导力的"五大突破"。这是对转型升级实现路径的有益思考和经验总结。必须指出,实体经济是保持经济持续健康发展的主动力,中国要解决所面临的所有重大的经济社会问题,都必须依靠发达的工业生产能力和先进的工业技术水平,只有依靠更加发达的工业体系、更加先进的工业技术,中国才能解决现代化进程中的各种问题。作者认为,中国改革开放 30 多年来,以发挥"比较优势"的"贸易思维",是经济发展的主要思想。在未来,特别是在日趋复杂的国际经济社会背景下,要实现大国崛起,以工业经济为支撑,拥有核心竞争力的"工业思维"的重要性将进一步显现。在如何体现工业经济的核心竞争力上,作者提出的产品—企业—产业—渠道—商业模式这种逐层提升的模式,能有效促进经济发展方式的转变。当然这也对体制机制创新、政府服务水平提出了更高的要求。

实体经济特别是作为其主体的工业,肩负着中国产业转型升级的艰巨任务。中国以工业为核心的实体产业的转型升级,不仅仅是加快某些产业领域的变革,更是建立结构合理、可持续能力强劲的全方位产业现代化。在我国国民经济发展中，在不同产业间和各产业内，都存在很多结构性矛盾，不平衡、不协调和不可持续的问题十分突出。在2008年以来的国际金融危机的冲击下，这些问题进一步凸显。我国产业的结构性矛盾，一方面表现为过度的同质性和单调化——产品同质、产业同构、园区同形、千城一面，经济的低附加值是其必然结果；另一方面具有明显的人为安排的板块特征，缺乏有机体的活性适应能力。因此，我国产业结构调整的眼界应更具长远性，要在科学发展观的指导下把握调整方向，循序渐进，持之以恒，力戒急于求成的短视思维。第三产业的发展也不应不顾现实条件地揠苗助长。

产业结构的调整离不开产业技术的支撑，生产技术水平的提升不仅能增强我国产业的国际竞争力，而且是实现经济转型升级中"升级"的核心力量。中国30多年的工业化具有显著的平推式增长特征，即在具有资源比较优势和政府助推的领域，在扁平的技术层面上大规模投资，大力度招商引资，形成巨大生产能力，快速占领国内外市场。这推动了中国经济在短短三十多年里就成长为世界第二大经济体，但也表现出技术层次低、产品差异性小、创新活力弱的局限性。企业行为倾向于"争取优惠政策"和占据资源优势，而无心于扎扎实实的技术创新。我们应该清醒地认识到，随着工业经济进入新的阶段，促进技术进步已经成为推动工业转型升级的根本途径，内涵式增长对工业经济增长的作用会大大提高。"第三次工业革命"正在来临。高新技术对世界制造业的影响已经开始显现，发达国家和跨国公司纷纷加大对信息技术、新能源技术、新材料技术、先进制造技术的研发和投资，尤其是众多充满活力的科技型中小微企业，正在成为"第三次革命"的尖兵和先锋。面向未来，我们必须把握全球产业发展大趋势，加强"第三次工业革命"相关领域的技术开发和创新，引导社会资源进军相关领域，并积极推动企业商业模式创新，促进企业生产组织方式变革，决不可错失"第三次工业革命"带来的历史机遇。正如作者在书中所言，"应对第三次工业革命，等不得、慢不得。在科技发展上，我们本来就和发达国家有较大的差距,如果不采取有力举措,迎头赶上,那么在这场革命中我们就会丧失巨大的发展机会。"换言之,中国工业必须立足当下,紧抓机会,从平推式的工业化转移向立体式发展,整个产业、企业界、企业家的心态都应向各产业高端攀登,占领产业高地和战略制高点。

浙江是我国经济发展水平较高的省份。从当前全国各省份的发展特点来看,浙江想要继续保持全国领先地位和率先发展的势头,就必须在转变经济发展方式、加快转型升级上抢占先机,正是对这种发展形势的深入观察和思考使本书作者收获了丰硕的研究成果,这对浙江经济的发展具启示意义,对其他地区也有参考价值。

作为我国对外开放程度较高、人才优势相对明显的地区,浙江省委、省政府,从本省实际出发,提出了"腾笼换鸟、机器换人、空间换地、电商换市"的四换战略。同时,作为全国两化融合的唯一试点省,浙江也要抓住第三次工业革命的机遇,以技术创新为动力,以制度创新为保障,推动全省实现工业的立体化发展,实现全方位的转型升级。

改革开放30多年来,浙江省一直是全国经济中率先发展的地区之一。浙江省不仅经济发展领先全国,而且也总是率先出现新情况,遭遇新问题,面临新挑战。浙江省今天的现实,也许就是其他省区明天的状况。从一定意义上可以说,对于全国,浙江经济往往具有"春暖鸭先知"的效应。因此,我们特别希望,浙江经济的研究者们能不断提供给全国更多有价值的研究成果,这也正是我本人特别关注兰建平等同志所完成的这部著作的原因。

序 二

汤黎路 *

　　"十一五"以来,面对浙江经济发展在全国率先表现出"中等收入陷阱"的种种矛盾,浙江省委、省政府提出"前有标兵、后有追兵"的问题,力求准确把握浙江经济发展所面临的机遇和挑战。从 2009 年开始,浙江经济保持持续健康发展的压力不断加大。现阶段浙江经济发展正处在由传统工业化道路向新型工业化道路"变轨"的重要关口,又一次面临如何发展的重要抉择。从宏观经济形势看,我国仍处于可以大有作为的重要战略机遇期、结构调整的关键期和经济增长速度的换挡期,同时,发达国家再工业化拉开序幕,全球经济面临新一轮的调整复苏。新的形势和压力迫切要求我们加快转变经济发展方式,努力培育走在全国前列的新动力。作为中国模式的浙江版本,如何按照党的十八届三中全会精神的要求,寻求区域经济发展的新的竞争优势,是浙江经济社会发展的重大战略问题。兰建平同志的这本专著,紧密结合现阶段浙江省经济发展的主题和特点,凝聚了作者对浙江经济特别是

---

　*　浙江省政协副主席、党组成员。

浙江工业转型升级的深度思考。

纵观浙江工业30多年的发展历程可以发现,在全球金融危机以前,浙江依托民营经济活跃、轻纺工业发达、块状经济明显、专业市场丰富、制度相对先进等优势,实现了工业经济的跨越式发展。但随着改革开放的深入推进,以及兄弟省市在经济体制、发展方式等方面的逐渐完善,浙江在这些方面的优势已趋于弱化。同时,浙江经济在发展中存在的素质性、结构性、体制性矛盾日渐凸显,直接导致了浙江经济增长的表现不尽如人意。正是基于这样的认识,本书回答了浙江如何在转型期加快推进经济转型升级的进程,更好地实现平稳、较快、可持续发展这一主要问题。

作者认为,实现转型升级应该重点把握"五个化",即大力推进传统产业高端化、加快促进高新技术产业化、积极推进新兴产业规模化、稳步实现增长方式集约化、持续推动产业组织合理化。其中不乏真知灼见,如作者谈推进传统产业高端化,按照本书的说法,就是要做"高"产业。作者强调要强化需求导向,大力推进企业技术改造,要引导企业调整发展战略,创新管理模式,不断强化技术创新能力和综合服务能力,尽快从传统产品制造商向综合成套服务提供商转变,要抓紧淘汰落后生产能力,有效整合内部资源,提高产业集中度。作者用解剖麻雀的形式,对传统产业改造提升的重要性以及可借鉴的其他省份的做法做了很好的总结和对比。如在《外省加快经济发展方式转变的做法与启示》一文中,对辽宁省抓住国家振兴东北老工业基地的有利时机,坚定不移地抓技术创新、技术改造相关经验的总结,就为浙江省促进传统产业高端化的工作重点和实现路径提供了一种清晰的思路。

作者在书中多次强调高新技术的重要性,提出"以提高企业自主创新能力为核心,通过原始创新、集成创新和引进消化吸收再创新等多种途径,瞄准新一代产业技术和先进适用技术,努力实现高端产业技术的新突破,促进浙江产业技术发展从'小技术'主导向'大技术'主导跨越",这实际上是对如何实现高新技术产业化精要到位的归纳。同时,本书中对"第三次工业革命"的研究分析,也体现了作者对高新技术发展趋势的前瞻性认识。

作者论及"推进新兴产业规模化"时,提出"创新驱动、全产业链发展、差异化发展"的"三大战略"及"强化自主创新、掌握核心技术,集聚创新人才、加强智力支撑,培植优势企业、加强产业引领,加强机制创新、加大引导性投入"的"四项措施"。从浙江省的现实基础出发,可以说是培育发展战略性新兴产业的重要准则。书中除了两篇以战略性新兴产业为主题的短文外,综观全书,战略性新兴产业对浙江省经济转型升级的重要性都有所体现。

另外,作者提出"大力推进节能降耗、大力发展工业循环经济、大力发展低碳经济"以实现增长方式集约化,提出"进一步发展一批'专、精、特、新'的创新型企业,建立完善合理、有发展潜力的企业结构"以推动产业组织合理化等,都体现了作者扎实的理论功底和务实、可操作的研究导向。

本书第五篇中收录的探讨性短文也体现了作者善于抓社会热点、勤于理性思考的优秀品质。从整体上看,本书观点切合浙江实际,抓住了浙江经济发展过程中的主要问题,也提出了针对性的对策,集中体现了作者入微的观察和缜密的思考。应该说,作为对浙江经济转型升级的有益探索,本书的出版恰逢其时。

是为序。

前　言

改革开放 30 多年来,浙江成功地从资源小省走向经济大省、从基本温饱走向总体小康,开创了"中国模式"的浙江范例,成为全国各省区域经济百舸争流发展的一面旗帜。但在国内外经济形势日趋复杂、环境资源约束日益加大、经济社会转型逐渐加快的大背景下,如何提高浙江省经济发展质量、保持经济持续发展,特别是后金融危机时代,如何把握区域经济发展的客观规律,采取更加有效的措施,推动区域经济平稳、健康、持续发展,是浙江省当前面临的重大理论性和实践性问题。

自 2008 年 9 月中共浙江省委十二届四次全会做出推进经济转型升级的决定以来,浙江经济发展一直在努力突破传统的经济发展方式,为全省经济发展继续走在"全国前列"寻找新路径、注入新动力。但五年多来的经济发展实践表明,浙江省经济在转型升级过程中仍有不少重大问题需要进一步厘清,无论是政府"有形之手"的运用,还是市场"无形之手"的发挥;无论是传统产业的改造提升,还是新兴产业的培育发展;无论是发展机制内源性重振还是管理体制适应性调整,无论是升级普适路线的应用还是集群特色优势的发挥,都有必要重新审视。当前浙江经济增长遭遇巨大的下行压力,不是经济转型升级战略部署出现了问题,恰恰是浙江经济结构与当前经济形势不相适应的矛盾进一步加剧的结果,这进一步凸显了经济转型升级的紧迫性,可以说浙江经济已经到了只有转型升级才能持续发展的关键阶段。

围绕转型升级的主线,本书收录了笔者近几年发表在各大报纸、期刊上的短文以及未公开发表的部分案例研究。按照从整体到局部,从一般到特殊的原则,全书共分为五篇,结合我国整体宏观经济形势以及浙江自身发展特点,论述浙江省经济,特别是工业如何转、转向哪里、怎样升级的问题,其中重点选取了浙江船舶产业、温州乐清、湖州长兴县、台州黄岩区为案例,展开对其的实证研究。

实现经济的转型升级,需要体制机制、产业结构、市场结构、技术结构、资源消耗结构和空间布局结构等方面的转变提升,要在科学判断浙江省经济发展的阶段性特征的前提下,统筹协调,从各个层面共同推进经济的转型升级。党的十八届三中全会第一次提出"充分发挥市场对社会资源配置的决定性作用",表明了我党在体制机制方面的创新。在经济体制创新的引领带动下,从浙江省省情出发,贯彻"创业富民、创新强省"的总战略,通过"四换"来切实推进发展方式的转变和竞争优势的重构,最终实现浙江省"物质富裕、精神富有"的总目标。具体来看,在体制机制方面,应深化经济体制改革,释放改革红利,促进转型升级;在发展主体方面,要始终以实体经济为本,坚持工业化导向;在经济成分方面,要不断激发民营企业的活力,使其与国有经济形成协同发展机制;在核心驱动力方面,要抓住新技术革命的发展机遇,切实提高企业技术创新能力,加快关键共性技术的突破;在产业组织形态方面,要继续推进浙江省"块状经济"向"产业集群"转型,完善现有产业集群,提升区域发展。

产业结构的优化升级对经济转型升级至关重要,但当前浙江却面临着实体经济弱化、产业结构失衡、核心技术缺失、发展后劲不足的困境。要素成本的上升、长期的低水平竞争以及企业家想赚"快钱"的心理等诸多原因共同导致了浙江经济逐渐偏离实体,而浙江现阶段仍处于工业化中期的后半阶段,这种去实体化倾向对经济转型升级形成了障碍。产业为本、实业为基,要将实体经济的发展作为第一要务,引导社会资源为实体经济服务,完善实体经济发展的制度环境,加强支撑能力建设。工业是实体经济的主体,浙江要坚持工业化导向,用现代工业理念发展工业。

在坚持实体性导向的基础上,以战略性新兴产业为突破口,迎合"第三次工业革命"浪潮,抓紧推进结构调整,加快经济发展方式转变。浙江省立足实际,确立了以物联网、高端装备、新材料三大产业为重点的九大战略性新兴产业。尽管目前这些新兴产业的发展态势良好,但也面临着较大的制约。从整体上看,发展战略性新兴产业,不仅要考虑浙江省产业发展基础,确保体制机制的支撑,也应着眼长远,突出发展潜力大、带动性强、符合发展趋势的产业,重点扶持优势企业,加强技术人才的培养。必须指出的是,培育战略性新兴产业的根本途径是增强自主创新能力、掌握关键核心技术。第三次工业革命的兴起为浙江省加快战略性新兴产业的发展提供了机遇,这次革命性的浪潮对我们的生活以及生产方式、产业组织方式都将产生广泛而深远的影响,大规模定制、可重构制造系统、社会化生产将成为新的生产方式;产业组织方式也呈现出产业边界模糊化、产业组织网络化、产业集群虚拟化的趋势。能否在新技术革命和新产业变革浪潮中,抓住发展的新机遇,实现关键核心技术的突破,对浙江省经济实现由高投入驱动向创新驱动的转变意义重大。

"见贤思齐焉,见不贤而内自省也。"除了明确战略导向、顺应发展趋势外,还要回顾反思自身发展的不足,比较借鉴其他发达省市的发展经验,这样浙江省才能加快实现经济的转型升级。近年来,浙江省不断探索发展的新思路,经济发展中存在的一些素质性、结构性、体制性问题正不断改善,但是仍然存在发展方式粗放、产业低端锁定、体制机制不活等一系列问题。浙江省与同属我国"第一梯队"的兄弟省份相比,差距有逐步扩大的趋势。经过总结研判、比较分析,笔者认为浙江在改造提升传统产业、培育战略性新兴产业、探索市场发展新模式、提高技术创新水平方面还需更下苦功,可以借鉴广东、江苏、上海等省市在促进经济转型升级方面的先进经验,抓住现有问题,有的放矢。

本书的第四篇是区域与产业发展的个案探索,对浙江省重点产业——船舶产业的发展思路和发展对策进行了探讨,同时选取了三个产业发展各具特色且发展历程具有一定代表性的地区进行研究。浙江省是中央确定的海洋经济发展先行示范区,如何在产业上寻求这种支撑至关重要。研究报告不但在技术路线上提供了十分有益的参考,而且在制度与政策创新上也进行了较为全面和系统的探讨。在三个区域特色经济发展案例上,研究分别从地方政府的角度,以各地的工业经济转型升级实践为主要内容展开实证研究。温州乐清是围绕工业电气块状经济发展起来的地区,是块状经济向产业集群转型升级的典型区域;湖州长兴是从传统高污染、低附加值、劳动密集型产业向低排放、高附加值、高技术含量的现代制造转型的典型案例;而对黄岩模具产业的研究更具重要意义,模具产业是工业的母机,模具的产业技术水平决定了相关产业的质量和档次,关键共性技术的突破对经济的转型升级起关键作用。这三个案例研究或能为浙江乃至全国其他地区的产业发展、结构调整提供十分有益的借鉴。

本书收录的文章中还有一部分是笔者对近几年部分社会热点、企业问题的探讨,主要也是从经济转型的视角出发,从产业技术创新、企业组织结构创新、企业管理创新、金融创新等方面,探讨了创新在转型升级中扮演的重要角色。

总之,经济的转型升级是个长期的系统工程,不管是政府、市场、企业的协调配合,还是产业结构、生产要素、空间布局等方面的革故鼎新,都是转型升级不可或缺的组成部分。今后一段时间,转型升级的重点任务还是科学把握全球经济发展动向,继续推进工业化进程,建设结构合理、有核心技术支撑、可持续发展的现代产业体系。

目　录

让市场说了算　//003

让"现代元素"激活产业体系

　　——以工业现代化为突破口,加快建设浙江现代产业体系　//009

第一篇
观　　点

重构竞争优势　//014

加快先进制造业基地建设　//016

经济下行是市场化程度高的表现　//019

转型升级中浙江工业的"得"与"失"

　　——2012年浙江工业经济发展述评(上)　//024

创新发展中浙江工业的"舍"和"取"

　　——2012年浙江工业经济发展述评(下)　//031

第三次工业革命对生产方式、产业组织方式的影响　//039

从"第三次浪潮"到"第三次工业革命"　//043

战略性新兴产业　浙江"十二五"发展的新引擎　//047

第二篇
思　　考

战略性新兴产业需跨越式发展　//053

从产业调整振兴规划到战略性新兴产业　//058

做强实体经济　浙江经济发展的不二选择　//063

实业兴省　实业致富

　　——一场关于实体经济发展的对话　//067

GDP 增长率7%,浙江经济的新常态?　//073

跨越的路径 //083

从"两创"的跨越到"两富"的超越 //088

从"清洁发展机制"到"自愿减排市场"

  ——关于低碳经济发展制度创新的思考 //092

第三篇 路 径

工业化,实现四翻番的必由之路 //097

没有工业现代化就没有经济的现代化 //101

外省加快经济发展方式转变的做法与启示 //104

理性研判形势　沉着谋划未来

  ——关于当前浙江经济走势的几点看法 //116

转型升级的战略与战术 //122

从转型升级到提质增效 //128

第四篇 个 案

从块状经济迈向产业集群

  ——温州乐清工业强市转型升级研究 //135

从传统制造迈向绿色制造

  ——湖州长兴工业强县建设研究 //190

从低技术产业迈向高技术产业

  ——台州黄岩模具产业转型升级研究 //209

从低效粗放迈向高效集约

  ——加快推进浙江船舶工业转型升级研究 //228

名家　名企　名牌　*//259*

创新的魅力　*//266*

他们为什么败走"麦城"
　　——企业成长陷阱分析　*//271*

敢问"物"在何方
　　——关于浙江省物联网产业发展的思路与建议　*//276*

再议"余额宝"　*//284*

春江水暖鸭先知
　　——PPI 连续 29 个月是负数说明了什么？　*//288*

阿里巴巴成功赴美上市意味着什么？　*//291*

后　记　*//294*

第五篇
漫　谈

第一篇

观点

让市场说了算

（一）

当前国家之间的竞争，已经不仅仅是体现在技术、产品、企业等领域的经济竞争，更是体现在政府治理国家的模式和能力上的竞争。对于一个国家来说，采用什么样的经济管理方式来促进国家和地区经济的持续发展，是这种竞争的重要体现。

回顾我国经济发展的管理方式，大致可以分为三个阶段：计划经济、转轨经济、市场经济。

第一阶段：新中国成立以来到1978年，是典型的计划经济管理方式，是苏联计划经济模式在中国的典型复制。这一体制对于生产力水平低、经济基础较为薄弱的新中国重构国家经济起到了十分重要的作用。

第二阶段：1978年到2013年，顺应经济全球化、一体化浪潮，开始走改革开放发展之路，开始从由计划经济向市场经济转轨、并逐步由计划经济配置资源为主导向市场经济配置资源转变的国家经济管理方式。在1992年召开的党的十四大报告中,我国第一次提出了"市场经济对社会资源起基础性配置作用",可以说是我党和我国执政理念的一次重大理论创新,标志着在社会主义国家,同样可以运用市场机制来提高资源的配置效率,解放和发展生产力。一定程度上可以说,没有这一理论创新,就不可能有中国特色社会主义市场经济的实践。

第三阶段:党的十八届三中全会,第一次提出"充分发挥市场对社会资源配置的决定性作用"。从"基础性"到"决定性",这是我们党和国家在新时期执政理念的又一次重大理论创新,体现了我们党和国家在新的时期,认识市场经济规律、尊重经济社会发展的客观规律、把握并顺应客观规律的科学执政理念和做法。要素资源配置的市场"决定性"作用和更好地发挥政府的作用,意味着我国将借鉴第一次工业革命时期英国崛起、第二次工业革命美国崛起的经验,在制度创新上,更加注重发挥"市场无形之手"的作用,解决发展型政府的"有形之手"的"越位"问题。

从近些年的发展来看,我国一些本应市场化程度比较高的领域,如股市、房市、债市等,其管理方式体现为直接的政府计划管控,沿用了计划经济的做法。尽管阶段性地看,这样的管控,对刺激经济发展、实现稳增长、保增长起到一定的作用,但是客观上也较大地扭曲了市场的价格信号,改变了供求关系,掩盖了市场的真实情况。表现在调控结果上,价格失真,偏离价值规律,政府调控成为"空调",社会资源错配而造成浪费。如房地产业,越调价格越高;光伏产业,越补助,产业发展越非理性。市场"决定性"作用的提出将极大地促进资源错配问题的解决,提高资源的配置和使用效率。

分析人类社会经济发展的历史,世界各国围绕市场配置资源与政府配置资源问题上,大致经历了四个阶段:市场主导的自由经济阶段,如第一次工业革命;政府与市场并举经济阶段,如第二次工业革命阶段;新自由经济阶段,如欧元区经济体的诞生,世界贸易组织(WTO)主导的全球经济秩序;强势政府干预经济发展阶段,如 2008 年金融危机以来日本、韩国等经济体的刺激政策,美国的量化宽松政策等。

从全球经济发展的历史看,不同的发展阶段、不同的发展水平,政府干预的程度有所差异,但透过现象看本质,根据发展趋势判断,市场的力量都是国家和地区经济发展配置资源的主导力量,这是由市场经济的本质所决定的,也是一个被实践证明了的客观规律。但是,市场经济也会偶有失灵,如在提供公共产品和营造公平竞争环境等方面,这就为实行政府干预提供了"切入口"。正如一个硬币具有两面,适度的干预是需要的,但干预往往容易过度,特别是在经济出现下行趋势的情况下,以政府配置资源为主的各种宏观调控,会成为经济发展方式政治化趋势追求的重要表现。

从最近5～10年来看,最为典型的是2008年世界金融危机以来,以美国为代表的发达国家,应对危机采用了强有力的政府干预政策,通过大量投放货币启动经济,直接导致全球性资产泡沫,以美元为世界货币的全球经济,也因此埋下了经济理性复苏隐患。日本经济也存在类似的情况,安倍经济学最大的特点之一就是超发货币。需要特别指出的是,和发达国家相比,我国也存在较为严重的政府干预市场的行为,货币超发的问题也是比较突出的,2012年,媒体报道我国M2/GDP的比值已达到2倍。这些通过开动印钞机来刺激经济的做法,已经成为被打开的"潘多拉魔盒"。市场"决定性"作用的提出符合经济发展的客观规律,将极大地促进我国各级政府过度干预问题的解决,促使政府更好地发挥规范和服务职能。

总结我国从计划经济向市场经济转轨发展的路径,虽然在市场经济发展上取得了巨大的成功,从一个面临生产压力的国家到成为全球第二大经济体,风景这边独好,成就令人瞩目。但客观上讲,我国目前只是一种"半市场、半计划;半封闭、半开放"的经济体制。世界银行的研究报告认为我国还不是一个真正的市场经济国家,是有一定道理的。参考国外经济发展的历史经验,要实现党的十八大提出的"中国梦",解决"不平衡、不协调、不可持续"的问题,只有让市场来配置资源,让市场来起决定性作用,才能顺应市场经济的发展规律;加快经济结构的战略性调整,才能为实现中国百年崛起奠定良好的经济基础和制度基础。

所谓的市场起决定性作用,在路径和方式上表现为经济发展各种要素的配置,要实现"全覆盖"和"全过程"地由市场来配置,让产品或劳务的价格由市场来定价,让经济社会各项事务由市场来决策。这种配置权、定价权、决策权,市场说了算,而不是行政命令、行政长官说了算。市场经济的健康运行,应该是一种消费者和生产者综合定价的经济发展模式,这是市场起决定作用最根本的表现。当然,必须指出,在推进的时序上,作为转轨经济,不可能因为一两年、一两个文件,市场的这种决定性作用就体现出来了,至少需要 5 年、10 年,甚至更长的时间,才能真正实现这种市场的决定性资源配置作用。在区域的发展上,由于发展环境、发展基础、发展水平等各方面的差异,市场的这种决定性发挥的程度也是不一样的,不可能是全国"一刀切"、一个调、大家一起走,都让市场来起决定作用。在行业上,由于要素本身特性的差异性,有的市场配置作用很容易实现,有的需要先做些调整,才能适合由市场来配置。

(二)

党的十八届三中全会关于市场机制起决定性配置作用的理论创新,在实践上也将起到十分明显的作用。从当前来看,至少在以下五个方面会起到十分明显的政策效用:

一是大大提高国际社会和国内民众对中国经济未来发展的预期,提振市场的信心。实际上,对一个已经进入中等发达阶段的国家、全球第二大经济体,既无必要、也无可能由政府为主导来实现社会资源的最佳配置。

二是有效地提高社会资源的配置效率,让有限的要素资源得到最有效的使用。实践已经充分证明,在工业化进程中,资源的有限性、稀缺性会成为制约经济翻番的主要因素。资源市场经济的动力机制,就在于资本本身具有逐利性,马克思在

《资本论》中,对此有过十分精辟的论述。如何通过市场机制,让社会资本转化为产业资本,让资本流得更快、更畅,是经济活力释放的重要途径。浙江之所以能够从资源小省迈向经济大省、基本温饱走向总体小康,和当年改革开放的制度创新有很大的关系,关键是从"计划"到"市场"的改革,市场化让浙江"一遇阳光就灿烂、一遇雨露就发芽",到处是"希望的田野"。

三是促进企业提高自身竞争力,实现市场主体的转型升级。企业虽然是市场经济的主体,但如果政府掌握大量的高端资源,企业为获得超额利润甚至合理利润需要去积极争取这些资源的话,企业就不会有动力去创新,去自我革命。这样的制度安排,造成企业家将主要的精力转向去努力"找市长(司长)",而不是"找市场"。所谓"商海横流方显英雄本色",只有通过市场的充分竞争,让市场决定资源配置,才能促进企业练就出色的"硬功夫",才能打造"百年老店"。

四是有利于消除腐败、减少权力寻租,改善经济发展的社会生态环境。权力寻租,甚至是过度寻租,是政府配置资源所带来的必然结果。消除腐败不仅仅是要教育干部"不要贪",更要从制度上让干部"不能贪",这才是最根本的。当前,部分干部犯错误,相当程度上是权力寻租太容易所致。

五是倒逼政府更好地提高宏观调控的能力,更好地发挥政府的作用。政府不直接配置社会资源,政府的权力就会"减少"。但是,新时期新情况、新问题不断涌现出来,该如何解决?这就迫切要求党委、政府提高自身宏观调控能力,否则,由于"本领恐慌"而会不被社会所认同,这对执政党来说是一种倒逼机制。

浙江是中国民营经济最发达的省份,也是市场对资源能够起决定性配置作用条件最成熟的省份,浙江要紧紧抓住全面贯彻落实党的十八届三中全会精神的有利机会,谋划各种能够让市场起决定性配置资源作用的领域和方式。如争取使浙江成为"国家市场化配置资源改革试点省",成为浙江新的地方国家战略;按照"一级宏观调控、二级宏观管理"的思路,理顺中央和地方的关系,推动国家产业政策转变,由中央政府的"事前审批"转为"事后监管",发挥地方政府更了解、更接近、更掌握地方企业实际情况的优势,为各类市场主体提供最佳的服务;借鉴上海设立自贸区(实体试验区)的改革路径,争取浙江成为"国家电子商务自由贸易区(虚拟试验区)",为浙江抓住第三次工业革命的机会,努力通过体制、机制上的不断创新,为浙江经济社会发展注入更加强劲的动力。

(原载《浙江经济》2014 年第 2 期)

让"现代元素"激活产业体系

——以工业现代化为突破口,加快建设浙江现代产业体系

浙江省十一届人大四次会议通过的《浙江省国民经济和社会发展第十二个五年规划纲要》明确提出,"坚持把推进产业结构优化升级作为加快转变经济发展方式的重大任务,积极发展现代农业,加快推进工业现代化,大力发展现代服务业,培育发展战略性新兴产业,推进信息化和工业化深度融合,实施品牌大省和质量强省战略,打造具有浙江特色的现代产业体系"。这是改革开放 30 多年来,浙江首次将"打造现代产业体系"作为产业结构调整的明确目标,为浙江今后产业结构优化升级指明了长期方向。

在《中共中央关于制定国民经济和社会发展第十二个五年规划的建议》中,现代产业体系的特点被界定为"结构优化、技术先进、清洁安全、附加值高、吸纳就业能力强"。当前,我国产业领域存在较为明显的"四重四轻"的倾向:重投资轻消费、重规模扩张轻结构优化、重成本优势轻自主创新、重经济核算轻环境核算。而党中央做出的发展现代产业体系的战略部署,强调依靠技术进步,突出产业创新发展,赋予产业发展更多的"现代元素"。从相对封闭和基本独立的产业体系,到面向全

球开放的产业体系,再到现代产业体系,彰显了我国产业发展思路的重大转变。

五个"度"上做文章

建设现代产业体系是产业结构调整的长期战略目标,但关键不是在"体系"上下功夫,而是要在"现代"上下功夫,赋予产业发展更多的"现代元素"。从产业形态看,一是具有现代特征的三次产业部门,包括现代农业、现代化的工业和现代服务业等;二是由新技术涌现形成的新兴产业,或是由产业融合(特别是制造业与服务业融合)所衍生的新型业态,如创意产业等;三是由于高新技术或先进适用技术在传统产业领域的广泛应用而形成的具有现代内容的"传统产业",如装备制造业等。从产业技术看,现代技术应在国际范围内领先或先进、对产业发展具有引领作用或促进作用。从市场实现看,面向现代市场,应当是所生产的产品或所提供的服务能够充分满足消费者的需求。从外部服务(包括公共服务)供给看,在一定的地域空间内,现代化平台应当充分满足当地企业群体的公共服务需求和生产性服务需求。从企业内部管理看,现代化管理应当能够增强企业的自我发展和自我约束的能力,有助于形成现代企业组织制度和现代经营管理制度。

建设具有浙江特色的现代产业体系,关键在于结合浙江产业发展实际,着力在产业发展中增加具有浙江特色的"现代元素",特别是要围绕五个"度"做文章:

围绕产业形态发展的"跨度"做文章,突出产业发展的时代特征和门类特征。在工业化进程中,新兴的产业部门不断涌现,传统的产业部门被不断赋予新的内容。经过改革开放 30 多年的发展,浙江已基本形成了产业链垂直分工主导的格局。要成功实现从产业链垂直分工主导格局向水平分工主导格局转变,就必须在现有产业基础上加快打造比较完整的产业链,推动产业内国际贸易发展。

围绕产业技术发展的"高度"做文章。要以提高企业自主创新能力为核心,通过原始创新、集成创新和引进消化吸收再创新等多种途径,瞄准新一代产业技术和先进适用技术,努力实现高端产业技术的新突破,促进浙江产业技术发展从"小技术"主导向"大技术"主导跨越。

围绕产品和服务市场的"深度"做文章。市场高度细分是浙江区域经济发展过程中形成的典型特点,并且浙江产业普遍面向以"吃、穿、用"为主的传统消费品市场。今后浙江的产业发展,既要引导企业从比较优势向竞争优势转变,着力发展一大批有市场竞争优势的企业,又要积极把握消费结构变动趋势,引导企业加快发展面向"住、行、娱"等现代消费市场的产业。

围绕产业发展平台的"广度"做文章。加快产业集聚区建设,加大公共服务平台建设,加快发展生产性服务企业,充分保障公共服务和生产性服务供给,切实实现从"小平台"支撑向"大平台"承载跨越。

围绕企业管理的"精度"做文章。要充分认识到浙江民营经济为主的特点,加快企业家队伍建设,加快引导民营企业建立符合现代企业制度要求的组织构架,引导家族企业高度重视代际传承,着力推进企业经营管理创新,降低企业经营管理中存在的长期风险。

工业现代化是突破口

改革开放30多年,浙江区域经济实现了跨越发展,突出反映在产业领域特别是工业领域的跨越发展。离开了工业的快速崛起和发展,就不可能有浙江经济当前的发展局面。但必须指出,当前浙江工业化进程已进入工业化中期的后半阶段,产业结构、要素结构和市场结构与改革开放初期有了巨大差异,而长期存在的"低"(低加工度为主)、"小"(中小企业为主)、"散"(分散化经营为主)的问题日益凸显。

事实上,仅从近年来浙江与兄弟省市在经济增长速度上的比较看,工业对区域经济增长的支撑作用就非常明显。"十一五"前四年,浙江 GDP 年均增长 11.8%,分别比广东、江苏、山东和河南低 0.2 个百分点、1.8 个百分点、2.1 个百分点和 1.0 个百分点;同期浙江规模以上工业增加值年均增长 12.8%,分别比广东、江苏、山东和河南低 1.7 个百分点、4.4 个百分点、5.4 个百分点和 7.6 个百分点。现阶段浙江与兄弟省市在经济增长上的差距,主要还是在工业领域。

浙江要实现在今后一个时期继续"走在前列"的目标,必须加快现代产业体系建设,而重要突破口就是推进工业现代化。具体表现为:在科学技术推动下,现代工业部门不断产生和增长,传统工业部门持续变革和发展,整体工业生产力逐步达到世界先进水平。其间通过工业现代化,带动农业加快产业化步伐,催生现代农业,并支撑以生产性服务业为代表的现代服务业的兴起,从而推动现代产业体系的形成。

浙江建设现代产业体系,必须坚持转型升级,突出自主创新能力建设,着力培育发展战略性新兴产业,大力改造提升传统优势产业,努力发展以生产性服务业为主的现代服务业,依托块状经济培育一批标志性的现代产业集群或国际产业中心,依托行业龙头骨干企业培育一批本土化的国际企业。

政府应主动引导

建设现代产业体系是关于产业发展的一个"主动设计"行为,仅仅依靠创造宽松的发展环境远远不够,更需要通过政府的主动引导。浙江需努力在六个方面确立现代产业体系建设的重要目标。

——产业领域层面,大力发展战略性新兴产业,努力在高端装备制造、物联网、新材料等产业领域发展中取得实质性的突破,这是浙江成功实现产业转型的重要标志。充分发挥传统制造业的优势,彻底改变传统制造业低成本、低附加值、高污染、高能耗的路径依赖，走新型工业化道路；加快发展金融服务、现代物流、信息服务等以生产性服务业为主的现代服务业，促进浙江产业结构优化升级。

——企业建设层面，依托全省 146 家工业行业龙头骨干企业，积极推进企业的规模化、品牌化、国际化经营，着力培育"千亿级"工业行业龙头企业。拥有"千亿级"工业企业是浙江工业现代化的重要标志，也是浙江现代产业体系基本形成的重要标志。按照创新型省份建设的要求，努力培育一批创新能力强、成长性好、最具投资价值的 5000 家左右创新型企业；培育 100 家以上省级服务业重点企业，加大并购重组和资源整合力度，加快形成一批主业突出、核心竞争能力强、品牌带动作用明显的服务业大企业、大集团。

——产业组织层面，依托全省 312 个年销售收入 10 亿元以上的块状经济，围绕省政府确定的 42 个产业集群转型升级示范区，培育三到五个具有国际影响力的产业中心，作为现代产业体系建设的标志性产业集群。

——产业技术层面，在"十一五"期间确定的 25 项左右的产业共性技术的基础上，突出走引进—消化—吸收—再创新的道路，依托块状经济和行业龙头骨干企业，加大创新平台的能力建设，积极推进信息化和工业化的深度融合，支撑浙江产业共性和关键技术在"十二五"期间达到 21 世纪初的世界产业前沿技术水平。

——产业资本层面，建设和运行"浙江产业投资基金"，引导浙江雄厚的社会资本向产业资本转化；加快推动龙头企业和一批创新型企业走产品经营与资本经营相结合的发展道路，以资本市场为纽带，推动浙江家族企业向现代企业转型升级。

——企业管理层面，加快企业组织制度建设，推动企业经营管理创新；努力培养一批具有国际视野的、拥有现代企业经营管理能力的新一代民营企业家，加快形成由一批功勋企业家、创新型企业家和成长型企业家等构成的企业家队伍。

（原载《浙江经济》2011 年第 6 期）

重构竞争优势

在推进浙江省经济转型升级发展的实践中,"四换"(腾笼换鸟、机器换人、空间换地、电商换市)分别从不同的角度,为加快浙江省经济发展方式转变指明了方向。

当然,经济发展的转型升级,是多角度、全方位的,"四换"只是其中的主要环节或中心环节,而不是全部环节。

浙江省的"四换"战略,如果从技术范式上加以讨论,是第三次工业革命对推动浙江省经济转型升级发展的生动实践,是浙江省一种新经济模式逐步形成的过程。

改革开放以来,我国经济随着第三次工业革命的到来,制造业综合比较成本优势的核心——低劳动成本优势正在加速削弱。在第三次工业革命浪潮中,直接从事制造行业的人数减少,制造中装配组装成本比重下降,例如 3D 打印机的发明和不断改进,将改变工业生产的组织形式。随着 3D 打印机的大型化和集成化,"制造"有可能不再需要在工厂中完成。同时,就制造本身而言,随着技术标准化和组件模块化的发展,核心、关键零部件生产成本和利润占整个制造环节成本和利润的比重将不断提高,装配、组装的成本和利润占比将不断下降,这将对中国制造业造成巨大冲击。

　　浙江省经济发展存在较为明显的"三个过多",即过多依赖低端产业、过多依赖资源环境消耗、过多依赖土地价格竞争,工业＝工厂,工厂＝车间,随着第三次工业革命的不断深入,挑战将更为明显。深刻认识和理解第三次工业革命对生产方式、产业组织方式的影响,并努力改变这种依赖,就是要抓住以制造业数字化、大规模定制和新材料产业为特征的发展机遇,形成浙江省经济发展方式的新范式,而这种新范式在实践中最直接的表现形式就是"四换"。

　　根据"十二五"规划,到2020年浙江省将基本建成现代产业体系,各种现代元素在经济中的占比将显著提高,现代新经济模式将成为浙江省的主要模式。因此基于第三次革命背景下的浙江省"四换"战略,本质上就是浙江省新经济方式逐步形成的过程。

　　当然,"四换"对于不同产业、不同企业、不同发展阶段,也不是"齐步走"的概念,切忌"为换而换"。要区别不同产业和不同企业的实际情况,制定相应的方式、方法,在实践中稳步推进,通过"四换"来切实推进发展方式的转变和竞争优势的重构。

（原载《今日浙江》2013年第14期）

加快先进制造业基地建设

　　先进制造业基地建设对于浙江现代化具有十分重要的意义。2003 年,省委总结浙江省经济社会发展经验,明确提出发展浙江的块状特色产业优势,加快先进制造业基地建设,走新型工业化道路。这就是"八八战略"的第三大战略。10 年来,正是历届省委、省政府按照先进制造业基地建设的要求不断推进,才有了浙江在全国经济发展中走在前列的发展格局。

　　省委十三届四次全会对浙江全面深化改革做出了部署。先进制造业仍然是浙江省经济发展的主要产业,我们要把加快先进制造业发展作为经济结构调整的主攻方向,继续坚持实施先进制造业基地建设战略,用现代工业的理念发展现代工业,实现由工业大省向工业强省的转变。贯彻实施这一战略,至少需要把握五个关键:

　　一是注重让市场在资源配置中起决定性作用。顺应市场经济的客观规律推进先进制造业基地建设,这是科学发展观的重要体现。浙江省是市场化改革走在全国前列的省份,是贯彻党的十八届三中全会精神,发挥市场机制起决定性作用条件最成熟的省份,要借鉴上海自贸区的做法,最大限度地优化创业创新环境,使浙江省成为新时期全国最佳的创业高地,让市场的魅力充分地展示,让政府的作用恰如其分,为全国提供可以参考的模式和道路。

二是注重以工业经济为主体发展实体经济。从全国看,我国还处于工业化的中期;从全省看,浙江省还没有完成工业化。转型升级不是去工业化,而是走新型工业化道路,发展现代工业。浙江省近几年来区域经济发展面临增长乏力,关键问题就是"离制造化、离本地化",导致产业空心化。省委、省政府提出工业强省建设的一系列要求,同时大力推进"腾笼换鸟、机器换人、空间换地、电商换市",本质上就是以现代工业理念发展现代工业,引导工业经济走内涵发展的道路,为现代产业体系建设奠定坚实的基础。

三是注重发挥浙江省民营经济的综合优势。庞大的民营经济浙商群体,是浙江省经济最大的亮点。过去浙江省经济的发展依靠民营经济,未来仍然要依靠民营经济。广大民营企业家是浙江省先进制造业基地建设的中坚力量。要引导浙江省广大民营企业家加强实业投入,回归创业创新,加快推进行业整合,不断提升服务水平,持续增强民营企业的综合竞争力,使之成为促进科技创新、整体转型升级的重要支撑。

四是注重以改革的方式推进浙江省的现代化进程。要加快实现工业现代化,大幅度地提高生产效率和经济效益,就必须要多方面地创新生产关系,改变企业的管理方式和政府对企业的管理方式,使之适应先进制造业基地建设的需要。从各个层面来看,建设先进制造业基地战略的实施不仅需要生产技术上的重大改革,而且需要制度上、组织上的重大改革。只有改变传统的生产方式,普及现代企业管理理念,建立现代企业管理制度,实现从思路到模式的彻底改变,才能使浙江省在走向现代化的道路上大踏步向前。

五是注重抓住新技术革命的机会,创新产业结构调整的发展方式。当前,新一轮科技革命和产业变革正在孕育兴起,一些重要科学问题和关键核心技术已经呈现出革命性突破的先兆,抓住新技术革命的机遇,创造新的经济增长点和创新发展模式,对浙江省建设先进制造业基地至关重要。传统工业企业要逐渐脱离传统经营方式,在新一轮的激烈竞争中向注重技术创新和商业模式创新转变,敏锐把握产业领域的最新动向,积极致力于突破关键核心技术,最终形成合力,建立起创新驱动、人才支撑的现代产业体系。只有这样,浙江省才能真正建设成为全球先进的制造业基地。

（原载《浙江日报》2013 年 12 月 20 日）

经济下行是市场化程度高的表现

在国家公布 2012 年上半年度经济数据后,各省紧随其后,而这些数据都显示出东部沿海的经济增速均趋缓。截至目前,从国家到地方,上半年都纷纷出台"稳增长"政策,浙江也不例外。

7 月 20 日,浙江省上半年度经济运行情况发布,经济增长 7.4%,略低于往年 10% 左右的增长率,而财政增幅 4.4% 则远低于往年 20% 左右的增幅。

《21 世纪经济报道》就此专访了浙江省工业经济研究所所长、省工业创意产业中心主任、中国科学院工业经济咨询委员会办公室主任兰建平,曾在浙江省经贸委等部门担任要职的他熟悉企业实际运作状况和市场需求。

在他看来,浙江经济率先下行恰是市场化程度高的体现,"无须大惊小怪",在外贸疲软、企业生存困难的当务之急,是启动民间投资、刺激城市高端消费。

经济下行是市场化程度高的表现

《21 世纪经济报道》(以下简称《21 世纪》):上半年浙江经济增长放缓明显,稳增长成为政策重点,您怎么看浙江目前面对的难题?

兰建平:这一次,地方期望国家再投 4 万亿,既无必要也无可能。在目前的全球环境下,如果还依赖过度投资来拯救制造业,绝对不应该。特别是以国家投资为主的第二轮经济增长计划,我真希望不要来临,否则本来一心去找市场的企业,都去找司长、市长了,这样扶起来的企业有用吗?

对浙江来说,从 1956 年到现在,在五六个经济调整周期当中,哪一次浙江不是率先下行?下行是浙江省市场化程度高的表现,浙江不需要那么高的增长速度。我坚信在中国市场经济发展过程中,浙江省一定会走在先列。

《21 世纪》:但拿温州来说,受房地产等因素影响,上半年财政收入锐减,如果跟苏南相比,似乎眼下显得有点动力不足?

兰建平:温州经济发展这么多年,本来就没有国家任何投资,向来是个自我创新的地区。对这样一个地区来讲,有创业、有就业就一定有企业,有企业就一定有税收,绝对不是一个卖土地的标杆,也从未出现地王,不全靠土地财政。

我对温州的定位是国际轻工城,就像今天的意大利,在细化市场、终端消费中引领时尚。因为温州相对远离中心省会城市,又在东海之滨,土地紧张,不该依靠重化工项目。

不要说温州,就拿环太湖南北两岸的杭嘉湖和苏锡常相比,GDP 问题差距也从 2000 年的 1000 多亿,扩大到 2010 年的 8360 亿。这里的客观原因在于土地要素,温州是九山半水半分田,土地紧张;而苏州是一马平川,可利用的土地多,且江苏省政府也比较强势。

《21世纪》：这个我也赞同，其实这两年，浙江也在引进央企、外资，希望三者协调发展，对此您怎么看？

兰建平：浙江省在发展过程当中，的确也要看到自身的不足，有些政府该有为的地方有为不够，甚至是错误的。比如说，2010年浙江省出台"分离发展服务业"的政策。当时国家计划优化产业结构，把"123"结构转变成"321"结构，大力发展服务业，浙江省各级政府都制定了321产业考核体系。

美国工业化几百年，如果按照其工业化前期、中期、后期和后工业化时期这样的路径来分析，浙江省尚处于工业化中期的后半阶段，尚未完全实现工业化。在这样的情况下，服务业是很难通过市场的调整发展起来的。

但在国家政策的推动下，我们很多企业把销售部门独立出来成立销售公司，迅速提高了服务业的比例。对企业而言，从工业转变成服务业，税率下降了10多个点，间接使它们失去了创新的动力。后果是，浙江省区域经济发展过程中工业化的实现程度不够。从这个角度来讲，对接央企、外资很重要，尤其是不应只引进资本，更应实现股权多元化。

当然浙江省也需要自己的创新平台，这是浙江的长期发展战略。

"铺天盖地"与"顶天立地"

《21世纪》：现在整个市场相对疲软的状况下，浙江省的"三驾马车"应该如何引导？

兰建平：我个人认为，经济发展中市场的主体是企业，而支持企业不断发展壮大的是企业家精神，政府应该把创新企业家纳入提高当前经济发展水平的重要位置。

另外，应该根据新型市场需求去推动经济提升。对浙江、广东这些发达地区来说，农村市场非常有限，家电下乡、汽车下乡这样的政策只能起到事倍功半的效果；而城市市场怎样创造现代的生活方式来拉动内需，需要好好研究。

但仅靠消费来拉动，只是头痛医头、脚痛医脚，经济发展还是离不开投资。现在说到投资就好像毒药一样，但我强调的是启动民间投资，而非国家投资。前段时间西子控股集团想进入有机农产品领域和飞机制造领域，这些领域政策都应该开放，而不只是高铁领域。

但我们现在的很多政策看得见、摸得见，却做不了。

《21世纪》：在浙江，民资进入垄断行业的情况如何？

兰建平：进入了一些，但并不多，这其实是看国家政策的，地方并没有太大权力。像银行业中小贷公司比较多，服务业中物流公司多，民办医院也有些，但进展缓慢。

当然也要客观地看问题。我们国家的改革是一个长期的系统工程，并非一朝一夕能完成，目前的行政壁垒还是很大。其实像能评、环评等都完全可以市场化，不需要政府全包。而且我说的市场化，不只是放宽民间投资的准入、恩赐给它们些机会，而是应该让民资成为社会的主流和主导，当然这在短期内还看不到结果。

但有一点值得肯定的是，浙江省从贸易大省向工业强省推进的思路非常有道理，因为浙江省并没有完成工业化，光靠鞋子、袜子还不够。中国将来在国际上要有话语权，唯有实业立国，如果没有工业、制造业支撑，很难做到。

《21世纪》：为了实现工业强省的目标，浙江省目前的规划包括哪些？

兰建平：新能源、装备制造这些方面正在加大培育力度。近段时间我们正在开会计划成立一项新材料产业基金，首期投入大概 20 个亿，很快就会推出，鼓励国企、民企进入。对浙江来说，产业基金是一个非常好的融资平台，而且中科院宁波材料所也在浙江，浙江大学也有创新技术研究院。

同时，浙江省也有像台州大陈岛 1740 亿的大石化项目，福特汽车在杭州的投资等大项目、大企业的引进。这其实就是我们说的，浙江省既需要铺天盖地，也需要顶天立地，两手一起抓，建立良好的产业结构。

总的来说两句话：一是酒香不怕巷子深。二是好酒也要勤吆喝。有效的企业投资、关注高端消费市场，这是我们经济发展过程中下一步重点要研究的课题。

（原载《21 世纪经济报道》2012 年 7 月 25 日）

转型升级中浙江工业的"得"与"失"

——2012年浙江工业经济发展述评(上)

2012年,是浙江工业经济发展道路上值得总结和研究的一年。一年来,浙江工业经济按照"工业强省"建设的要求,推进工业经济"稳中求进、转中求好"发展,从政府推动到企业发展的各层面,和前几年相比均表现出较为明显的特点。总结和研究这些特点,对于当前及今后一个时期政府如何引导企业更好地甄别市场机会,推动工业经济从"传统"走向"现代",实现转型升级发展具有十分重要的意义。

得:"稳、进、转、好"

(一)"稳"在哪里?

"无工不稳",工业经济是一个地区经济稳定增长的重要支撑。浙江去年的"稳",是"小"稳,而不是"大"稳,是总体平稳、趋稳。这种"稳",主要表现在以下三个方面:

——政策连续稳定中有突破。通过继续推进战略性新兴产业发展、推进 42 个产业集群示范区建设、推动企业技术改造和技术创新、推进淘汰落后产能等,全省工业政策保持了较强的稳定性和连续性。同时,针对国内外经济形势出现的新变化,省委、省政府及时出台新政策加强引导,包括部署工业强省建设、创新政府引导战略性新兴产业发展模式、开展 20 个工业强县(市、区)试点建设、开展 13 个区域国际品牌试点、启动建设 12 个省级特色工业设计基地和 55 家省级重点企业研究院等。无论是政策的延续性还是创新性,都是围绕做强工业的目的,力图体现从"速度型工业"向"效益型工业"转型,在工业领域经济政策保持连续稳定的特点十分明显。

——工业经济运行企稳向上。通过积极贯彻中央提出的"调结构、保增长、控能耗、扩内需"等一系列经济政策,全省工业领域经济运行企稳回升的特点十分明显。2012 年第一至第四季度全省规模以上工业增加值增速分别为 4.8%、5.4%、7.0%和 10.6%,呈逐季度回升态势;分月度看,虽然工业增加值月度增速有所波动,但 1 月至 2 月、3 月至 9 月累计增速基本呈逐月上升态势,分别为 2.9%、4.8%、5.1%、5.0%、5.2%、5.5%、5.7%、5.9%,尤其进入第三季度后,月度增幅回升到 7%左右。

——外部发展环境得到稳固和提升。2012 年,全省着力推进工业强省建设和工业强县(市、区)试点建设,在全省形成了"在发展现代工业中做强工业"的共识;据省经信委提供的数据,全省全年深入开展"进万企、解难题"、"强服务、稳增长"等专项行动,为企业解决了实际困难;全省切实开展企业减负"阳光行动",加大涉企"三乱"案件查处,并开展以"四减少"为核心的行政审批制度改革,增强了企业发展的内在动力和活力,体现了最困难时期的最大帮助。

(二)"进"在何处?

"进"不是冒进,更不是"大跃进",而是在工业经济趋稳的基础上,通过抓住和用好重要战略机遇期,通过苦干、实干、巧干,实现工业经济领域发展的切实进展和实质突破。2012年,这种"进"主要在三个方面得到了较好的体现:

——工业结构优化取得新进展。通过加快培育发展战略性新兴产业、高新技术产业和高端装备制造业,着力提升传统优势产业,全省工业结构调整优化取得新进展。2012年,全省规模以上高新技术产业增加值为2626亿元,同比增长9.9%,占规模以上工业比重为24.1%,比上年提高0.3个百分点。为了突破工业发展上的路径依赖,创新战略性新兴产业的发展方式,选取了新材料、太阳能光伏、电动汽车三大产业,实施从技术到产业发展制度的全方位、立体式探索。据统计,全省规模以上战略性新兴产业增加值为2521亿元,同比增长9.2%,增幅比规模以上工业高2.1个百分点,占规模以上工业的比重为23.2%,比上年提高0.2个百分点,初步表现出良好的发展态势。

——龙头企业发展取得新进位。龙头企业是国家和地区经济竞争力的重要载体。2012年,省政府首次提出了"五型企业"的概念。通过培育龙头骨干型等"五型企业",全省工业龙头企业发展取得新进位。2012年,中国企业500强和中国民营企业500强中,浙江分别有42家和142家,分别居全国第四位和第一位;在《财富》世界500强中,浙江则有2家企业入选,比2011年增加了1家。

——"两化"深度融合取得新进阶。以产品数字化、装备智能化、生产过程自动化、产品营销网络化、企业管理信息化"五化"为标志的信息化和工业化深度融合,是浙江信息技术改造提升传统产业的重要路径创新,是浙江版的两化深度融合的实践创新。通过企业信息化示范试点建设、传统行业两化深度融合专项行动、产业集群"两化"深度融合试验区建设、大力发展电子信息产业和软件及服务业等举措,浙江"两化"融合水平跨上一个新台阶。2012年,全省"两化"融合发展总指数为70.73,比2010年提高7.22点;入围2012年全国电子元件百强、电子信息百强、软件百强企业数分别达28家、11家和11家,分别居全国第二位、第三位和第三位,有

6 家企业入围互联网信息服务收入百强企业。

(三)"转"向哪里?

"转"不是片面转,更不是随意转,而是要遵循工业发展规律,全面转变工业经济发展方式,由要素投入驱动转为创新驱动,由外需拉动型转为内、外需拉动并重,由粗放发展转为可持续发展。2012 年,全省工业发展的"转"主要表现在:

——发展动力进一步转向创新驱动。通过"两创"总战略的深入实施,推进"四减两提高"现代技术改造专项行动方案、技术改造"双千工程"、战略性新兴产业"千百十培育工程"和企业精细化管理"5111"工程等举措,全省工业领域自主创新能力明显提升。2012 年,全省全社会科技活动经费支出 1200 亿元,同比增长 25%,研发经费相对于 GDP 的比重为 2.04%,比 2011 年提高 0.12 个百分点;规模以上工业新产品产值 13460 亿元,同比增长 13.1%,增幅比规模以上工业提高 6.5 个百分点,新产品产值率为 23.0%,比 2011 年提高 1.3 个百分点;新认定国家级企业技术中心 9 家(含宁波)、省级技术中心 79 家,新增 4 家国家技术创新示范企业;全省专利授权量 18.8 万件,同比增长 44.4%,其中发明专利授权量 1.1 万件,同比增长 20.4%。

——市场拉力进一步转向内外需并重。通过加强浙江产品国内营销网络和品牌促进体系建设、大力发展电子商务和狠抓商贸流通领域有效投资等举措,在外需不振的情况下,全省工业国内销售占比上升,对工业发展的拉动作用增强。2012 年,全省规模以上工业国内销售占销售产值的比重达到 80.6%,而 2008—2011 年的比重分别为 75.6%、78.9%、79.2% 和 79.9%。相比而言,国内销售的占比逐年提高,工业增长对出口的依赖程度逐步减弱,内外需对工业发展的拉动作用更趋均衡。

——发展方向进一步转向可持续发展。通过实施能源消费"双控"、推进落后产能淘汰、"腾笼换鸟"、企业清洁生产和工业循环经济"733"示范工程等举措,全省在节能减排、可持续发展方面取得显著进步。2012年，全省单位生产总值能耗下降6%左右，规模以上工业单位增加值能耗下降7.6%；全面完成国家下达的节能减排目标和淘汰落后产能任务；新创建示范园区10家和企业59家，完成800余家企业清洁生产审核和115家省级绿色企业现场评审。

(四)"好"在何处?

"好"不是"一枝独秀"，更不是"滥竽充数"式的华而不实，而是在切实转变工业经济发展方式的同时，综合提升全省工业经济发展的整体质量和效益，充分发挥工业经济对国民经济社会发展的支柱作用。2012年，浙江工业发展的"好"主要表现在：

——工业全员劳动生产率较快提升。通过及时出台相关政策措施和部署工业强省建设，突出企业发展的主体地位，积极推进企业技术创新、管理创新和商业模式创新等举措，工业经济质量效益情况总体良好。2012年，全省工业领域劳动生产率较快提升，规模以上工业企业劳动生产率为15.3万元/人，同比增长近7%。

——工业经济效益主要指标总体改善。2012年，全省工业经济效益呈现低位开局、稳步回升态势。1月至11月，全省规模以上工业企业主营业务收入50924亿元，同比增长3.0%，增幅比1月至2月回升2.3个百分点；规模以上工业企业利润总额2514亿元，同比负增长8.8%，其中9月份开始由负转正至2.2%，10月至11月分别增长7.6%和18.3%，回升较快；规模以上工业企业从业人员平均劳动报酬为3.7万元，同比增长15.0%。

失:"三个仍然、一个挑战"

在总结浙江工业经济发展"得"的同时，过去一年中的"失"更不容忽视，这种"失"主要表现在"三个仍然、一个挑战"四个方面。当然，这种"失"也不是"全失"、

"痛失",而是在阶段性努力基础上,成效不够明显,有些"伤心、失败"之感,需要在新的一年里继续努力。

一是发展动力仍然不够协调。投资偏低、内需不足和出口乏力是当前浙江工业经济发展动力不够协调的主要问题。2012 年,全省工业投资增长 16.9%,比2011 年提高 3.8 个百分点,高于"十一五"平均增速 6.5 个百分点,创出"十一五"以来的新高。但由于"十一五"以来浙江工业投资增速严重偏低,不仅低于江苏、山东等"五万亿俱乐部"省份,也低于全国平均增速 13 个百分点以上,2012 年全省工业投资的增长还不够弥补"欠账"。为扩大内需,2012 年国家以节能补贴、家电下乡、惠民政策等方式力图启动市场,但从总体上看全省的消费并没有太大的起色,市场对于工业发展的拉动效应不足。2012 年全省出口增长仍然乏力,对工业增长的拉动作用明显减弱。受出口低迷影响,工业产品产销率为 97.28%,比上年同期下降0.61 个百分点。相比全国,2012 年浙江在投资、消费和出口方面全面发力,出台了多项引导、鼓励和扶持政策,如战略性新兴产业,省财政专门出台 5 亿元专项资金,各项资金的下达也是历年来最早的,但由于政策的滞后效应、受国际经济环境影响和国家宏观调控政策影响等原因,投资、消费和出口对于工业高质量增长的驱动仍然不足,而且三者之间不够协调。

二是发展方式仍然比较粗放。2013 年浙江省《政府工作报告》中明确指出,"经济增长过多依赖低端产业、过多依赖低成本劳动力、过多依赖资源环境消耗等问题尚未根本改变",这正是当前发展方式仍然比较粗放的真实写照。从创新投入来看,2012 年,全省研发经费相对于 GDP 的比重虽然提高到了 2.04%,但即使如此,相比江苏 2011 年 2.2% 的数值也仍有差距,如果考虑到 GDP 基数的差异,则实际研发经费投入差距更大;如果与美国、日本 2012 年 2.7% 和 3.2% 的数值相比,增加创新投入的道路依然漫长。从人力资源来看,截至 2012 年年底,全省入选前八批国家"千人计划"192 人,全省具有高级职称的高层次人才超过 30 万人,高技能人才 122 万人,进步较快,但与工业强省建设的要求相比,与加快发展方式转变的要求相比,高层次创业创新人才数量,以及主要劳动力年龄人口受过高等教育的比例、每万劳动力中研发人员、高技能人才占技能劳动者比例等都还偏低。由于发展方式仍然比较粗放,导致工业企业普遍出现收入增长缓慢而成本上升较快的问题,并导致企业盈利较难。

三是发展重点仍然比较低端。2012 年,浙江工业经济运行虽然企稳向上,但工业增长仍然主要依靠相对低端产业带动。从行业看,虽然高新技术产业增加值、战略性新兴产业和装备制造业占规模以上工业的比重同比分别有不同程度的提高,但一是提高的幅度较小,二是三者之间的统计有较大的交叉重叠,对于推动工业发展重点向高端、高附加值、高加工度等方向的转移作用不明显。进一步看,2012 年前三季度,31 个制造行业中有 23 行业增加值增速较上半年有不同程度的提升,但食品、家具、文教、医药、化纤、黑色金属加工、汽车、废弃资源、金属制品机械设备修理业等 9 个制造业行业增长超过 10%,为工业增长做了大部分贡献,工业发展重点仍然偏重于相对低端的传统产业。由于发展重点仍然偏于低端,工业品价格市场话语权严重缺乏,2012 年工业产品出厂价格持续走低。

四是"一个挑战"。为了推进产业结构调整,2011 年浙江就提出了"大企业、大项目、大平台、大产业"的战略,"四大战略"的根本在于产业结构的优化。如何建设大项目? 2012 年的镇海炼化 PX 项目事件,从项目本身来说,类似这样的项目是浙江产业结构调整的重大项目,是非常符合"四大战略"的,但是在实施过程中却碰到了问题。这种问题虽不仅仅发生在浙江,但浙江有无能力去平稳实施?今后在类似项目的实施过程中,如何组织实施大项目?对于政府经济管理部门,尤其是工业经济主管部门来说可能是一个全新的挑战。重大工业项目,需要审批程序;执政为民,更需要问政于民,才能施政于民。

(原载《浙江经济》2013 年第 5 期)

创新发展中浙江工业的"舍"和"取"

——2012年浙江工业经济发展述评(下)

没有"舍",就没有"得",这大概就是"舍得"最直接的解释了。浙江经济发展得快,速度导向是全国乃至全球对浙江的认识。现在,从上到下都在提转型,如何转呢?改变观念、放慢速度、强化创新、提升价值、突出效益,应该是浙江工业发展的阳关大道。要通过5～10年的努力,推动浙江工业从适应市场向引领市场转变,实现工业从"大"向"强"转变、从"传统"向"现代"转变,努力走出一条"精致、绿色、智慧、效益、契约"型工业经济发展道路,努力使浙江真正成为全球重要的先进制造业基地。要完成如此多维的目标,立足当前,展望未来,必须处理好"取""舍"这两个字,努力在"五舍五得"上取得突破,这是按照现代工业理念发展现代工业的首要任务。

工业经济的"舍"

从浙江区域经济发展上看,改革开放的30多年中,浙江已经实现了从计划经济向市场经济、封闭经济向开放经济、农村经济向工业经济、块状经济向产业集群、经济小省向经济大省的五大跨越,这五个跨越中最根本的是工业经济替代农业经济成为浙江区域经济的重要支柱,无工不富。然而,成于斯,也困于斯,浙江工业大而不强的矛盾十分突出,特别是以劳动增加值率为代表,一直处于全国第20~25位,工业经济对劳动力的过度依赖,直接使浙江成为吸引2500万外来务工者的大省。浙江工业经济的"现代气息"相对缺乏,尽管多年来强调结构调整、先进制造业基地建设、打造现代产业体系等,效果却一直不够明显。党的十八大是一个崭新的历史起点,不仅仅是"十二五"规划后三年的延续,更是中国经济社会发展的崭新起点。贯彻党的十八大精神,必须下大决心,来解决浙江工业经济一些多年来想解决又没有解决的问题,实施"扬弃"战略,有所"舍",来更好地"得"。

——舍"快"。为了保持浙江在全国经济第一方阵的地位,这两年全省是"白+黑"、"5+2",没白天、没黑夜地干。其实,我们要清楚,浙江GDP 8%左右的增速并不慢,再像改革开放的前30多年一样,每年GDP保持12%以上的增速,既无必要,也无可能。尤其是工业部门,在整个市场相对产能过剩的大背景下,以速度换效益应该成为主要的指导思想。工业企业、工业经济主管部门乃至全社会,都要有更大的耐心来看待工业经济。工业是社会财富的创造者,在过去的30多年,中国经济发展的绩效40%被全球分享,而这其中浙江做出了巨大"贡献",这样的"快"必须舍去。

——舍"多"。高消耗、高能耗、高"人"耗,工业经济的发展消耗了太多的资源、太多的能源、太多的社会劳动力,在资源要素环境约束日益趋紧的背景下是不可持续的。回顾30多年走过的路,20世纪的后十年,广东是最吸引全国劳动力的省份,而到了21世纪的近十年,浙江成为最吸引全国劳动力的省份。据统计,在浙江务工的外省籍劳动力已经达到2500万人。浙江的这种过度依赖人海战术的发展方式必须转型。舍不掉人,发展方式也转变不了。什么样的就业结构决定了什么样的产业结构,反之亦然。

——舍"黑"。黑色是指工业经济的高污染、高排放,从而加剧工业企业与周围环境之间的矛盾。从浙江工业化的路径来看,21世纪的十多年来,浙江工业经济发展中的黑色表现,很大程度上是导致社会矛盾激化的直接动因。从"十五"期间东阳化水镇事件,到近年的德清海久企业事件、蓄电池行业事件等,无不说明了工业经济发展中"黑色"所导致的经济发展不可持续。尽管这些年来企业发展观念改变、科学技术不断进步、外部制度环境约束日益趋紧,但工业经济高能耗、高污染现象在不同程度上仍然存在,局部地区、行业甚至有加剧的情况。如果不舍,是不可能实现转型升级的。

——舍"拿"。即舍去"拿来主义"。技术的拿来主义、产品的拿来主义、人才的拿来主义等,是浙江工业经济从"挖墙脚"到"以市场换技术"的真实写照。很多中小型工业企业信奉产品卖出去,技术"拿"进来,抄袭远比自主创新来得直接、来得快。多年来形成的这种跨越式实践经验,使得很多企业懒得去创新。现代工业经济的发展,技术创新能力是核心问题。面对新经济技术革命,很多企业经营者在灵魂深处还未真正认识到自主创新的重要性,找到一个项目、买进一套设备式的创新,往往是首选。在第三次工业革命来临之际,必须要清楚,核心技术、关键装备这些东西是买不来的,这种"快速创新"必须舍去,没有"宁静",是很难致远的。

——舍"框"。市场是浙江工业经济发展的根本力量,浙江的崛起,靠什么?企业化运作的公共服务依赖政府自身改革的力量是远远不够的。市场化,浙江"前无古人,后有来者"。30多年前浙江根本没有所谓的国家战略,但是浙江实现了在各省区中的跨越发展。实践证明,不靠司长、市长而靠市场,可能更靠谱。作为民营经济最发达的浙江,如何重振工业经济,有效启动第二次民间投资是个大问题。要实现浙江工业经济发展的第二次大飞跃,必须善于舍掉制约的框框。

工业经济的"取"

我们必须清醒地认识到,中国还是一个发展中国家,工业化实现程度还不是很高,社会还没形成现代制造文明的心理基础,工业社会的普及程度远远不够,必须要有更大的耐心来看待工业化问题。浙江作为市场化程度最高的省份之一,要引导市场主体按照现代工业的理念发展现代工业,取现代工业之精华,展浙江工业经济发展新风采。

——取"新"。新生事物不断替代旧事物是客观规律,应把大力发展战略性新兴产业作为浙江结构调整的第一突破口,下大决心解决科技与工业"两张皮"的问题。以电动汽车、光伏发电、新材料等为代表的战略性新兴产业,是浙江工业经济由大变强的重要标志。要在更大范围与更高程度上集聚社会资源发展战略性新兴产业,首先是政策资源要实行 2012 试点基础上的继续集中使用,不但在省政府扶持战略性新兴产业层面上,省、市、县(市、区)三级政府层面也要体现适度集中、聚焦政策资源,做有限的事情。产业发展要体现"新",政府的做法更要体现"新",才能逐步体现浙江工业经济逐步由传统为主导走向现代为主导。

——取"精"。浙江是传统轻纺工业大省,但是大而不精是导致浙江工业经济不强的重要原因。浙江劳动增加值率一直排在全国倒数位置,主要是传统产业的精致化发展不够,甚至是粗制滥造。为此,要用现代精致工业的理念来发展传统特色产业。根据商务部、国家统计局的统计,浙江有 500 多种产品,市场占有率在全国前三名,这是浙江未来创新发展可以开掘的大金矿。用工艺品的理念来生产工业品,是浙江传统产业改造的取精用宏之道,是浙江粗放经营向集约经营转型的必由之路。

——取"智"。从 21 世纪初的"第三次浪潮"到今天的"第三次工业革命",实践告诉我们,这个时代的主导技术是新一代信息技术,并逐步形成新的技术范式。今天的企业就是网络,网络就是企业,这是对传统的工业经济发展的颠覆性观念和路径创新。从两化融合到两化深度融合,以企业信息化为起点的信息技术革命,正在引领企业长大的一场新革命。以产品的数字化、生产的自动化、装备的智能化、管理的信息化、营销的网络化"五化"为标志,开启了新一轮的大数据智慧经济革命。顺应这种变化趋势,这是工业经济发展最智慧的选择。不管对于大企业还是小企业,都同样适用。

——取"高"。工业经济的"高",高在哪里?一是产品的附加值高,二是行业地位高。产品的高附加值是一种永恒的追求。转型升级要么进入高端环节,要么进入高端产业,这是最根本的道路。而且无论是高端环节还是高端产业,工业经济作为社会财富的创造者,要大力推进企业生产由"标准制造"向"制造标准"转变,从"三流、四流"企业向"一流、二流"转型。企业的规模化经营,没有一定的规模,就没有影响力。在经济的周期性调整中,规模化首先是活下来、活长久,小企业上规模,大企业提高行业的影响力和话语权,才能形成大、中、小企业良性发展的互动机制,也只有走这样的路,水平才"高"。

——取"绿"。工业经济的生态化改造,产业门类上"两型"(资源节约型、环境友好型)选择,各类产品发展平台的低碳化认证,是工业经济绿色发展的重要路径选择。是否符合生态环境的要求,能否和家园和谐相处,是工业企业在后十八大时代的企业安全生存的底线。在工业经济转型中,可以把生态经济高地、特色产业基地的"两地经济",作为指导工业强省建设的重要依据。浙江经济要继续走在前列,首先是工业经济转型升级要走在前列,在人均年收入达1万美元阶段,人们对蓝天、碧水、绿地的追求和对品牌工业品追求同样重要,甚至更加重要。如果我们面对的是每天的雾霾,再高的人均GDP、再大品牌的产品都不会给我们带来幸福感。取绿,是时代的主旋律,是现代工业的阳光大道。

(原载《浙江经济》2013年第7期)

第二篇

思 考

第三次工业革命对生产方式、产业组织方式的影响

以重大技术范式的转变为标准,将信息技术的发展作为第三次工业革命的标志,主要是指以制造业的"数字化"为基础的"大规模定制"可能成为未来工业经济发展的主流方式,将对生产方式、产业组织方式产生巨大影响。研究这种影响,对于经济发展方式转变具有重要现实意义。

第三次工业革命的主要特征

以技术范式的转变为标志,第三次工业革命具有三个明显的技术特征:

生产制造快速成型。第三次工业革命中以 3D 打印技术为代表的新型生产设备,将制造业带入数字化时代。在现代 CAD/CAM 技术、激光技术、计算机数控技术、精密伺服驱动技术以及新材料技术的支持下,3D 打印设备通过"分层制造、逐层叠加"实现生产制造的快速成型,不同于传统制造业需要先加工零部件再组装的制造方式。在 3D 打印设备为代表的快速成型设备的推动下,设计与制造的一体化

程度提高,大大简化了复杂产品的制造流程,降低了生产制造成本,使得企业生产周期大为缩短,而且随着智能机器人应用的完善,未来企业开展无人值守式生产和连续作业也会成为可能。

新材料复合化、纳米化。材料是生产制造的基础和先导,是孕育新技术、新装备和新产品的"摇篮"。在第三次工业革命中,复合材料和纳米材料使得材料的强度、质量、性能和耐用性均优于传统材料,能有效提高产品性能,且更易于加工。

生产系统数字化、智能化。生产系统的效率除了受到材料技术和生产工艺的影响外,还与信息流、物流等生产辅助技术的成熟度相关。在第三次工业革命中,生产系统借助网络信息技术全面趋向数字化和智能化,互联网成为贸易、信息交流的关键性渠道,同时也构成整个经济社会发展的重要基础设施。典型如物联网技术,不仅融入制造业生产,通过工业控制技术实现生产自动化,还会融入产品、生产管理、设计等环节,实现智能化、精细化管理。用户与企业、企业与企业之间的交流将变得更为快捷,有助于用户市场需求的表达和企业对此做出快速反应。

第三次工业革命将导致生产方式发生重大转变

技术的突破及技术大规模应用的条件趋于成熟,使得生产方式出现重大转变,主要表现在三个方面:

大规模生产转向大规模定制。"大规模定制"的经济学含义是指产品的种类大幅增加,用于满足消费者更为广泛的个性化需求,这就使得用户的创新、创意在产业发展中所扮演的角色更为突出,过去由供给方主导的产业创新将被弱化,企业依靠规模经济降低成本的竞争战略受到挑战。

刚性生产系统转向可重构制造系统。传统的刚性制造系统由专用自动化生产设备组成,系统设计在运行后配置固定,更适应单一产品的生产。而柔性制造系统适合生产小批量、多品种的产品,整个系统投资巨大,生产成本相对较高,由于不同设备厂商控制软件间的不兼容,系统的集成和操作也存在困难。

工厂化生产转向社会化生产。前两次工业革命所产生的都是基于工厂范围的集中型生产方式,特别是第二次工业革命更是将此方式发挥得淋漓尽致。在第三次工业革命中,信息技术的飞跃发展使大量物质流被成功虚拟化而转化为信息流,生产组织中的各环节可被无限细分,从而使生产方式呈现出社会化生产的重要特征。"社会制造"这一新型产业组织逐渐形成。

第三次工业革命与产业组织方式变化

产业组织方式的变迁是伴随着生产技术的变迁而发生的。第一次工业革命将分散的家庭作坊、手工工场转向纵向一体化的工厂模式,第二次工业革命出现了许多大型企业集团。第三次工业革命中,为适应全新生产方式,无论是产业内部还是产业之间,都将呈现出组织方式的新趋势:

产业边界模糊化。从第二、第三产业的关系来看,由于制造业的生产制造主要由高效率、高智能的新型装备完成,与制造业相关的生产性服务业将成为制造业的主要业态,制造业企业的主要业务将是研发、设计、IT、物流和市场营销等,制造业和服务业深度融合;更为重要的是,为了及时对市场需求迅速做出反应,要求制造业和服务业进行更为深度的融合,包括空间上更为集中,以及第二、第三产业的界线模糊化。从就业结构上讲,一方面,由于生产环节大量使用新型装备替代劳动力,使得制造业环节的劳动力需求绝对减少;另一方面,制造业的主要就业群体将是为制造业提供服务支持的专业人士,这就使得第二、第三产业的相对就业结构朝着服务业就业人口比重增长方面发展。在这样的产业发展趋势下,低技能的生产工人对产业发展的重要性下降,高技能的专业服务提供者的重要性进一步增加。

产业组织网络化。在以知识为基础的经济和市场中,企业通过网络,跨越边界与环境相联系已成为最经常、最普遍的现象。一方面,企业将内部纵向链条上的生产过程分离出去,或者说从价值链体系的某些阶段撤离出来,转而依靠外部供应商来供应所需的产品、支持服务或职能活动,形成纵向分离。另一方面,原有的竞争对手或者不同产业的企业都因为技术、产品或业务的横向联系形成新型竞争协同的网络关系。企业外部边界模糊使得组织与外部市场联系在一起,把整个组织的触角伸到了市场的各个角落。与网络化相对应的是企业内部组织结构的扁平化,结构层次精简,淡化组织中的等级制度,使结构富有弹性,从而有利于信息的传递。

产业集群虚拟化。基于特定地理范围的产业集群,极大地影响着产业的空间布局及竞争优势。而今后借助发达的信息、通信手段以及网络平台,产业集群的集聚范围、内容和形式会快速变化,传统的地理集群的空间局限正被逐渐突破并形成网络意义上的集聚,即产业集群发展的虚拟化。利用网络经济所创造的先进信息技术支撑系统,使各类产品服务在虚拟环境下得以实现。相比传统产业集群,虚拟产业集群中的企业对市场和技术变化更为敏感,可以在较短时间内以较低成本整合各种资源,具有很强的开放性与灵活度。这一新的资源配置方式会在很大程度上影响产业内部组织形式,众多中小企业会借助虚拟产业集群突破资源困境,能够以低制造成本快速推出新产品而获得成长。

第三次工业革命是新时期经济科技发展到一定阶段的必然结果。之所以称之为革命,是因为这种改变将带来传统生产方式和产业组织方式的巨大变化。研究这种变化趋势,对于我们采取有效措施应对工业经济转型升级具有十分重要的意义。

(原载《浙江日报》2013 年 6 月 7 日)

从"第三次浪潮"到"第三次工业革命"

20年前,美国著名的学者托夫勒(Alvin Toffler)的《第三次浪潮》伴随着中国改革开放的步伐进入中国人的视野。书中以精辟的论证指出,在未来的人类发展进程上将展现出一幅崭新的画面,信息技术的迅速运用和发展,使得经济全球化成为一种历史趋势,企业成长方式和人们的生活方式都将发生深刻的变化,SOHO、DIY等都将成为工作和生活的重要组成部分……今天我们发现,当年托夫勒的大多数预言都已经成为现实。

历史往往有惊人的相似。在20年后的今天,美国著名经济学家、趋势学家杰里米·里夫金著的《第三次工业革命》又一次进入国人的视野。书中指出,以新一代信息技术和新能源技术创新引领并孕育的新一轮工业革命,包括"制造业数字化革命"、"能源互联网革命"、新材料和纳米技术等科技革命,将又一次改变全球经济的轨迹,这种轨迹将使得发展中国家的劳动力优势不复存在。从20年前的"浪潮"式预言到如今的"革命"式预言,第三次工业革命到底会以怎样的方式影响我们的经济社会发展?浙江作为新兴工业大省、经济大省,需要我们引起高度的重视并做好应对,才能在这场"革命"中取得主动,保持经济在经历改革开放30多年的高速增长后,能够继续走在前列。

第三次工业革命与第一次、第二次工业革命到底有哪些不同?这是我们首先要弄清楚的问题,不妨将三次工业革命做个比较(见表2-1)。

表 2-1　三次工业革命比较

	新的生产材料的投入	新的生产工艺的形成	交通、通信及基础设施	对人力资源需求
第一次工业革命	生铁	蒸汽机	轮船、火车、邮政、铁路	大批量的劳动力
第二次工业革命	钢铁	流水线(JIT)	汽车、飞机,电报、电话,公路、机场高速公路、港口等形成的交通网络	大批量训练有素的产业工人
第三次工业革命	复合材料、纳米材料	3D打印工业机器人	新能源汽车,数字远程通讯、信息网络	少批量高素质技工

通过以上简单的分析,我们可以比较清楚地看到,第三次工业革命与前两次有着明显的差异,除生产工具上的差异外,劳动力的差异更大。30多年的改革开放,我们经济发展最典型的路径是:"劳动力＋全球资本＋经济技术＝国际竞争力";经济发展最大的优势是劳动力相对廉价,这种优势即使在进入所谓的"刘易斯拐点"、劳动力成本有很大上升之后,和美国等发达国家相比,仍然具有比较优势。然而,在第三次工业革命来临之际,如在制造业领域,以3D技术和工业机器人的广泛使用,将使得"大批量、少品种、低成本"式制造演变成为"小批量、多品种、个性化＋高附加值"式制造,把"集中制造＋分散销售"转变成为"分散制造＋分散销售",经济发展对劳动力的依赖将大大减少,使我们制造业的国际竞争优势大大减弱。分析第三次工业革命对我们生产、生活方式的影响,主要体现在以下四个方面:

在影响面上是全方位的。网络技术的迅速发展,是第三次工业革命的显著特点,特别是以移动互联网、云计算、物联网为主要标志的新一代信息技术,不仅在现代工业生产上,而且在人们的生活方式上,将产生深远的影响。据不完全统计,截至 2012 年,我国移动互联网网民数达到 4.89 亿人,已接近 5.38 亿人的互联网总用户数。在过去 18 个月中,全球移动互联网流量增长了近 10 倍,目前已占整个互联网流量的 10.1%,其中我国的占比更高达 17.8%。随着移动互联网的普及,人们的生活、学习和工作方式都在迅速改变,企业的商业模式、管理形式、营销推广方式也随着移动互联网的发展而产生巨大变化。伴随移动互联网发展带来不断的技术创新和商业模式创新,一个规模庞大、拉动效应极强的新兴市场正在孕育形成。从这个角度上看,第三次工业革命而来的是经济发展方式的改变,更是生活模式的改变,其影响是全方位的。

在影响程度上是革命型的而不是改良型的。之所以称之为革命,是因为这种改变是颠覆性的,而不是改良型的。如果说当初托夫勒对信息技术改变经济社会发展所带来变化的预言是一种"浪潮"的话,那么这次里夫金对信息技术改变经济社会发展所带来的变化的预言就是一场"海啸",一场"革命"。如从工业生产上看,我们原来以劳动密集型产业为主导,中国"血拼式"的赶超发展,终于成为"世界工厂",而且经济总量达到全球第二、进入人均 5500 美元的中等收入行列。然而,随着第三次工业革命的来临,这种方式受到了很大的挑战,所以今天的经济呈现出"不平衡、不协调、不可持续"的发展格局。浙江省是全国较早进入"中等收入陷阱"考验的省份,在 2008 年金融危机中也是最早受到挑战的省份,实践已经证明"走老路不行"。

在影响层次上是经济社会各领域。包括政府经济管理、企业发展壮大、个人生活方式等。如政府经济管理,在产业培育上,浙江省十分提倡产业的集群化发展,从产业链、供应链、价值链上,推进产业的集中、集聚、集群化发展。实践证明,这种集群化发展的方式对于加快相对落后地区的工业化进程起到了十分有力的促进作用。在过去 30 多年中,浙江省培育了全国百强产业集群中的 1/3。然而,3D 打印技术的迅速发展,会使得这种"簇群"化的发展趋势发生转变,集群优势面临衰落的挑战,政府引导集群发展的方式必须改变。在企业发展模式上,如电网公司,以前靠卖电盈利发展,但是分布式能源的迅速发展将改变这种模式,今后的电网公司应该是一个能源互联网公司,而不是一个卖电的企业。它的盈利在于帮助能源用户提高能源利用效率,并与用户分享利益。电网公司的发展如此,其他企业更是如此。在人们的生活方式上,这种改变最大的变化是人从一个原来以"物"为主的物化社会,转向以"人"为主的有机社会。

在影响时序上,是潜移默化、循序渐进的,是长期的而不是即期的。第三次工业革命所涉及的新一代信息技术、新能源技术、新材料技术,反映了当今科学技术革命最前沿、最尖端的科技革命,这种技术的发展,是一种不断探索、不断进步的过程。从量变逐渐到质变,可能是 5 年,也可能是 10 年,甚至二三十年,而不是一两年的事。需要指出的是,影响虽然是长期的,但是在应对上,却是即期的,要只争朝夕。应对第三次工业革命,等不得、慢不得。在科技发展上,我们本来就和发达国家有较大的差距,如果不采取有力举措,迎头赶上,那么在这场革命中我们就会丧失巨大的发展机会。对此,必须在思想上引起高度的重视,更要在行动上采取有力措施。

（原载《今日浙江》2013 年第 8 期）

战略性新兴产业 浙江"十二五"发展的新引擎

"十二五"时期是浙江省区域经济实现从传统产业为主导向现代产业体系为主导转型升级、工业化发展由中期后半阶段向后工业化阶段迈进的关键时期。战略性新兴产业是新兴科技和新兴产业的深度融合，代表着未来经济和技术的发展方向。大力发展战略性新兴产业是浙江省经济结构优化、实现工业现代化的重要途径。

抢占战略性新兴产业发展制高点

近年来，浙江省深入贯彻落实"八八战略"和"创业富民、创新强省"总战略，着力推进产业转型升级，在不断推进传统产业改造升级的同时，积极培育和发展高新技术产业。以物联网为代表的电子信息产业，以成套装备为代表的高端装备制造业，以复合材料为代表的新材料产业，以纯电动车为代表的新能源汽车产业等战略性新兴产业发展态势良好，为浙江省"十二五"产业结构优化升级奠定了良好的基础。

但与兄弟省市相比,目前浙江省战略性新兴产业的培育和发展,仍然面临着较大的制约,突出地表现在四个方面:一是持续创新能力低,产业的核心技术和关键装备受制于人;二是产品市场启动慢,特别是消费观念、生产成本、配套设施、商业模式等因素严重制约了产业发展;三是高端资源要素少,特别是支撑战略性新兴产业发展的高端人才要素和资本要素不能满足产业发展的需求;四是体制机制优势弱,尚未形成系统的有利于战略性新兴产业发展的体制和机制。

因此,要进一步理清思路,找准突破口和着力点,有针对性地采取措施,力争在全国战略性新兴产业发展热潮中占据主动、赢得先机,为浙江省经济继续走在前列奠定坚实的产业基础。

重点把握四个原则

根据国家战略性新兴产业发展的布局,结合产业技术的发展方向和浙江省的产业实际,浙江省加快推进战略性新兴产业的发展,要重点把握以下四个原则:

立足浙江省实际。发展战略性新兴产业,要充分考虑浙江省现有产业发展基础,特别是要从有利于促进技术和产业跨界融合、产业链条长、行业带动性强、能够提升浙江省产业高度的关键技术产业化项目入手,结合浙江省"四大建设"去主动谋划战略性新兴产业发展。切忌照搬照抄国家和兄弟省市战略性新兴产业发展规划的相关内容,真正把符合浙江省产业与技术基础的产业作为战略性新兴产业加以重点培育。

着眼长远发展。发展战略性新兴产业,要从区域长期产业竞争力培育的高度上进行战略布局。对于以民营经济为主体的浙江省区域经济的发展,把浙江省长期的产业竞争力培育放在更加突出的位置上显得尤为重要。要充分调动企业的积极性,激活企业投资和发展战略性新兴产业的内在动力,推动浙江省企业成为若干战略性新兴产业领域的排头兵,要充分体现立足当前、着眼未来的原则。

注重重点突破。今年省政府原则通过了物联网、新材料、新能源、生物产业等九大战略性新兴产业的发展规划,对全省战略性新兴产业发展进行了布局。但在发展时序上应当是有差别的。面对后金融危机时代,浙江省要把物联网、高端装备、新材料三大产业作为九大战略性新兴产业的重中之重,要探索建立浙江省战略性新兴产业发展的"3＋6"模式,优先发展三大新兴产业,然后逐步带动其他6个产业的转型升级发展。在产业的选择和高端要素的创造和集聚上要突出重点,不能四面开花、全线出击。要把有限的资源集中在最具发展潜力、最具比较优势的产业上来,实现产业跨越式发展。

体制机制再创新。要通过体制机制再创新,建立健全有利于战略性新兴产业发展的体制机制,为战略性新兴产业发展提供制度保障。体制机制的先发优势是改革开放三十多年来浙江省经济快速发展的关键因素。在战略性新兴产业的培育和发展过程中,政府的主动引导、善于引导必不可少。经过改革开放三十多年来的发展,浙江省民营经济的体制机制先发优势正在弱化,要抓住新"36"条贯彻和实施的有利时机,在产业资本引导机制、市场机制、政府的经济管理模式、社会公共服务与管理方式等方面,不断深化改革,积极探索,再创体制机制新优势。

妥善处理三个关系

在牢牢把握上述原则的同时,还要妥善处理好三个关系。

处理好传统产业与战略性新兴产业之间的关系。传统产业是战略性新兴产业发展的基础,也是新兴产业提升和带动的对象。"没有夕阳的产业,只有落后的技术。"培育战略性新兴产业可以实现产业替代、培育新的经济增长极,但现阶段浙江省传统产业仍占据主体地位,当务之急是通过培育和发展战略性新兴产业提升带动传统产业的改造和升级,要推动传统产业的转型升级发展。

处理好政府、市场和企业三者之间的关系。战略性新兴产业的发展壮大,离不开法规、规划和政策等方面的扶持与引导。但产业发展的主体始终是企业,而资源配置机制和竞争机制是市场机制,政府不可能也没有能力替企业做决策,政府不能替代市场机制。既要不断强化市场在资源配置中的基础作用,又要突出政府在政策扶持和重大项目实施中的推动作用,还要调动企业家的积极性、能动性,形成政府、市场和企业三方合力,共同推动产业发展。

处理好壮大规模与提升水平之间的关系。壮大产业规模是基础,提升发展水平是关键。要兼顾总量规模增长与质量效益提升,在保持产业规模壮大的同时,切实转变经济发展方式,提升产业发展的内在质量水平,推动科学发展、集约发展、可持续发展。最近召开的党的十七届五中全会,进一步淡化了对经济增长速度的要求,充分表明了我国转变经济发展方式的决心,经济发展不再过分强调规模导向,而是越来越注重经济发展的质量。

实施"三大战略、四项举措"

在妥善处理好上述三个关系的认识下,要在产业发展对策上下功夫,积极推进实施"三大战略、四项举措"。其中,"三大战略"是:

创新驱动战略。要充分认清战略性新兴产业的行业本质和发展规律,要突破传统产业发展理念的束缚,突出技术创新的重要性和关键性,建立产业内生、良性发展机制,积极引导和鼓励企业进行技术攻关,抢占战略性新兴产业发展的制高点。

全产业链发展战略。在培育和发展战略性新兴产业过程中,坚持全产业链发展模式,先集中优势资源,培育领先企业在点上做精做强,通过产业引导,再向产业链上下游延伸拓展,培育产业集群,构建完善的产业链生态体系,形成产业链控制力和竞争优势。

差异化发展战略。当前国内的战略性新兴产业发展态势,预示着未来在有关战略性新兴产业项目、资金、人才等产业发展要素的争夺将会异常激烈。必须在发展之初就坚持差异化发展战略,按照特色产业的理念布局、集群化发展,选择最具产业基础、最具比较优势、最有可能率先突破的领域作为切入点,避免或减少"产业同构"带来的风险。

"四项举措"是:

强化自主创新,掌握核心技术。核心技术是产业发展的"命脉",增强自主创新能力、掌握关键核心技术是培育战略性新兴产业的根本途径,也是促进产业持久发展的长久之计、治本之策。围绕浙江省确定的战略性新兴产业发展方向,根据国家和地方在技术战略上的不同分工,以产业应用技术为突破口,走"引进—消化—吸收—再创新"的道路,按照"有所为、有所不为"的原则,在若干领域争取掌握产业技术与标准的话语权。

集聚创新人才,加强智力支撑。人才是第一资源,是产业发展的关键因素。应适应战略性新兴产业发展需要,结合产业发展趋势和发展重点,加大人才引进力度。着重引进拥有自主知识产权和重大科技实施项目的高端人才(或团队),是培育战略性新兴产业的关键之举。要实施类似无锡"530计划"的人才引进政策创新,围绕战略性新兴产业发展目标、发展重点,引进一批科技领军人才,一批高素质、高技能复合型高端人才;尤其要注重人才团队的引进和培育,为产业发展提供最能动的创新资源支持。

培植优势企业,加强产业引领。坚持大企业和中小企业协同发展,通过招商引资、兼并重组、"央企对接"、产学研合作等多种途径,不断优化产业组织结构,完善产业链分工协作体系。重点是大力培育一批主业突出、拥有自主知识产权、核心竞争力强、品牌影响力大的大企业；要积极推进"央企对接"，营造良好条件，积极争取科技实力强、技术优势明显、产业化应用经验丰富的央企、国企来浙投资。要培育一批特色鲜明、创新能力强的行业隐形冠军，发挥其在关键技术、业务拓展领域的创新作用，推进行业创新发展。要推进中小企业与龙头骨干企业的配套合作，加强产业链协作分工，引导中小企业向"专、精、特、新"方向发展，进一步完善产业链协作体系。要结合浙江省实际，重点依托省政府确定的146家工业行业龙头骨干企业，运用"一企一策"的"议事机制"，瞄准前沿产业技术，努力推动技术的产业化，为浙江省培育"本土化的国际企业"奠定扎实基础。

加强机制创新，加大引导性投入。浙江省民营经济发达、民间资本充裕，要加强体制机制创新，引导民间资本加快向产业资本转化，为浙江省战略性新兴产业的发展营造良好的融资环境。战略性新兴产业代表着产业发展方向，具有广阔的市场前景和无限的增长潜能。但就企业而言，其普遍具有高收益、高风险、高成长、轻资产等特征，初期资金投入往往成为这些产业发展的重要瓶颈。因此，发展战略性新兴产业，必须将知识资本与金融资本紧密结合，形成多元化、多层次、多渠道的科技投融资体系，才能有效推动其发展。按照"官助商办"模式，遵循"政府引导、市场运作、科学决策、防范风险"原则，吸引企业资金金融资本社会资本和风险投资等，探索建立"浙江省战略性新兴产业投资引导基金"，加大对浙江省战略性新兴产业的引导性投入，创新产业发展的融资模式。

（原载《今日浙江》2010年第21期）

战略性新兴产业需跨越式发展

当前浙江正处于经济社会发展的重要战略机遇期和战略转型期,这一时期也是浙江以战略性新兴产业为突破口、推进结构调整、加快经济发展方式转变的关键时期。浙江必须深刻研究全球和国内战略性新兴产业发展的新趋势和新动向,加快推动浙江战略性新兴产业的跨越式发展。

后危机时代的新动向

战略性新兴产业成为"后危机时代"新一轮经济发展的"战略必争之地",其战略意义日渐凸显。2009 年 4 月,日本推出未来开拓战略(J 复兴计划),其中把"低碳革命"列为日本新经济结构中的骨干产业。2010 年 3 月,欧盟委员会发布《欧盟2020 战略》(*Europe* 2020),提出了未来 10 年欧洲发展的重点和具体目标,明确实现以发展知识和创新为主的智能经济。2010 年 3 月,美国发布《连接美国:国家宽带计划》,试图通过创造新产业,重振美国竞争优势。

战略性新兴产业在全国的战略部署已拉开序幕,确定了 7 个领域、23 个重点方向。"七领域"为节能环保、新一代信息技术、生物产业、新能源、新能源汽车、高端装备制造业和新材料。与此同时,各省市产业发展也开始集中力量培育新兴产业。上海市实施"9+2"战略性新兴产业战略,聚焦新能源、民用航空制造业、先进重大装备、电子信息制造业等九个重点领域和重大项目。江苏省明确以发展新能源、新材料、生物技术和新医药、节能环保、软件和服务外包、物联网为发展重点。广东省将高端新型电子信息、新能源汽车和半导体照明(LED)等三大产业作为战略性新兴产业的突破口,争取到"十二五"末,这三大产业形成万亿元产业规模,珠三角地区成为全球高端电子信息产业、半导体照明(LED)产业基地和新能源(电动)汽车产业基地。

把握新兴产业发展规律

战略性新兴产业关系到国民经济与社会发展和产业结构优化升级,具有全局性、长远性、导向性和动态性特征,其发展具有客观规律。这种客观规律突出地表现在四个方面:

战略性新兴产业的成长具有颠覆性,它不是渐进式的。学术界一般认为,与渐进性创新(incremental innovation)不同,突破性创新(radical innovation)建立在一整套不同的科学技术原理之上,常常能开启新的市场和潜在的应用领域,通常是新企业成功进入市场的基础,并有可能导致整个产业重新洗牌。从全球经济发展的过程看,大多数国家都经历过飞跃和跨越的过程,普遍的规律是"大多数工业发展是在一个准备阶段之后,采取'大突进'方式实现的,在'大突进'时期会有一个相当长时期发展过程异常迅猛"。引起这种飞跃或跨越的原因,主要是产业主导技术上的大突破,进而一批战略性新兴产业成为推动经济发展的主导力量。

战略性新兴产业发展需要产业组织创新的支撑。战略性新兴产业的产业组织创新,突出表现在新兴行业领军企业整合全球高端要素在短期内迅速崛起,成为引领国家和区域经济发展的重要支撑力量。在 20 世纪 50 年代中期,欧美国家电子管产业发展规模庞大,但是晶体管技术的出现几乎击溃了所有的电子管生产企业,德州仪器(TI)、仙童、英特尔、东芝等企业诞生并迅速占据行业主导地位,与传统的产业组织发展往往历时数十年甚至上百年的情况具有重大区别。新兴产业中企业爆炸式发展的一个重要保障是组织创新,通过组织创新保障行业高端要素资源的快速集聚和活力激发。

资本引导成为战略性新兴产业发展的重要支撑。战略性新兴产业的发展,不仅要强调政府的示范引导作用,更重要的是模式创新。充分运用资本的市场化机制,是推动战略性新兴产业发展的重要模式创新。硅谷被全世界公认为不断出现商业性高科技突破的中心,资本的充分集聚、风险投资的繁荣,是其成功孵化新兴产业的重要原因。近些年,占美国人口不到 2% 的硅谷,吸引了美国风险投资的40% 以上。从整个美国来看,自 1946 年开始进行组织化和制度化的风险投资活动以来,风险投资加速了高技术的产业化应用和商业化开发进程,促进了信息生物等新兴产业的成长和发展。从 Cisco、Dell、Intel 等新经济的信息基础设施供应商,到America Online、Yahoo 等网络内容提供商,再到 eBay、Amazon 等各类电子商务模式典型运用者,无一例外都是在风险投资的扶持下实现产业化的。

制度保障是战略性新兴产业发展的重要基础。战略性新兴产业的发展将对原有经济发展与政府管理体制带来巨大冲击,也将对政府管理体制构成重大挑战。比如,作为新能源产业发展重要形式的分布式能源电站,其定价机制的形成、并网模式、与自然垄断的电网运营之间的融合等问题,都是超越了省级政府层面解决能力的问题,需要国家政策与制度来解决。国内外研究均表明,无论是美国还是欧洲,完善的法律法规、系统的创业风险投资法律体系是高技术产业发展和风险投资的重要保障。同时,新兴产业发展中,政府都起到了重要引导和支持作用。日本、欧盟、美国等国家和地区通过实施"太阳能计划"、购电补偿法等政策,鼓励本土光伏产业大规模发展。因此,发展战略性新兴产业,不仅要从区域经济发展的技术层面考虑,更要注重区域经济发展体制和机制的创新。

突出重点,加快推进

在后危机时代,浙江加快了经济转型升级步伐,规划发展新能源、生物产业、新材料、物联网、先进装备、节能环保、海洋产业、新能源汽车、核电关联产业九大战略性新兴产业。需要指出的是,一项取得重大突破的关键技术能否真正发展成为战略性新兴产业技术,取决于其是否满足产业的规模化和集群化、产品的品牌化、技术的引领化要求,取决于能否实现龙头企业和专业化企业的良性互动。浙江发展战略性新兴产业切忌从省到市到县(市、区),再到镇(乡)都争先恐后规划、培育发展战略性新兴产业,而应从以下五个方面推动战略性新兴产业的发展:

——立足浙江实际。要针对浙江现有产业发展基础,结合"四大建设"主动谋划。深入研究拟培育战略性新兴产业发展空间,特别要分析省内相关配套产业的基础。比如,以碳纤维为代表的新材料产业,浙江产业人才积累好,与传统产业的结合潜力巨大。

——注重重点突破。"有所为、有所不为"仍然是产业发展必须坚持的重要原则。浙江在重点战略领域的确定和培育中必须把握四个要点:先导性,洞悉技术突破对未来经济社会发展所带来的革命性改变;倍增性,拟培育产业的增长具有广阔的市场前景,或者迅速扩张的市场需求将会拉动该产业较快增长;辐射性,拟培育产业领域有利于技术和产业跨界融合,产业链条长、行业带动性强,能够有效促进相关产业的提升和产业规模的扩张;可持续性,拟培育产业能形成较长时期、较大规模的市场和最终消费。从当前发展基础和市场前景看,浙江将物联网产业、生物产业和新能源产业作为重中之重推进是具有战略视野的。

——强调创新驱动。转变原来促进产业发展更多体现在政府的"给、减、让",战略性新兴产业的发展要突破传统要素供给的思维,转而高度关注产业的高端要素的创造和集聚。在积极探索产业大平台建设新机制的同时,积极有效地利用全球高端资源。特别重要的是,新兴产业发展要充分重视"两条腿走路",在大力引进外源型科技资源的同时,致力于各类重点创新人才和团队的培育力度,加大省属高校、科研院所建设,支撑和促进产业发展。

——着眼长远发展。对以民营经济为主体的浙江区域经济发展,把浙江长期的产业竞争力培育放在更加突出的位置上显得尤为重要。要激活企业投资和发展战略性新兴产业的内在动力,推动企业成为若干战略性新兴产业领域的排头兵。对于前瞻性、基础性、战略性技术的研发,一定要创造机制,鼓励和支持有条件的省属高校和科研院所积极投身相关研究。加快省属高校建设和专业结构调整,着重从重点培育的战略性新兴产业发展方向进行专业和学科优化设置。

——重视体制机制再创新。浙江传统的体制和机制优势正在弱化,要在产业资本引导机制、高层次人才引进和培育机制以及政府的经济管理、市场监管、公共服务、社会管理等方面,不断再创体制、机制的新优势。建立战略性新兴产业的创业投资引导机制,使战略性新兴产业在未来五到十年内快速成长并发展起来,真正成为推动浙江经济转型升级的主导力量。

（原载《浙江经济》2010 年第 19 期,作者：兰建平、苗文斌）

从产业调整振兴规划到战略性新兴产业

众所周知,危机之后,往往会有重大的技术突破、技术跨越,而这种技术突破和跨越必然会带来战略性新兴产业的跨越式发展。

"战略性新兴产业"这个名词,包含了好几个关键词:"战略性"就是有国家高度,不仅有经济层面的含义;"新兴"表示产业的发展阶段还很初级;"产业"预示着一定能够"产业化"。现在,战略性新兴产业问题必须是基于技术跨越、基于区域经济转型发展的要求来理解和判断的。国家提的七大战略性新兴产业,浙江杭州要往哪些方向聚焦?

浙江"十一五"区域经济发展的基本评价

浙江在"十一五"期间经济社会发展整体上较为不错。"十一五"以来,面对国内调控政策、重大雪灾、金融危机等诸多因素的影响,浙江经济仍呈现出增长总体较快、结构调整有力推进、自主创新有所增强、城市化加速推进、开放水平不断提高、发展环境日趋和谐、人民生活更加富足的良好局面。

但是从市场的角度来讲,战略性新兴产业的政府示范作用还是不够的,要通过市场来解决,只有市场的引领作用、拉动作用才能形成产业化。相对于其他省份来说,浙江省市场发展的成熟度和市场机制还是相当不错的。

"十一五"期间,浙江省经济发展跃上新的台阶。生产总值突破 2 万亿元大关,人均生产总值突破 4 万元,总体水平稳居全国前四。浙江以全国 1.1% 的土地面积、3.8% 的人口,创造了占全国 7.5% 经济总量;浙江人均 GDP 于 1996 年达到 1000 美元,2005 年突破 3000 美元,2008 年超过 6000 美元。

产业结构调整取得了新的成就。三次产业结构由 2005 年的 6.6∶53.4∶40 调整为 5.1∶53.9∶41,农业占比继续下降,服务业比重有所提高。城市化进程进入新的阶段,2008 年,全省城市化水平达到 57.6%,比 2005 年提高 1.58 个百分点,比全国高出 11.9 个百分点。可持续发展能力得到较大提升,2009 年万元 GDP 综合能耗达到 0.73 吨标煤,达到全国先进水平。

以"四大"——"大平台、大产业、大项目、大企业"为主题的发展思路,表明了浙江省在经济发展思路上的一种跨越。

当前浙江经济发展存在的主要矛盾和问题

浙江省经济发展的问题主要有以下几个方面:

(1)市场需求改变了,但大量企业的供给没有改变。外需减少了,扩大内需成了我们经济发展的总战略。外需型的企业较难转换为内需型企业的生产方式。

(2)资源环境压力十分巨大。从土地资源承载力、生态环境承载力上看,浙江在 2006 年上述两个指标就已经超负荷。"低成本竞争、小企业大集聚、小商品大市场"的发展方式显然已经走到尽头。

(3)节能减排压力巨大。要在万元 GDP 综合能耗 0.73 吨标煤的基础上再实现 20% 的下降,难上加难。

（4）关键技术赶超任务仍十分艰巨。浙江人杰地灵,全国两院院士有五分之一都是浙江人,但浙江省可以集聚这些高端人才的平台还不够,高校、科研院所的资源相对缺乏。如果这个问题得不到解决,那么战略性新兴产业的发展就没有突破性。

（5）政府必须引导经济发展的模式创新。浙江省经济的发展主要是靠民营企业,政府在直接推动、有效引导战略性新兴产业的发展方面应该有所为。

关于"十二五"区域经济发展的思考

一个地方经济水平的高低、总量的大小固然很重要,但就"战略"两个字而言,浙江的地方战略还在寻找中。对于杭州来说,要思考3个问题:杭州对浙江意味着什么？杭州对长三角意味着什么？杭州对全国意味着什么？

杭州应该在长三角中确立"品质之城"的定位,即"生活品质、创业品质、服务品质"合一。杭州未来能否成为最具发展的品质之城？

浙江的经济目前还是外包导向,以低成本的加工制造业（OEM）为主,从OEM到ODM转型,设计的平台很重要。杭州作为品质之城,理所当然要能够吸引设计人才。浙江省"十一五"期间应该把先进制造业的R&D基地放在杭州,依托杭州,建一个长三角创意设计走廊,类似于浦东的科技创新带,类似于印度的工业走廊,这对杭州服务业的发展、新兴产业的发展,对浙江、长三角、全国来说,既找到了符合战略性新兴产业发展服务业发展的点,也符合了杭州原有创新资源的积累,是经济发展战略的有效衔接,有利于支撑浙江经济转型升级,集聚长三角的创新资源,抢占未来经济高地。

浙江的发展战略又在哪里？战略不应该仅仅是国家给浙江贴的一个标签。30多年来,浙江经济的发展是靠自身在改革开放之路中摸索出来的,战略产业发展之路也应该如此。在转型升级的前提下,产业结构的调整主要应该考虑三个转变:一是以产业结构调整和战略性新兴产业发展为核心的经济转型;二是以城乡统筹发展为核心的社会转型；三是转变政府职能改善行政管理为核心的政府管理转型。

围绕这三个转型，2010年，浙江重点开展了四个方面的研究：

(1)以转型升级评价体系为内容的指标体系；

(2)浙江产品的市场竞争力；

(3)城乡统筹发展的模式和路径；

(4)新型战略性产业的培育。

"十二五"对浙江是个大跨越，更是大挑战，应该力求在以上方面取得突破。浙江正处在产业结构调整的拐点。浙江小企业很多、专业化企业很多、配套型企业很多，但是引领型企业不多。没有龙头企业的带动，一个产业想要做大做强，是比较困难的。小企业发展的巅峰就是把一项技术做精、做专，但不可能形成战略性意义。

尽管战略性新兴产业要到2020年才能实现相关的发展目标，但一个产业能否成为战略性新兴产业，仍有一些早期评判的标准——这个产业到底具不具备全国全省全市集聚资源为其服务的基础。第一，它必须能形成规模，至少要1000亿元以上，并且有广泛的市场前景。第二，传统产业和高新技术产业的发展之路都证明，集群化发展都是行之有效的。第三，要有龙头企业的带动。第四，必须有专业化的协作配套体系。第五，要有具备影响力的品牌。第六，产业关键技术要有引领能力，掌握技术的制高点。

战略性新兴产业培育发展的案例和建议

不论是国家的"七大战略性新兴产业"，还是"八大新兴技术"（新材料、新能源、生物技术、IT技术、空间技术、海洋技术、纳米技术、节能环保技术），对杭州来说，既要符合品质之城的定位，又要未来达到产业发展的目标，就要对其中的一些产业进行聚焦。

碳纤维产业就是一个比较值得杭州关注的例子。

碳纤维是一种性能优异、应用广泛的新材料，号称材料之王，重量是钢铁的1/4而强度是其10倍、密度比铝小、比不锈钢耐腐蚀、比耐热钢耐高温、又能像铜那样导电，具有许多宝贵的电学、热学和力学性能。作为一种革命性的新材料领域，碳纤维有着广泛的应用前景，在复合材料领域、国防航空航天领域、风力发电领域、工业与民用领域等均有无限潜力。

杭州的西子电梯公司一年要生产20万台电梯，如果用碳纤维复合材料替代踏板的原有材料，既能让西子公司找到很好的替代产品，又能为碳纤维新材料本身提供优良的应用领域。浙江是电线电缆产业在全国范围内重要的加工基地，但一到冰雪灾害时期，大范围的电缆还是会僵化，因为钢的延展性不够。如果用碳纤维去替代电缆，将对碳纤维产业的应用来说又将是一个巨大无比的空间。

如果在这种自主产业材料发展中，杭州能够取得巨大的跨越，形成具有战略意义的带动作用，将有可能在整个新材料产业中取得顶尖的地位，重要的是要找到产业发展方向、找到自身资源与新兴产业的联结点。

从2009年的"产业调整振兴规划"到2010年的"战略性新兴产业"，在产业发展的扶持上，通行的做法有政府直接投资推动、税收减免、其他要素扶持（如土地要素等），更多地体现在政府对产业的直接干预上（"给、减、让"）。

而内源型经济发展，体现在政府的非直接干预上，更体现在政府作为"制度创新"的主体上。在战略性新兴产业发展初期，必须考虑的政策有：首先要制订产业发展规划，明确要往哪里发展、发展什么内容、基地在哪；其次要降低产业门槛，产业门槛的设置应该是"新低旧高"的。再次，要加强政府产业引导措施，包括补助、贴息、奖励等。第四，要创新发展方式，设立产业基金。最后，要积极引导企业改变商业模式。

（原载《杭州科技》2011年第1期）

做强实体经济　浙江经济发展的不二选择

　　众所周知,历史上的浙江是一个资源小省、人口小省、经济小省。改革开放初期,浙江经济在国家经济版图中总体上处于中等水平;经过了30多年的发展,浙江抓住了短缺经济的巨大市场需求机会,着力创造宽松的发展环境,以"农村工业化"为起点,大力发展以乡镇工业为标志的实体经济,采取块状经济与专业市场工贸联动的发展方式,推动了全省区域经济的快速发展。从1978年到2010年,浙江地区生产总值以年均12.9%的增速位居全国第二。在取得经济发展巨大成就的同时,浙江还很好地贯彻了富民导向,全省城镇居民、农村居民的人均收入长期位居全国各省区第一,实现了速度和质量相统一的增长。

　　实践证明,浙江之所以能够实现经济社会的跨越式发展,一条基本经验就是大力发展以工业经济为代表的实体经济。如果没有实体经济的崛起和发展,浙江不可能走在全国前列。浙江发展的历史,就是一条全民创业大办实业的历史,从"小商品大市场、小产品大产业,小企业大集群式"的发展,到打造先进制造业基地,再到培育现代产业集群,都是"干在实处"的最好体现。

　　国际金融危机爆发后的这两年多来,浙江省经济发展由于各种原因出现了一些困难，但这并不能说明我们不需要发展实体经济，而恰恰是我们实体经济不够发达、发展不够的体现。主要表现在两个方面：一是从实体经济发展本身看，迫切需要转型升级，改变"低附加值、低成本"式发展的路径依赖；二是从产业政策引导体系看，存在着如何更加重视支持实体经济发展的问题。市场经济条件下，企业是技术创新的主体，政府是制度创新的主体，两个"主体"之间互动机制的建立非常重要。在后金融危机时代，政府如何制定更加有利于实体经济发展的产业政策，是保持浙江经济持续健康稳定发展的重要价值导向。

当前，贯彻落实中央经济工作会议和全省经济工作会议精神，保持经济的平稳较快增长是首要任务。广大民营企业家要注重回归实体经济，努力把企业做"实"，为百年基业奠定坚实基础。各级政府要采取有效措施，为企业回归实体经济提供有力的制度保障。

市场经济条件下，需求是经济发展的主要动力。适者生存是市场法则，强者引领更是市场的不二法则。全省广大企业家要把重视发展实体经济作为企业提高竞争力、打造百年老店的重要战略。

首先，在指导思想上要树立以实业为本的发展理念。"重商"是浙江历史传承的重要文化，但这个"商"，不仅仅是"贸易"的概念，更具有"实物＋贸易"的内涵，没有实物支撑的贸易是不稳定的，企业家首先要当好实业家。浙江省以民营经济为主体，广大民营企业家在具有市场意识的同时，更需要加强实业意识，这应该成为新时代浙商文化的重要内涵。

其次，要把企业家的主要精力和企业的主要资源引导到发展实体经济上。企业家的精力和企业的资源都是稀缺资源。如何把有限的精力、有限的资源专注于实业，是企业生产经营的重要方面。作为改革开放的前沿阵地，浙江广大企业家可以很好地掌握国际市场的最新潮流，可以学习发达国家和地区企业先进的经验并为我所用，走"引进、消化、吸收"的路子。但在学习借鉴过程中，要从"引进"为主导,逐步走向"消化、吸收"为主导,把提高企业自身的创新能力放到十分重要的位置,实现企业内部资源的最优配置。不能够仅仅满足于学习与克隆,创新与引领才是第一法则。

最后,要用科学的方法,着力提高实体经济的发展水平。以劳动密集型产业为主体,是浙江实体经济发展的重要内容。大量产品的需求弹性小,但附加值也低。浙江省的工业增加值率和劳动生产率长期低于全国平均水平,从根本上反映出浙江省产业结构层次的低下。低成本、低价格的竞争方式是"浙江制造"的主要市场实现方式,总体水平不高是浙江实体经济发展主要特点。要用转型升级的一系列战略,花大力气解决浙江制造的创新能力不足的问题。在"引进、消化、吸收"的基础上,做到"形似神更似",逐步实现从"模仿制造"向"浙江制造"再向"浙江创造"转变,为浙江经济的持续健康发展奠定良好的实体基础。

市场经济,离不开需求的动力,更离不开规则和制度。政府作为制度提供者,不可缺失。在政府层面,面对新的国际国内形势,要清醒地看到:一些企业不愿意从事实体经济投资,更愿意从事虚拟经济投机,这既有企业自身的原因,更有制度上的原因。当一个制造业企业辛辛苦苦一年获得的利润还不如一年卖几套房子所获得的利润高,很大程度上是我们的经济制度出了问题。浙江是中国市场经济发展的先发地区,也是中国市场经济制度最具发展潜力的地区,在"一级宏观调控、两级宏观管理"的总制度格局下,浙江各级地方政府要创造性地开展工作,在制度的供给上,一定要紧密结合浙江的实际,一切从实际出发,研究制定最有利于浙江经济实体经济发展的各项制度。

从浙江区域经济发展的规律看,浙江在今后 5～10 年,仍然处于工业化中期,坚定不移地推进以工业经济为主导的实体经济发展,仍然是区域经济发展的主要制度追求。为此,浙江省"十二五"规划明确提出,"坚持把推进产业结构优化升级作为加快转变经济发展方式的重大任务,积极发展现代农业,加快推进工业现代化,大力发展现代服务业,培育发展战略性新兴产业,推进信息化和工业化深度融合,实施品牌大省和质量强省战略,打造具有浙江特色的现代产业体系。"这是改革开放 30 多年来浙江首次将"打造现代产业体系"作为产业结构调整的明确目标,也为浙江发展实体经济、促进产业结构优化升级指明了长期方向。

必须指出的是,浙江已经迈入人均年收入 7000~10000 美元发展阶段,支持实体经济发展的方式方法已经和改革开放初期有了巨大的差异,企业竞争法则和实体经济发展路径也与改革开放初期迥然而异,这要清醒认识。

面对新形势、新问题,无论对于企业还是政府,习惯于老方法,以不变应万变,是要出问题的。浙江省在近 3 年的金融危机中,同样的实体经济企业面对同样的背景,为什么有的企业能够面向全球整合资源,在危机中崛起,而有的企业却"败走麦城"呢?理由也许有千万条,但一定有一条——面对新形势,没有新办法,习惯于老方一帖。新的市场环境,新的技术环境,新的政策环境,干实业者必须有新的实招,才能干出实效。而政府同样如此,省委、省政府提出"服务企业、服务基础",不仅仅是对服务态度提出了要求,更是对服务能力提出了要求。支持实体经济发展,如果政府还仅仅是"贴息一点、补助一点、奖励一点",缺乏有力有效的创新举措,是远远不够的。转型升级,发展实体经济,一定要有实招、高招、新招,才能对实体经济的发展起到应有的促进和推动作用。

(原载《今日浙江》2012 年第 1 期)

实业兴省　实业致富

——一场关于实体经济发展的对话

2012 年的经济发展基调是稳中求进，这是当前宏观经济环境的要求。强调发展实体经济就是经济平稳较快发展的坚实基础和关键所在。

2008 年金融危机的影响至今余波未平。在这场危机中，浙江省许多中小型企业经受了严峻的生存考验。然而，危机带给我们的不仅仅是融资困难、价格下跌、出口下滑等现实问题，更是对当前虚拟经济与实体经济的结构关系提出了警示。

浙江实体经济在发展中存在着哪些问题？如何实现实体经济更好更快地发展？今天，圆桌论坛特邀三位著名的学者专家——徐松屹、吴晓波、兰建平，为我们指点实体经济发展的迷津。

实体经济缘何遭遇发展困境

徐松屹：在工作中，我也接触过很多实体经济领域的企业，确实感觉到现在企业经营的困难程度比较大。事实上，这还是 2008 年金融危机影响的延续，这可以说是影响当前实体经济发展的一个很重要的外部环境因素。

从浙江经济发展本身的角度来看,其实也是遭遇了两个变化。一是所处的发展阶段不一样了,经过改革开放 30 多年工业化的持续快速发展,我们由工业化的起步阶段过渡到了中后期阶段,想保持原先高比例增长的难度越来越大。二是要素环境不一样了。比如土地要素、能源要素、原材料要素的制约影响都越来越强。此外,还有一个很重要的因素:劳动力,可以说,劳动力将会越来越紧缺的趋势是不可逆的。

吴晓波:的确,我国沿海发达地区制造业出现"空心化"现象,是受到这些外部因素的强烈影响,但从产业发展规律分析,其根源在于,大批传统企业对粗放型发展模式形成了路径依赖,设计、研发、专利、品牌、人才、渠道等高端要素的发展长期滞后,自主创新能力不足,技术瓶颈约束日益凸显,缺乏高附加值制造所需的核心竞争力,导致企业利润空间狭窄,处于全球产业链分工边缘弱势环节,企业间长期处于同质恶性竞争状态。因此,当 2008 年国际金融危机后出现宏观调控和要素成本上升,很多企业在短期内无法调整化解成本压力。

兰建平:我补充一点,虽然近几年,宏观经济环境、要素结构的变化对中小企业造成了一定的阻碍,但实体经济的不振,与一部分企业家投资的浮躁心态其实也有一定关系。希望做实体经济的企业家们能耐得住寂寞、静得下心。对企业家来说,赚钱是一个过程,像百年老店那样的企业其实是历史的传承。浙江企业家不缺机制、不缺聪明,我觉得还需要培养一种长期的战略思想,要善于在市场经济的考验过程中,提高心理素质,增强创新意识,提高战略眼光,不要为了赚钱而赚钱,这也是给企业家们提的一点建议。

坚持实业兴省不动摇

兰建平:在中央经济工作会议中,有一个很重要的词:"稳"。中国经济要保持稳中有进,实体经济的发展很重要。美国金融危机的教训和中国三十年工业化发展的经验都告诉我们,实体经济不容忽视。

我们要坚持实业兴省。从浙江经济未来发展的趋势来看,预计在整个"十二五"期间,浙江均处于工业化中期阶段,我们的主要任务仍然是深入推进工业化进程。在"十二五"转型升级战略中,必须坚持坚定不移地推进工业化,把实现工业现代化作为浙江经济转型升级的产业政策导向。在全球经济波动较大、国内通胀趋势明显的背景下,大力引导民间资本向产业领域集聚,着力发展以工业为主的实体经济,应当成为下一阶段浙江产业政策制定的核心价值导向。

吴晓波:确实,制造业在浙江经济发展中发挥着重要的支撑作用,制造业的平稳、健康、可持续发展是保持经济社会稳定繁荣的基础。当前,我国正处于从要素驱动向创新驱动转轨的时期,伴随着经济发展方式的转变,制造业必然经历一场粗放型增长方式终结的阵痛期。处理好阵痛期的矛盾和问题,是制造业实现向集约型增长方式转型的必然历史使命。在转型加速期,深刻认识和有效解决产业空心化的问题,对于振兴制造业、促进国民经济健康发展具有战略性的意义。

兰建平:我觉得,注重实体经济这个问题对于浙江有着特殊的意义。浙江是市场化程度最高的省,浙江的企业是对市场最敏感的企业,短期化、效率化是它的长处。但现在光靠灵活行不通了,得靠真本事,必须从外延的扩张式发展、市场化的机遇式发展向内涵的集约式去转型了。而在这里面,就必须有实实在在的真本事、真技术和长期战略,所以说,这个问题对浙江来说尤为重要。

徐松屹:也许很多人会问,为什么转型升级那么难?从实体经济所面临的问题角度来看,就是路径依赖的问题。从另外一种角度来看,可以说是一种能力惯性。

改革开放初期,浙江省优越的政策环境给予了民营经济的发展以充分的空间,形成了浙江最初的一个机制,这是一种叫"改革"的力量。后来,浙江民营经济能够继续维持快速发展,则得益于开放的力量,从本地市场到全国市场再到全球市场。但现在,这种模式已经不可能维持了,从前的核心竞争力已经不具备优势,需要转型升级,而要将这种核心能力的惯性扭转过来,是我们目前面临的最难的问题。

但我们必须对转型升级的实际保持清醒的认识:它一定是一个长期的过程,而且要付出大量的努力,可能短期内无法立刻看到起色,但不能因此就马上扭过头说回到原来的模式去,这是要不得的,我们必须坚持转型升级的方向不能动摇。

发展实体经济,政府与企业皆需出力

徐松屹:经济转型升级意味着一个系统工程,不仅包括企业的转型升级,还包括整个社会——我们的文化、生活方式、思维方式,都需要转型升级。此外,更重要的是我们政府本身的转型升级。首先是在政府的管理理念上,不能继续用老思路、老方法、老手段抓转型升级;其次是政府在出台政策措施上需要多动脑筋、多出新招,能够真正引导和带动区域创新体系的建立,鼓励企业创新;最后,政府还可以在金融创新方面多给予企业支持。

兰建平:是的,政府在企业困难的时候,要该出手时就出手。当前,针对浙江实际,政府应尽快出台有利于促进产业整合发展的实质性政策,大力推进中小企业兼并重组,实施产业重组战略,把企业"数目"减少,把企业"吨位"做大,提高抗风险能力;通过三到五年的时间,引导培育"浙江汽车"、"浙江纺织"、"浙江丝绸"等传统特色产业以及"浙江物联网"、"浙江新能源"、"浙江新材料"等战略性新兴产业板块,将市场"无形之手"和政府"有形之手"的力量充分相结合。

吴晓波：我来具体说一下，从金融支持的制度层面来看，可以从以下几个方面入手：完善科技型中小制造企业授信、担保制度，借助资本市场，探索中小企业债券融资集合发行、专利融资、风险投资等多种金融创新模式；加大财政资金的支持力度，发挥政府财政在技术创新、节能减排、人才培育等方面的杠杆效应，结合所得税、土地使用税等税种的优惠政策，引导企业加快转型升级。

从产业结构的层面，我建议要坚持龙头企业与中小企业集群"两手抓"，加大对微小型企业的保护和扶持，完善支持创业的包容性服务环境，同时，可以探索"集群大学"模式，通过龙头企业、高校、职业院校等多种渠道培养人才队伍。

兰建平：全球技术变革带给我们实体经济的巨大投资机会是不容忽视的，我觉得浙江省的物联网、装备制造业、新材料都是很有基础、很有潜力的新兴产业。不过，从另一个角度来看，也不能对高科技盲目崇拜，浙江是一个文化积淀深厚的省份，注重传统产业、有文化的产业也是同样重要。丝绸、茶叶、中药、黄酒、石刻，这些都是具有东方元素的传统产业，都承载着我们悠久的历史文化，千万不能丢。我们不能离开传统产业去谈实体经济，不能忽视了纺织、机械、轻工、五金这些传统产业，要把它们精品化、高端化、科技化，用转型升级赋予它们更大的发展空间和竞争力。

徐松屹：作为企业，我们可以利用好科技的力量、资本的力量、信息化的力量来推动自身的转型升级。我来举个例子，有一家做按摩车、按摩椅的传统企业，它设计了一个芯片，并和另一家设计程序的研究所合作，在传统仪器上加入控制芯片，产品卖得非常好。可以说利用信息技术改造提升传统产业的路径，这条路大有可为。

兰建平：企业是市场经济的主体，实体经济是一条非常有发展潜力的致富路。我们要重振浙江经济内生发展机制、激活民营企业活力，首先要呼唤新时期民营企业家的创业精神，"老四千精神"没有过时，它应成为新时期企业家敢于、善于面对各种困难和挑战，在转型升级中不断开拓创新的时代精神。

其次，要提升素质、创新模式。企业自身素质是根本，自主创新能力的高低直接决定了企业寿命的长短。在短缺经济时代、网络经济时代、科技颠覆性创新时代，中小型民营企业要勇于创新商业模式，依靠"便宜、快速"已远远不够，要顺应"绿色、智能、超常、融合、服务"五大变化趋势创新商业模式，提高竞争能力。

最后，要重视企业管理的现代化转型。浙江的民营企业大多是"家族式"企业，近年来，尽管浙江大力推动企业从传统管理向现代管理转型，从"能人经济"向"制度经济"引导，但步伐仍然不快。没有企业管理的现代化，就不会有真正的百年老店。

（原载《浙江日报》2011 年 12 月 23 日）

GDP 增长率 7%，浙江经济的新常态？

浙江是中国经济最发达的区域之一，浙江以其民营企业的先发优势曾经一骑绝尘，引来无数的观察者。特别是党的十八届三中全会提出市场起决定作用的政府经济管理新模式，类似浙江这种市场化程度较高的省份，各种经济指标具有前瞻性的意义。

改革开放 30 余年来，浙江的 GDP 增长率长期保持在两位数以上。浙江人均 GDP 率先超过 1 万美元。按照国际通行说法，这一时期人们对生活、对环境的要求会越来越高。

2009 年，浙江首次下调 GDP 增长率，浙江 GDP 告别了两位数高速增长的黄金期，迎来了个位数增长的"白银时代"。也是在这一年，中国第一本以商人群体命名的刊物《浙商》开始推出浙商全国 500 强（根据国际通行规则，按照上一年度企业营收大小来排名）。可以说，浙商全国 500 强是观察浙商群体——全球范围约分布着 600 万浙江商人——的经济晴雨表。一方面，我们试图通过对浙商全国 500 强六年来的数据分析，来表明浙江 GDP 增长率 7% 是新常态，符合浙江经济的实际。而另一方面，透过浙商全国 500 强，我们还可以看到经济增长的方式正在发生深刻的变化。

GDP 增长率 7% 左右，将成为一种新常态

数据显示，2014 年第一季度，全省生产总值 7768 亿元，按可比价格计算，比去年同期增长 7%；而 2013 年浙江省生产总值超过 3.75 万亿元，比上年增长 8.2%，人均 GDP 超过 1.1 万美元。GDP 增速放缓已经成为一种现实。2014 年上半年，全省 GDP 的增长率为 7.2%，低于全国平均水平。如果从实际增长数字来看，不会超过 7%。浙江经济已经从两位数的高速增长时代进入 7% 左右的一位数增长时代，这已经成为经济发展的一种新常态。

1978—2008 年，浙江 GDP 增长率平均保持在 12.8% 左右的水平。从数据上看，跌到 7% 的值相当明显，难免引发外界的担忧。但是，我们认为大可不必担忧，第一季度的 7%，尤其要考虑到去年浙江主动调整产业结构，关掉了 12000 多家家庭作坊式的小企业、1200 多家高污染高能耗企业的因素。2014 年上半年，全省有 1840 多家企业压缩产能或被淘汰，9400 多家个体工商户再次被关闭。实际上，经济速度的快和慢只是一种感觉，不能老是停留在经济高速增长的记忆惯性中。现在经济速度下来了，但是并没有对人民群众的日常生活带来实质性的影响。浙江已经进入了 GDP 增长率 7% 左右的发展新模式。这一模式的特征表现在：非高速的增长，而是平稳的、非动荡的发展；是要效益的发展，而不是要速度的进步；是要技术创新推动式的前进，而不是以投资拉动式的拔苗助长——浙江经济正从"速度领跑"向"质量领先"转型。从数据上看，的确不华美，但是从浙江经济的长远来看，将是受益无穷的。

自党的十八大以来，中国在经济上呈现出三个明显的特点：一是经济增长放缓。原本政治上的换届，如无意外往往会推动年度经济快速增长，然而今年似乎不一样，一季度 GDP 增长率才达到 7.7%，上半年是 7.4%，均低于 8% 的市场预期。

二是政府调控放缓。在市场出现这样的趋势后，中央政府表现得异乎淡定，甚至公开表示要容忍经济出现较低的增长。与此形成对比的是2008年"下手要快、出手要狠"。三是社会各界反应趋缓。大家对于经济走势出现这样的变化，都表现得比较平淡和理性，相对而言，于生态环境方面诉求的"不安静"，却给人留下了深刻的印象。对于生态环境的诉求，实则是对经济结构调整的倒逼，是对中国现有粗放发展模式的放弃。

大企业开始领跑浙江经济

浙商全国500强在观察浙江经济时，有着很强的代表性。相对于普通的百强评比，浙商全国500强可以观察到整个浙商群体的基本面，更具有参考意义。从2009年第一次发榜以来，500家企业的总营收从1.95万亿元增加到2014年的4.42万亿元，翻一番（见表2-2）。

表2-2　2009—2014年浙商全国500强上榜企业营业收入总额

年份	500家上榜企业营业收入总额（万亿元）
2009	1.95
2010	2.19
2011	2.65
2012	3.26
2013	3.91
2014	4.42

数据来源：浙商发展研究院。

数据显示，2009年浙商全国500强入榜门槛为5亿元，到2014年浙商全国500强的入围门槛达到了7.3亿元。这中间虽然有动态变化，如2012年入围门槛曾达到7.5亿元后一度下跌。但是，总体来说，入围门槛一直在7亿元徘徊。这反映出浙江经济一直保持着平稳发展的态势，浙江经济的基层比较平稳（见表2-3）。

表 2-3　历年浙商全国 500 强入围门槛

年份	门槛（亿元）	增幅（%）
2009	5	
2010	6.5	30
2011	7.1	9.2
2012	7.5	5.6
2013	7.1	−5.3
2014	7.3	2.8

数据来源：浙商发展研究院。

梳理历年浙商全国 500 强企业，我们看到浙商百亿军团、500 亿军团、千亿军团呈现出极强的发展势头，正在改变浙江的整体经济形态（见表 2-4）。

表 2-4　历年浙商全国 500 强百亿元企业数

年份	数量（家）	增长率（%）
2009	38	
2010	39	2.6
2011	60	53.8
2012	86	43.3
2013	108	25.6
2014	112	3.7

数据来源：浙商发展研究院

我们看到，百亿元企业从 38 家达到了 112 家。2011 年、2012 年、2013 年增长幅度都在 25% 以上。这意味着这一时期的浙商壮大得非常快。而我们也注意到，即使在经济不景气的 2013 年，百亿元规模以上企业仍然在增长，虽然只新增了 4 家，但已是非常了不起的事。

相较于百亿元企业，营收 500 亿元的大企业的增长同样令人眼花缭乱（见表 2-5）。曾几何时，500 亿元营收是企业难以跨越的鸿沟。数据显示，2009—2014 年，500 亿元企业从无到有、从个位数增加至两位数，已经增长了 6 倍。这意味着，浙江经济开始进入了以大企业带动发展的新格局,这些企业的显著特点是:技术创新意识强、行业整合能力高、参与全球竞争的意愿强、实业根基打得扎实等。

表 2-5　历年浙商全国 500 强营收 500 亿元企业数量

年份	数量(家)	增长率(%)
2009	0	
2010	3	
2011	6	100
2012	9	50
2013	10	11
2014	17	70

数据来源:浙商发展研究院。

2013 年,浙商出现了 3 家千亿元级企业巨舰,而 2014 年则达到 4 家,分别为:浙江物产集团(2116 亿元)、吉利控股集团(1443.3 亿元)、万向集团(1342.0 亿元)、海亮集团(1004.4 亿元)。千亿元企业,无论是企业本身的质地还是在开拓全球市场等方面都有不可小视的力量,它们在世界经济的潮头显示出独特的个性。更为重要的是,千亿元军团极大地提升了浙商群体的自信心。同时,已有多家企业列队等候进入千亿元俱乐部,包括娃哈哈集团、广厦控股集团、北京建龙重工集团等,如果按照企业近三年的平均增长率计算,进入千亿元俱乐部就在两三年内。

系统分析浙商全国 500 强,我们可以发现如下四大现象:

浙江经济正在呈现出去"小狗化"趋势。"小狗经济"曾被赞誉为浙江经济的活力所在,但随着浙江经济的发展,"小狗经济"的负面影响越来越严重,尤其是因为缺乏技术创新能力,产生了高污染、高能耗的副作用,已经无法适应当前浙江经济的发展需求,面临被大批淘汰的阵痛期。

本土化的国际企业开始逐步领跑浙江经济。自从两年前浙江省委、省政府提出"三名"工程以来,以市场机制带动企业"长大",正在成为一种趋势。按照供应链、产业链、价值链重构企业正成为越来越多企业发展的模式。如吉利控股集团，正在改变中国汽车工业制造的格局，对中国制造转型升级的连锁效应逐渐发散出来；又如海亮集团，为了控制企业风险，近几年率先摆脱互保生态圈，让企业更稳健地发展，给了其他企业很多成功的经验。区域经济不仅仅是总量"大"，更是企业块头的"大"，减少的是企业的"个数"，但增加的是企业的"个头"。

制造业仍然是浙商的竞争优势所在。 在行业分类中，机械与电器制造业，这些行业中的企业是浙商中国 500 强中的第一方阵，制造业强，则浙江强。而尤其值得注意的是，浙商制造企业形成了区域内的同台竞技、双雄并峙的现象，如湖州的锂电池的超威集团和天能集团，温州的德力西集团与正泰集团等。这些区域双雄的杀手锏，就是创新，不断地创新，进而带动行业的技术革命。西子联合通过与世界 500 强的合作，进入航空制造业，结束了浙江没有航空设备制造业的历史，开创了一个制造业的新时代。在 2014 年度的全国民营经济 500 强榜单中，浙江省入围 117 家制造业 500 强，仍然处于各省区的第一方阵。

新经济的引擎已经开始启动，并逐渐被放大。 以阿里巴巴（2014 年排名第 18 位）为首的互联网经济正在崛起。当前正面临着第三次工业革命的关键时期，"互联网＋云计算＋移动互联网"，在大数据产业的开掘上提供了无限的可能。最近两年来，阿里巴巴集团的杰出表现，奠定了浙江在中国互联网时代的引领地位，阿里巴巴 IPO 报告显示，市场对其估值在 1250 亿美元左右，阿里巴巴进入千亿元企业行列只是个时间问题。新经济与传统产业并不排斥，阿里的示范效应，正在带领传统企业向"互联网＋"时代的迈进，将会极大地改变浙江的经济生态。以信息经济为代表的产业结构，会成为经济新常态的另外一个重要标志。

我们认为，正是因为浙商企业大集群的快速出现，浙江 GDP 的增长速度已经可以被忽略，只要保持在 7％左右，就可以保障浙江产业结构调整的可持续性。与此同时，我们发现，这一增速下，企业的活力不减反增，出现强者恒强的局面。这些企业可以更好地把中小企业闲置的资源利用好,更好地配置市场资源,进一步推动企业对全球资源配置,如总部在上海的复星集团(2014 年排名第 16 位),逐渐加大了海外资产的配置份额,同时嫁接中国动力,实现企业的全球化发展。

GDP 增长率 7% 常态下转型升级的五大策略

在外需市场不可能向过去 30 多年一样,继续为中国经济注入强大动力,国内要素成本又快速上升、地方发展空间相对不足、各种"不协调、不平衡、不可持续"等多重因素的叠加下,如何再创浙江经济发展的新优势? 浙商全国 500 强的盘面显示,浙江正以新的实践积极开拓经济转型升级的新路径。

适应新常态、探索新路径、实现新发展,率先实现发展方式的转变。

——以创新驱动为根本。传统产业占比高,产业组织方式"低小散",劳动密集型产业为主导,是过去浙江区域经济的主要特征。转变发展方式,就是要实现经济从资源开发型向效率提升型,再向创新驱动型转变。以民营经济为主要方式的浙江经济是中国效率型经济的主要代表。顺应新科技革命的趋势,实施创新驱动战略,大力推进经济运行的提质增效,提高区域经济的工业化实现程度,正成为浙江民营经济转型升级的生动实践。

——以两化融合为动力。即以信息化带动工业化、以工业化促进信息化。当前,信息化发展正进入新的历史阶段,以大数据、云计算、物联网、移动互联网为代表的新一代信息技术广泛应用,正加快推动生产方式、生活方式、消费方式的深刻变革,日益成为经济发展方式转变的内在动力。可以说,走新型工业化道路,在相当大程度上就是不断提高信息技术价值在现代工业经济中的价值占比的过程,即"信息化"的过程。能不能抓住以"计算机+信息化"为主要标志的第三次工业革命的机会,打造浙江经济的升级版,关键就是两化融合发展,实现信息化对第一、第

二、第三产业发展的全覆盖。

    ——以"三名"工程为引领。名家（大企业家）、名企（著名公司）、名牌（公认名牌）是市场经济发展的重要微观构成，三者之间的逻辑是一个以企业家为驱动和支撑，以企业为载体和平台，以品牌为终极表现和价值形式的有机整体。实施"三名"工程，意在实现浙江市场主体从中小企业为主导的发展模式向大企业带动中小企业协同发展的模式转变。依托大平台，谋划大项目，培育大企业，发展大产业。今天的大项目，就是明天的大企业、后天的大产业。通过推进中小企业的兼并重组、股份制改造，IPO发展，为民营企业成为百年老店提供制度创新保障。

    ——以"四换"战略为路径。"腾笼换鸟、机器换人、空间换地、电商换市"是浙江产业结构调整的新路径，也是新经济常态下的新战略。人多地少、传统要素支撑单薄是浙江经济典型的特点，过去的路径是走出去发展，在省外再造一个浙江。但是更有利浙江经济再造竞争优势的是"腾笼换鸟"，在新常态下发展新经济，以信息经济、新能源、新材料等产业为代表的新经济，实践证明是应该大力扶持和发展的好"鸟"。加强"腾笼"与"换鸟"的统筹，要运用新技术、新工艺大力改造提升传统产业。推进机器换人，提升传统产业的制造水平，继续保持传统产业的竞争优势。推进电商换市，把浙江市场渠道的优势进一步强化，使"买全球货、卖全球货"的市场优势在网络经济时代进入2.0版本。

    ——以五水共治为突破口。浙江是名副其实的水乡，但粗放型的产业发展模式对全省水域的可持续发展构成了严重的挑战。浙江省委、省政府提出：以治污水、防洪水、排涝水、保供水、抓节水为突破口，倒逼浙江的产业转型与升级。通过治水，将有力带动有效投资，估计2014年全省涉水产业投资将达到5000亿元，成为推动全省经济增长的重要突破口。同时，通过治水，将带动涉水相关产业的快速发展，形成可复制的护水、治水、用水等水经济发展的新形态。

（原载《浙商》2014年第19期）

第三篇

路 径

跨越的路径

改革开放 30 多年来，浙江成功地从资源小省走向经济大省，从基本温饱走向总体小康，开创了"中国模式"的浙江范例，成为全国各省区域经济百舸争流发展的一面旗帜，可以说风景这边独好。

早在 2005 年，洛桑国际管理学院发表世界各国（地区）竞争力排名，浙江被列为中国竞争力的标志省份，排名第 20 位，表明浙江经济发展的模式和道路，得到世界研究界的充分认同。

从改革开放初期中国的一个中等发达省份，到中国经济队伍的"第一方阵"，浙江很好地实现了两个字——"跨越"。总结浙江经济发展的种种跨越，最重要的路径是"两种体制、一种活力"，走出了一条国有经济和非公经济共同发展的阳光大路。从具体路径上，实现这样的跨越主要有赖于"计划到市场、封闭到开放、块状到集群"的"三步走"。

从"计划"向"市场"

众所周知,不改革开放,中国将会被世界先进文明所抛弃。浙江尽管地处沿海地区,有良好的文化底蕴,有悠久的创业历史,但同样在生存边缘挣扎,短缺经济,是那个时代最典型的特征。

1978年的改革开放,为浙江的发展带来了机会。

首先是省委、省政府解放思想,通过营造最宽松的环境,激发人民群众的创业热情。"允许闯、允许试","不争论、不辩论、不打压",法无禁止即可为,使浙江成为一方创业的热土。其次是有着深厚创业文化背景的浙江广大人民群众,在改革开放的环境下,充满着激情和梦想,"一遇阳光就灿烂、一遇雨露就发芽",努力在商海大潮中创造人生价值,诞生了一批又一批时代弄潮儿,鲁冠球、宗庆后、马云等就是其中的代表。而与他们一起成长的,还有一大批个体工商户,尽管是"前店后厂"、"夫妻店"、"父子兵",却是浙江经济发展的生力军。浙江的民营经济,以小商品、大市场,小企业、大协作,不断细分市场,成为推动中国从计划经济向市场经济转型最大的力量之一。

然而需要指出的是,在浙江民营经济快速发展的同时,浙江国有经济的发展也取得了长足进步,以提高国有经济在区域经济中的控制力为目标,以组建省政府的国有资产经营公司为代表,不断扩大国有经济影响力,并与民营经济形成互为补充、共同发展的良好局面。在生产领域,以一批老国有企业为代表,通过建立现代企业制度,按照"产权明晰、权职明确、管理科学、运行有序"的要求,不断深化改革、创新发展,培养和发展了如杭钢、巨化以及杭氧集团、杭汽轮集团等一大批在行业中有着广泛影响力的代表企业,成为浙江制造、中国制造的典型代表。在流通领域,以浙江物产为代表,成为中国在计划经济下政府行业主管部门向现代公司转型的"中国代表",浙江物产也成为改革开放 30 年来浙江第一家世界 500 强的本土化公司,体现出了中国崛起的浙江元素。

面对国家提出大力发展新兴产业、抢占技术革命所带来的经济发展新机遇,以海康威视为代表的新一代 IT 系统集群公司,抓住了当今装备领域的巨大需求,以掌握核心为支撑,不断推出新产品、努力拓展新渠道,成为浙江高技术产业的风向标,在股市中创造了一个又一个神话。

国有经济这种发展路径,还通过与民营经济形成供应链、产业链、价值链"三链"的途径,较好地实现了社会资源的市场化配置。如在安防产业上,不但形成了以海康股份为龙头带动的发展格局,而且如大华电子、三维通讯等一批民营企业,也纷纷成为上市公司,引领整个产业向上发展。

21 世纪的十多年来,从"第三次浪潮"到"第三次工业革命",以物联网、云计算移动互联网等为代表的新经济发展模式,使浙江传统的区域经济发展模式开始蜕变。全国十大网商,浙江占 6 个。从计划经济到市场经济,无论是在有形的市场上还是在无形的市场上,浙江都走在全国的前列。

从"封闭"到"开放"

开放型经济的发展,首先是产品"走出去",拉动了浙江经济的迅速增长。在20 世纪的后 10 年,浙江外贸发展达到了一个崭新的里程碑。中大股份成为中国外贸企业创新发展的"第一股"。在当时人民币对美元不断贬值的大背景下,浙江的外贸企业紧紧抓住机会,大收购、大出口、大发展,不但成为支撑浙江经济,而且成为拉动全国经济发展的重要引擎。在 114 届的广交会中,无论哪一届,浙江板块都成为中国外贸的重要风向标。浙江外贸经济在广交会的风起云涌,充分展现出国际市场对于大量劳动密集型产业的刚需,也为浙江经济利用国际市场提供了最佳通道。

加入 WTO 后,打开国际市场后的浙江制造,在看到和世界一流企业差距的同时,加快引进国际资源,成为经济转型升级的重要切入点。以市场换技术、学技术、买技术,成为浙江企业创新发展的重要着力点。

2003 年,国家提出到 2020 年基本建成创新型国家,浙江开始了从"会做生意"向"更会做事情"的开放型经济的第二次转型。一大批中外合资企业成为整合全球资源创新发展的最好平台。如西子联合控股集团,通过与世界一批著名公司的合作,迅速提升公司的创新能力,走出了一条"美国 UTC 的技术+日本精益制造+中国式营销"的模式。

从产品走出去到技术引进来,浙江在金融危机的这几年,还实现了开放发展的第三次跨越——"企业走出去"。从浙江走向全国,从全国走向全球,开创了浙江经济开放发展的崭新时代。以李书福为代表的一大批民营企业家,面向全球整合优质资源,实现了企业发展的华丽转身。2008 年,吉利汽车以 17 亿美元收购了号称"最安全"的沃尔沃汽车,实现了从"最便宜"的车向"最安全"的车的跨越,为中国企业开展国际并购起到了良好的示范作用。

从"块状"到"集群"

如果说以西子联合、吉利控股为代表的浙江企业所实施的转型发展路径探索,是省委、省政府谋划的"大平台、大项目、大企业、大产业"四大战略的真实体现,那么,大量的中小型企业走产业集中、集聚、集群发展的道路,努力推进块状经济向产业集群转变,就是浙江经济打造"会跳舞的大象"的又一条重要道路。中小企业众多是浙江经济的重要特点,如何在新时期为中小企业特别是小微企业进一步提供最佳的发展环境和路径支撑,一直是浙江经济制度设置的重要内容。

2003 年以来,在广大中小企业面临"成长烦恼"的背景下,浙江提出的打造"全球先进制造业基地",成为浙江省经济转向的另一条重要路径。经过近 1 年的努力,到 2012 年,全省已经形成 10 个左右收入超 1000 亿元、20 个左右收入 300 亿～1000 亿元、60 个左右 100 亿～300 亿元的产业集群。为进一步推进产业集群发展,2012 年,省委、省政府又提出建 14 个产业集聚区,并出台了一系列相关配套政策。目前浙江正处于先进制造业基地建设的后半阶段,在国家公布的全国百佳产业集群中,浙江省占了 36 席。

在全球化背景下,产业集群之所以表现出良好的竞争力,关键在于集群能够迅速地创建一个新技术的溢出效应。任何一项新的技术,只要一两家企业率先使用,其他企业就会迅速跟进,在最短的时间里,使新技术、新工艺在集群内被大多数企业普遍使用,从而大大提高集群的学习能力和竞争态势。总结浙江的产业集群,无论是政府主导型的集群还是龙头企业主导型,无论是市场自发型还是文化嵌入型,无论是单一行政区域内还是跨行政区域的,都不例外。

区域经济发展是一场马拉松,而不是一场短跑。尽管浙江经济在最近 3 年中面临跨越中等收入陷阱的挑战,也面临供给不力和需求不足的双重压力,但是充分发挥市场机制对社会资源的基础性配置作用,努力实现从资源型向效率型、创新型、财富型转型升级发展,是浙江经济发展的必然选择。

把民营经济与国有经济两种活力进一步激发出来,在市场化改革中体现出新活力,是我们对即将召开的党的十八届三中全会的更高期待。

(原载《今日浙江》2013 年第 20 期)

从"两创"的跨越到"两富"的超越

从"创业富民、创新强省"的"两创"总战略,到"物质富裕、精神富有"的"两富"总战略,既是对浙江"两创"总战略的提升和总结,也是对"两创"总战略的创新和发展。学习贯彻"两富"战略,要从"两富"战略提出的背景、深刻的内涵、实现的路径等方面加以准确把握,并在实践中不断丰富、不断超越。

首先,"两富"战略更加符合浙江经济社会发展的现实基础。从发展背景上看,经过 30 多年改革开放的发展,浙江经济社会发展已经进入一个崭新的发展阶段,到 2011 年,浙江生产总值已经达到 32000 亿元,人均生产总值已经达到 9083 美元,杭州、宁波等部分县区人均生产总值已经达到 12000~14000 美元水平,浙江已经进入中等发展国家和地区的发展水平,应该说,浙江以"富民"为导向的经济发展目标已经基本实现。在这种背景条件下,把以"创"字为主要特点的发展战略,调整为"富"字为导向的发展战略,更加符合浙江现阶段的发展实际。

其次,深刻理解"两富"战略,要全面、准确地把握"两富"的内涵。"两富"在内涵上是相对丰富的,至少要从三个层面去理解。一是已经基本富裕起来的浙江,仍然要坚持把"继续富裕"作为重要的发展指导思想。因为现代化目标的实现,如果没有强大的物质基础保障就是空的,也是不符合广大人民群众的根本利益的。新的发展时期,以经济建设为中心,仍然是主基调,这个主基调不但不能改变,而且要坚定不移。这是我们理解"两富"战略的重要基点。浙江虽然已经进入"中等发达"水平,但同发达国家和地区相比,同中华民族的伟大复兴的目标相比,经济发展的基础还是很薄弱的。百年中国的崛起,未来的 30 年,是起到中坚支撑的关键时期。在这一阶段,要坚持把发展作为主基调,追求经济更加发达、百姓更加富裕,仍然是全省上下的经济建设的重要任务。第二,新时期,新方法,在追求物质更加富裕的道路上,要讲究新路径,要有新套路。从 1978 年到 2008 年,浙江经济发展一个比较明显的特点是一个字"快",快赚钱、赚快钱,体现到结果上,浙江成为全国各省经济跨越式发展的高手,走在了全国前列。但是这种以"快"字见长的发展模式,面临着资源、环境、技术、政策的巨大变化,必须改变。在去年的全省经济工作会议上,浙江提出要从"有速度"的发展方式向"有效益"的发展方式转变,事实上已经体现了从以前的比较注重经济发展的速度,到现在的比较注重经济发展的质量的要求。面对当前浙江经济发展速度有所下降的形势,要用一种淡定的心态来泰然处之。第三,物质富裕还要强调精神富有。夫子曰,仓廪实而知礼节,讲的是物质条件的改善可以为社会的开化和文明的进步奠定良好的基础。然而现实生活中,"仓廪实"往往未必必然会"知礼节",两者之间甚至是既不是充分条件也不是必要条件。中国几千年的文化在市场经济的大潮中,以"务实、守信、崇学、向善"为代表的社会主义的核心价值观念,正在经受各种新的考验,需要大力弘扬、积极倡导。从这个角度上讲,"精神富有"对浙江经济社会转型升级发展提出了更高的要求。

再次,从"两富"的实现路径上看,浙江在进入"中等发达"阶段后,如何体现从"中富"到"大富"? 在具体路径上,其一,努力构筑具有浙江地方特色的现代产业体系,提升产业层次和档次。在"十二五"规划中,浙江第一次将努力打造"现代产业体系"作为经济发展方式转变的重要突破口。围绕这一目标,要着力做好传统产业改造、战略性新兴产业培育、现代农业和现代服务业四篇文章,夯实实体经济基础。要按照"工业强省"建设的要求,努力推动浙江经济由大到强的转变。其二,是切实提高企业的自主创新能力。产业发展的问题,从本质上讲是一个技术水平不断演进提升的过程。没有淘汰的产业,只有落后的技术。要按照"绿色、智慧、超常、融合、服务"的要求,把企业自主创新能力建设提升到一个新的水平。其三,是要按照"四大"——大企业、大项目、大平台、大产业的要求,在现代企业制度上下功夫,在大项目策划上下功夫,在平台规划建设上下功夫,在产业集聚规划上下功夫,把产业结构优化这篇文章做好。实现路径还有一个非常重要的方面,就是努力把"四大国家战略"落到实处。市场经济,企业是创新的主体,政府是市场环境的提供者。改革开放的 30 多年间,浙江在经济制度创新上,一直秉承以"宽松"环境为主基调,"允许试、允许创"、摸着石头过河,使浙江成为一片创业的热土。然而浙江的这种改革缺乏总体设计,使得这种"自下而上"的制度创新呈现边际效益递减的势头。近年来,在国家的大力支持下,浙江确立了"四大国家战略",努力在体制机制上实现新的突破,努力为以民营经济为主体的区域经济转型升级发展提供新的制度保证。目前,虽然"四大国家战略"均已经正式落户浙江,但如何将战略真正落到实处,为区域经济转型升级发展提供新的动力,仍然需要在实践中加以破题。

最后,贯彻"两富"战略,要注意把创新放在十分重要的位置。落实"两富",尤其要注重以创新的理念和方法,在实践中积极探索。创新是一个民族进步的灵魂,作为中国东部国际化、市场化程度最高的省份,浙江要坚持以创新的理念引领发展、创新的方法不断开拓,无论在追求经济建设上,还是在人文思想和道德建设上,都需要以一种勇于开拓、不断创新的胆识来推动浙江下一轮的经济社会的超越发展,绝不能够墨守成规,机械地执行如何"富裕"和"富有"的问题。此外,虽然"两富"战略中没有明确地把"创新"的字眼写出来,但绝不意味着未来的发展,创新的问题不再重要。只有大力提高创新能力,才能支撑浙江经济实现转型升级发展,这是需要我们在实践中认真加以把握的。

(原载《观察与思考》2012 年第 7 期)

从"清洁发展机制"到"自愿减排市场"

——关于低碳经济发展制度创新的思考

清洁发展机制(Clean Development Mechanism，CDM)是 1997 年《京都议定书》中引入的一项创新机制，与排放交易机制、联合履约机制并称《京都议定书》引入的三大创新机制。CDM 允许附件一缔约方(主要是发达国家或地区)与非附件一缔约方(主要是发展中国家或地区)联合开展二氧化碳等温室气体减排项目。这些项目产生的减排数额可以被附件一缔约方作为履行它们所承诺的限排或减排量。从本质上讲，CDM 是一种市场交易制度，经过多年的实践和探索，西方国家对碳排放权已经形成了一套较为成熟的定价制度、交易规则、运行监督等的市场运行制度。

而从碳减排市场的制度安排上看，有强制减排市场和自愿减排市场之分。强制减排市场发展的主要障碍在于交易成本高，难以平衡市场各方利益。因此，对于风险大、外部性相对较低和减排量相对较小的减排项目，通过自愿市场可以很容易实施。近年来，国际社会积极培育发展自愿减排市场，已成为碳交易市场发展的重要方向。特别是美国、加拿大、荷兰等国家在自愿减排市场方面的做法已较为成熟,具有较强的借鉴意义。

在美国,政府通过设立节能环保项目,组织公司或公众自愿参加,实现节能减排的目标。在加拿大,工业界自发地开展了"工业节能活动",全国有近700家公司参与。在荷兰,主要通过政府与企业自愿的方式签订"能效长期协议"的方式促进节能减排。目前,荷兰政府已经与大中型工业企业签订了新一轮的自愿协议——"基准自愿协议",以进一步推动节能减排。各国的自愿协议名称不同,组织各异,但其本质都是由政府倡导,工业行业(企业)自愿做出在节约能源、提高能效、减排温室气体、改善环境方面的承诺,并与政府签订协议,在实现过程中由第三方进行评估审计,并将评估结果公之于众。这样不仅实现了节能环保目标,而且使行业(企业)提升了生产、管理、技术水平,降低了成本,增加了效益,也在国际上树立了良好的信誉和形象。

中国特色的自愿减排市场

从市场阶段上讲,应该说当前我国碳交易市场发展尚处于起步阶段,严格意义上的碳交易活动并未展开。碳排放权毕竟是一种"准权益"交易,它与一般性的权益交易相比,更需要有严格的法律制度和规则体系的约束,如符合"可检测、可报告、可定价、可核证"等方面的要求等。但是,迄今为止,我国无论从法律或规则制度层面,还是主体和中介层面,都还没有真正建立起来一套市场制度。从政府层面上看,虽然在节能减排上,已经建立起了一套从中央到各省、各省到所辖市、县(市)的考核指标,对减排起到了较好的推动和约束作用,但这种做法更多是具有行政色彩的,以市场制度的方法(如浙江省试行的排污权交易)来推进碳交易的开展,这方面的制度创新还处于起步阶段。

从总体上讲,中国碳交易市场存在的主要问题有四个方面:一是观念上的偏差。无论是政府还是企业,更多是将碳排放权交易视为一种"经营行为",追求效益导向,而不是节能减排的内在行动。二是法律和制度的缺失。目前针对碳交易行为的法律制度建设还很薄弱,甚至政府的相关规划引导也尚待提高,还不足以引导市场规范、有序、健康发展。三是交易所需的支撑机构不够。作为一个新生事物,碳交易所需的技术评估、核证等专业机构寥寥无几。四是从事碳交易的各类人才相对缺乏,特别是熟悉国际碳经济市场规则的人才缺乏,在较大程度上影响了碳减排市场的培育建设和运行。

据权威机构预测,直至 2030 年,中国的碳排放总量都将不会出现排放上限。考虑到中国碳交易市场发展实际,当前中国一方面仍然要积极参与国际 CDM 机制,通过该机制,继续获得发达国家在节能减排方面的资金与技术支持。但是更加重要的一个方面,是要开始探索建立具有中国特色的碳交易市场。在注重运用减排机制、加强对节能减排的硬约束的基础上,探索建立更加符合中国实际的减排制度、碳交易市场制度创新。

中国目前的碳交易市场应该是以"自愿碳减排市场"为核心内容的"制度集成创新",而不是推倒一切、重新开始的"颠覆式创新"。借鉴国际发达国家的经验和做法(如荷兰的"能效长期协议"),这种集成式制度创新主要包括:(1)整个工业部门或单个企业承诺在一定时间内达到某一节能目标;(2)政府给予工业部门或单个企业以某种激励;(3)政府与工业部门或企业通过签订自愿协议的方式明确权利和业务。

实现碳减排目标,自愿协议可以使企业的社会责任感和核心竞争力得到提升,有利于政企分开,有利于政府和企业在新形势下找准各自的角色定位。目前国家发改委正在制定《中国自愿减排市场管理办法》,建立自愿减排交易的国家登记簿,如这一办法正式出台,将十分有利于我国企业的开展自愿碳减排。

市场培育与发展的制度创新

浙江是全国碳排放大省,节能减排压力巨大。根据国际碳交易市场发展的新动向,结合浙江实际,利用国家即将出台自愿减排市场管理办法,适时开展自愿减排计划,是浙江发展环境友好型、产业推动经济转型发展,促进生态文明建设的重大制度创新。主要包括:

一是加快自愿减排市场发展中的制度建设和主体培育。建议在企业自愿的基础上,政府与达标企业建立"伙伴关系",签订自愿式环境管理协议,鼓励企业自觉地提高污染削减目标,超越排放标准的要求。创建一批遵守环境法规、环境管理规范、实施清洁生产、生产环境友好产品以及信誉良好的优秀企业。总结经验,规范绿色企业和环境友好型企业创建的标准与申请、考核办法,使自愿协议式环境管理在创建友好环境保护企业中发挥作用。把创建工作作为目前工业污染防治的切入点,加强产业协调部门与环境管理部门的合作,进一步完善环境管理体系。

二是加快自愿减排市场制度建设的试点示范。优先考虑在电力、交通、建筑、冶金、化工、石化等能耗高、污染重的行业先行试点,作为浙江探索自愿减排市场培育和发展的重点领域。积极打造"自愿减排试点区域"、"自愿减排试点行业"或"自愿减排示范园区",选择典型城市、行业或工业园区进行试点示范,探索具有浙江特点的自愿减排市场发展之路。充分发挥试点示范城市、行业或园区的辐射作用,带动全省自愿减排市场的培育与快速发展。

三是加快自愿减排市场发展中的技术创新。自愿减排市场的发展离不开低碳技术的支撑。自愿减排市场发展的技术创新主要包括降低清洁能源的开发成本和提高核心技术水平两大内容。以提升企业自主创新能力为基础,创新发展可再生能源技术、节能减排技术、清洁煤技术和核能技术,大力推进节能环保和资源循环利用技术的应用。争取在"十二五"期间打造一批在低碳技术领域掌握核心技术知识产权的先进企业,建成一批以低碳生产方式和消费方式为特征的示范城市,为构建浙江低碳产业体系和全面发展新兴战略型产业奠定良好基础。

四是加快自愿减排市场发展中的金融创新和保险创新。尽管与自愿减排市场发展相关的金融创新已取得了较大进展,但其发展仍处于相对初级的阶段,有关节能减排项目的界定、贷款的管理以及相关的政策支持仍旧处于空白状态。建议参考"赤道原则",建立浙江区域绿色信贷机制;参考世界发达国家和我国部分先行地区推出的环境污染责任保险产品,加快推进环境污染责任保险产品创新。政府新产品管理部门、环保部门和保险监管部门要加强合作,创新保险制度,推动绿色保险。

五是加快自愿减排市场发展中的舆论环境和消费环境建设。自愿碳交易市场制度创新离不开公众的参与,只有通过公众环境意识和绿色消费意识的提升,才能加快促进自愿碳减排市场的建立。一方面,要提升公众环境权益意识,赋予公众环境监督权和损害补偿权,鼓励群众和社会媒体监督企业的污染物排放。另一方面,要树立消费者的绿色消费意识,提升人们对绿色产品及相关标志的认知,增强消费者的绿色消费意识。

（原载《浙江经济》2010 年第 10 期,作者：兰建平、李红日）

工业化，实现四翻番的必由之路

到 2020 年，浙江省 GDP、城镇居民可支配收入、农村居民可支配收入要实现翻一番，分别达到 55500 亿元、55000 元、24000 元以上，这是浙江省委十三届二次全体（扩大）会议上，李强省长在《政府工作报告》中提出的浙江省未来 5～10 年的奋斗目标。如何实现这一奋斗目标？最重要的是三个字——工业化。在未来 5～10 年，浙江省必须坚定不移地推进工业化，努力实现工业现代化，这是浙江省实现"四翻番"最根本的途径。

工业文明是浙江从传统走向现代的必由之路

纵观人类历史，从农业文明到工业文明再到生态文明，是人类文明史的发展规律。浙江经济从发展历史上看，真正开始走工业化道路也只是改革开放以后的事情。30 多年的改革开放中，正是通过坚定不移地推进工业化，浙江省才实现了经济社会的赶超战略，走在了全国的前列，实现了从资源小省到经济大省的跨越。我们要认识到，过去浙江经济发展依靠工业化，现在仍然是工业化，将来较长一段的时间里仍然将是工业化,坚持工业经济为主导的发展战略,是浙江省实现现代化的阳光大道。要注意,不是经济形势不好的时候抓抓工业,经济形势相对较好的时候就丢掉工业。

从一个国家来说,要成为真正强大的工业化国家,必须有更多致力于坚实实业的制造业企业,而这需要有企业家精神和事业理念的支撑。如果有千千万万这样的企业和企业家,不断在实业发展中取得成功业绩,中国就能够逐渐形成现代工业文明的赎回心理和实业基础,积淀下植根于中国本土的实业精髓,从而支撑中国成为真正强大的现代工业化国家。

正确认识浙江省区域经济发展历史阶段

浙江省位列中国经济的第一方阵,但并不表示浙江省已经实现了工业化。从浙江省工业化实现的路径来看,根据《浙江省工业化发展阶段分析及对策研究》,浙江省至少要到2017—2018年,才能实现从工业化中期向工业化后期迈进。换句话说,在整个四翻番时期,正是浙江省基本完成工业化时期,这一阶段也是浙江省基本实现现代化之际,"实现工业化≈基本实现现代化"。要注意在工业化未完成之际,过分强调区域经济的服务化导向,会直接导致实体经济的空心化,加剧民间资本的投机性需求,从而影响区域经济的平稳协调发展。

在省"十二五"规划中,浙江省也明确提出要实现"工业现代化"问题,如果工业都未能实现现代化,浙江省要实现四翻番,就没有了物质基础。

用现代工业的理念发展现代工业

企业不等于工厂,工厂不等于车间。我们现在讲的工业化,已经不是20多年前讲的工业化。过去工业化最典型的特点是速度型导向、机遇型导向、低成本型导向,是比较典型的"三型"工业化,也正因为这种形式的工业化,导致了资源能源的浪费,导致了对环境的破坏。那时候,最典型的情形是"工厂≈大烟囱",然而我们现在强调的工业化是新型工业化,这种新型工业化体现为经济效益好、科技含量高、环境污染低、资源消耗少、人力资源得到充分发挥的工业化道路。

浙江省提出的工业强省建设,努力推动工业经济由大向强转变,实际上是要推动传统工业从适应市场向引领市场转型的重要方向。那种附加值低、资源消耗多、大量依靠工人的产业,今后在浙江一定不是重点发展对象,这点必须十分清楚。

工业部门要适应发展的新要求

当今国内外的形势都对工业部门提出了崭新的要求。回想在中国刚加入WTO的那些年,中国的发展主要是利用全球的资源,所谓的"利用两种资源,开发两个市场",推动了中国工业的快速崛起和发展。以市场换技术,中国工业技术在市场向发达国家开放的同时,也缩小了与发达国家的差距。但是,现在的情况与当年有了很大的不同,现在发达国家高举的旗帜是再工业化、再制造化,逆全球化的趋势日益明显,贸易保护已经成为全球化发展过程中的新浪潮。无论是美国对华为的禁令,还是诺力遭遇的欧盟壁垒,无论是传统机械制造企业,还是光伏太阳能制造企业,例子比比皆是。在新一轮国际经济发展的背景条件下,实践证明,核心技术是换不来的,高端的制造业是买不来的,要实现"中国梦",工业部门要争气,中国要崛起要有话语权,必须抓住第三次工业革命的机遇,发展自己,壮大自己,才能真正拥有话语权。历史上,国际的经验和教训无不说明了这个道理。

浙江已经进入了人均1万美元的发展阶段,按照世界银行的标准,我们已经属于"发达国家"行列,但是我们感受不到这种"发达"。无论是衣食住行的物质世界,还是道德思想的精神世界,都有待于大幅度的提升和改变。党的十八大以后,浙江文明的新篇章、浙江发展的新途径,应该是先进制造业基地建设的延续,是坚持走工业文明程度不断提高的康庄大道,而不是所谓的转型升级转移到其他方向。

(原载《浙江领导参考》(金融专刊)2013 年 3 月 25 日)

没有工业现代化就没有经济的现代化

"工业是增长的强引擎、转型的大平台、创新的主战场。当前及今后一个时期，工业依然是浙江经济的主体，没有工业的持续稳定增长，就难有浙江经济的持续健康发展；没有工业的转型升级，就难以构建现代产业体系；没有工业的现代化，就没有经济的现代化。"

这是近期浙江省委常委会专题研究如何进一步落实创新驱动这一重大战略所做出的重要论断，对于指导浙江省区域经济发展当前如何"保稳定、调结构、促转型、惠民生"、今后制定"十三五"规划均具有重要的意义。

从国家和地区经济发展的规律来看，从原始文明到农业文明、工业文明再到生态文明，是一种客观规律。以工业化为手段的工业文明是人类社会文明史上最辉煌的阶段。在几百年历史的工业化进程中，人类经历了第一次工业革命、第二次工业革命，现在正处于第三次工业革命的进程中。每一次工业革命，对一个国家和民族的兴衰都起到至关重要的作用。如第一次工业革命后，英国成为全球最强大的国家，而第二次工业革命后，美国成为全球最强大的国家。中国能否抓住第三次工业革命的机遇，实现国家复兴、民族兴旺、人民幸福的中国梦，关键就在于经济的发展方式能否顺应新科技革命的规律，顺势而为。面对日新月异、扑面而来的第三次工业革命，我们大家都准备好了吗？

准确地把握浙江经济的发展阶段，根据这一发展阶段研究制定经济发展的政策，是更好地发挥政府作用的重要体现。浙江省经过改革开放 30 多年的高速发展，从一个资源小省、人口小省、面积小省跨越发展成为经济大省，成为了中国经济的第一方阵，成为了中国模式的浙江版本。但是浙江省并没有完成工业化，仍然处于从工业化中期向后期迈进的过程中。虽然浙江省人均 GDP 已经超过 11000 美元，但是缺乏在国内外市场上有影响力的"浙江制造"的大品牌，缺乏有引领作用的大企业，区域经济发展"三个过度"依赖的问题依然突出，整治"低、小、散"的任务依然繁重。按照新型工业化道路中的经济效益好、科技含量高、资源消耗低、环境污染少、人力资源得到充分发挥的要求，浙江省要迈入后工业化社会，至少还要 10～20 年的努力。坚定不移地改造提升传统产业、大力发展新兴产业、坚决淘汰落后产业，不断导入更多的现代元素，构建现代产业体系，提高工业现代化的实现程度，是浙江省区域经济发展的战略思想，无论在经济形势上行还是下行的情况下，都应该一以贯之。

实现工业的现代化，当前及今后一个时期，要把"绿色、智慧、超长、融合、服务"的理念作为提高工业现代化实现程度的重要路径。

——绿色。在区域、产业、企业、产品生产以及消费的全生命周期，要用绿色的发展理念、绿色的产业标准、绿色企业、绿色技术、绿色消费等，充分体现资源节约、环境友好的底线约束。浙江省工业经济在"两美"浙江建设过程中，要通过 3～5 年的努力，实现全面"绿化"，努力让绿色工业成为浙江继续走在前列的新动力。

——智慧。抓住第三次工业革命的历史机遇，用信息化的理念和手段发展现代工业。在产品设计、生产工艺、关键装备、市场营销四大领域实现信息化技术的全覆盖。这是一个信息时代、网络时代，以物联网、移动互联网、大数据、云计算为代表的新一代信息技术的迅速发展，已经颠覆了"摩尔定理"。传统制造向智慧制造、网络制造、数字制造转型，必须大力推进两化深度融合发展，形成基于新一代信息技术为主导的制造业发展新模式。

——超常。适应市场需求、满足市场需求是多年来浙江省经济发展比较典型的经营理念。"中国货、便宜货；便宜货，浙江造"，是过去 30 多年形成的路径依赖。以 OEM 为主导，大量生产、大量交换，造就了浙江经济独特的发展模式。然而，相对市场环境，一般制造相对过剩已经成为"常态"，如何在市场新常态背景下，从适应市场向引领市场、甚至创造市场转变，迫切要求工业部门从"标准制造"向"制造标准"转变。

——融合。现代经济发展的另一个十分明显的特点就是产业的边界越来越模糊，第一、二、三产业融合发展是一个必然的趋势。信息化与工业化两化融合、制造业与服务业的两业互动、产城融合发展、文化的经济化、经济的文化等将成为现代经济发展的重要趋势。李克强总理指出要实施"四化"（工业化、信息化、城镇化、农业化）联动，打造中国经济升级版。省委、省政府运用转型升级组合拳，推进保稳促调，是政策与制度创新顺应现代经济发展规律的重要体现。

——服务。制造业的服务化是现代工业经济发展的重要体现。制造业企业从卖产品到卖服务的路径改变，是工业企业创新能力提升和成长模式改变的重要体现。工业品的价值，最终体现在客户对于产品的使用过程中。一流的企业卖服务、二流的企业卖技术、三流的企业卖产品，这是未来制造业企业的生存法则。特别是大型制造业龙头企业，要不断提高自主创新能力，在后工业化社会中努力从二流企业向一流企业迈进，实现转型升级发展。

工业化，是浙江经济打造升级版过程中的中坚力量，坚定不移地走改革、创新之路，不断提高浙江省工业化的实现程度，努力率先实现工业现代化，是经济新常态背景下浙江省现代化建设的不二选择。

（本文写作于 2014 年 6 月）

外省加快经济发展方式转变的做法与启示

改革开放 30 多年来,我国经济社会实现了跨越式发展,取得了令人瞩目的成就,为中华民族的伟大复兴奠定了坚实基础。但随着资源、环境等要素制约趋紧和国际贸易等方面新趋势的出现,如何提高我国经济增长质量、保持经济持续发展,特别是在后金融危机时代,如何把握区域经济发展的客观规律,采取更加有效的措施,推动区域经济平稳、健康、持续发展,是我国"十二五"时期面临的重大理论性和实践性问题。

外省加快经济发展方式转变的主要做法

近年来我国部分经济发达地区对转变经济发展方式进行了有益的探索。根据研究总结,外省加快经济发展方式转变主要有五种路径:产业结构优化升级、市场结构优化升级、要素结构优化升级、推进统筹协调、推进制度创新。

（一）产业结构优化升级

产业结构优化升级是指通过政府的有关政策调整影响产业结构变化的供给结构和需求结构,实现资源优化配置和再配置,来推进产业结构合理化与高度化。

建设现代产业体系。建设现代产业体系是经济现代化过程的核心内容,是党的十七大明确提出的战略任务,也是区域产业结构优化升级的关键途径。广东省加快建设现代产业体系。2008年,广东省委、省政府以推进现代产业体系建设为切入口,重点发展以现代服务业和先进制造业为核心的六大产业,促进经济转型升级发展。主要做法为:补短板、建载体、设资金、创平台。

培育战略性新兴产业。培育战略性新兴产业是抢占经济科技制高点的有效途径。江苏省大力培育战略性新兴产业。2008年,江苏省委、省政府明确了培育六大战略性新兴产业的发展战略。2009年,江苏省六大战略性新兴产业规模达1.5万亿元,占全部工业销售收入的21%。主要做法为:新产业、建基地、大项目、重培育。

大力发展现代服务业。大力发展现代服务业是经济发展到一定阶段的区域经济中心推进经济较快发展的主要途径。上海市十分重视大力发展现代服务业。上海紧抓建设国际金融中心和国际航运中心两大龙头,积极发展现代服务业,特别是生产性服务业,取得了瞩目成就。主要做法为:国家战略、地方法规、明确重点、集聚发展。

文化创意产业是现代服务业中的重要组成部分,发展文化创意产业、促进产业融合,是区域经济发展到一定阶段的必然选择,是经济发达地区中心城市加快发展方式转变的重要内容。北京是国内第一个比较全面系统地制定文化创意产业发展政策的省市,专门出台了《北京市促进文化创意产业发展的若干政策》以及文化创意产业投资导向目录、产业集聚区认定办法等相关实施细则。主要做法为:明确产业定位、专业机构推进、政府适度引导。

改造提升传统产业。通过对传统产业改造提升,调整现有产业存量,对于工业基础较好特别是传统制造业发达的区域,是转变经济发展方式、再创产业竞争新优势的重要途径。辽宁省抓住国家振兴东北老工业基地的有利时机,坚定不移地抓技术创新、技术改造,以第一大产业装备制造业为突破口,大力推进信息化和工业化融合,并以节能降耗为目标,加大政策与制度倒逼,推动工业转型发展。主要做法为:地方国家战略、明确发展重点、实施重点抓手。

(二)市场结构优化升级

市场结构优化升级,一方面是积极开拓国内市场,实现国内和国际两个市场良性互动;另一方面是大力提升国际市场影响力,提高服务贸易在对外贸易中的比重,推动出口商品结构高度化。

积极开拓国内市场。扩大内需消费市场对经济的拉动,是我国后金融危机时代的重要经济政策导向,也是当前区域经济社会转型发展的难点和重点。

广东省提出由传统的外需推动经济"单腿走路"为主,向内需和外需"双轮驱动"经济发展转变,在全国范围内率先将扩大内需上升到战略高度,制定了《关于实施扩大内需战略的决定》,积极开拓省内外市场、提高"广货"市场占有率,有效地拉动内需。主要做法——开拓新蓝海、提升老品牌、建立新网络。

江苏省积极开拓国内市场的做法也很有参考价值。早在 2006 年年初,江苏省就提出将扩大内需作为经济增长的立足点,并采取一系列措施支持企业拓展国内消费市场。主要做法——抓住新热点、配套新业务、培育新业态。

大力发展服务贸易。推动服务贸易发展,促进对外贸易结构从以货物为主向货物和服务并重转变,是提升国际市场的重要内容。近年来,上海市通过制定规划,采取一系列措施,大力发展运输、旅游、金融保险、工程承包与建筑等方面的服务贸易,成为国内服务贸易进出口规模最大的省市。主要做法为:瞄准产业高端、全球发展定位、稳步扎实推进。

推动出口商品结构高度化。提升国际市场,不仅反映在加大服务贸易的比重,还反映在提升高附加值、高技术含量出口商品的比重,即出口商品结构高度化。到2009年,江苏培育建设了46个"出口产业集群",为实现从"外贸大省"向"外贸强省"的跨越奠定了坚实基础。主要做法为:抓基地、促集聚、助提升。

(三)要素结构优化升级

要素结构伴随着产业结构动态调整,要素结构优化升级或要素间升级是经济发展方式转变的基础。资源禀赋的现代化开发和高端要素的创造和集聚,都直接推动要素结构的优化升级,实现比较优势的动态调整。

加快具有比较优势的自然资源的现代化开发。发挥相对丰裕的自然资源禀赋的比较优势,利用先进的现代技术和管理方法,对自然资源进行现代化开发和集约化利用,是培育区域经济新增长极的重要途径。2009年,山东提出培植壮大一批辐射带动力强的现代海洋产业。同时,把黄河三角洲高效生态经济区开发建设上升为经济转型发展的另一个地方国家战略。主要做法为:发挥比较优势、推进产业重化、促进转型发展。

推进地方金融创新。在区域经济发展方式转变中,资金要素的保障至关重要。加强金融创新,打造新的融资平台,拓展新的融资渠道,对区域经济发展方式转变将起到重要的支撑作用。天津市和重庆市推进地方金融创新的做法比较突出。通过"大资本"引进支撑"大产业"培育发展等途径,天津市城市竞争力从2005年的全国第15位跃升到2010年的第7位。重庆近年来实施"大投资、大支柱、大基地、大企业、大项目"战略,2009年制定了金融创新的十大举措,努力建设地方国有金融体系。主要做法为:突出金融创新、推进转型发展。

推进自主创新。紧紧抓住世界科技革命带来的战略机遇,推进自主创新,为加快经济发展方式转变提供强有力的科技支撑,是区域谋求经济长远发展主动权、形成区域长期竞争优势的重大举措。我国台湾地区和香港特别行政区推进自主创新的做法很有借鉴意义。主要做法为:政府主导、技术集成、服务对接。

强化高端人才要素支撑。人力资源是经济社会发展的重要基础,高端人才要素对区域经济社会发展具有重要的战略意义,在高端人才领域取得竞争优势将直接决定区域在未来竞争中的地位。深圳市通过人才引进,集聚了一批领军作用突出的国家级领军人才、一批专业地位突出的地方级领军人才、一批在专业技能方面崭露头角和发展潜力巨大的后备级人才,形成了结构合理、活力充沛、持续创新的高层次专业人才梯队,为创新型城市建设和经济发展提供了强劲动力。主要做法为:"6＋1"人才政策。

(四)推进统筹协调

统筹协调发展是经济社会和谐发展的更高形态,目的在于实现经济系统、社会系统和环境系统的协调发展,它代表了经济发展方式转变的最终目标。

推进城乡统筹发展。统筹城乡发展不仅是"全面建设小康社会的根本要求",而且城乡统筹发展本身也有助于推动经济发展方式转变,开辟经济发展的新"蓝海"。国际金融危机后,广东提出产业和劳动力双转移战略,推动珠江三角洲地区产业升级以及粤东、粤西和粤北山区的经济发展。主要做法为:产业与劳动力双转移。

推进城市群建设。城市群是工业化、城市化进程中区域空间形态的高级现象,能够产生巨大的集聚经济效益。珠三角地区加快推进城市群建设,目前国内在珠三角、长三角、环渤海湾三大城市群中,珠三角在产业结构升级上速度最快,在资源整合协调上更具效率。主要做法为:以城带镇、以镇促城、联动发展。

推进生态文明建设。生态文明建设是经济社会发展到一定阶段的必然选择。从原始文明到农业文明再到工业文明直至生态文明,是人类文明发展的必然趋势。近两年,云南采取了一系列重大举措,实施发展战略调整,从20世纪末"生态建设产业化,产业发展生态化"转变到"生态立省,环境优先"。主要做法为:制定最高战略、出台最细政策。

(五)推进制度创新

制度建设与经济发展方式的转变密切相关,转变发展方式的主导思路应从制度建设入手,改革阻碍发展方式转变的制度性障碍,加快经济转型升级的步伐。从政府、准政府和非政府三方面看,公共服务型政府建设、健全中间组织和推进企业激励和约束制度创新是制度创新的重要内容。

公共服务型政府建设。深化行政管理体制改革,转变政府职能,形成规范、协调、公正、高效的行政管理体制。要正确处理政府与市场的关系,加强环境与发展综合决策能力建设,实现由管制政府向透明政府、责任政府、服务政府的角色转变,提高转变发展方式过程中政府实施制度的效率。香港经济从20世纪50年代开始经过数次成功转型,重要原因是致力于建设服务型政府,专注于缔造有利于个人和企业发展的环境。主要做法为:市场主导、政府辅助、最小干预、最大支持。

健全中间组织。发展方式转变过程中,充分发挥中间组织的作用,有利于塑造政府、市场与社会的和谐关系。加快健全市场体系,发展和规范第三部门,促使其积极参与公共服务和社会管理,并完善监督机制,以保证制度实施的公正性和有效性。台湾电机电子工业同业公会就是典型的中间组织。伴随着台湾工业发展,在不同阶段充分发挥其第三部门的作用,推动台湾工业从传统劳动密集型向技术、资本密集型发展。主要做法为:建立NGO,推进行业自律。

推进企业激励和约束制度创新。企业激励和约束制度在经济运行中发挥着直接的调节作用。加强具有激励功能的制度，以激励实现发展方式的转变，推动私人和社会成本收益达到社会最优水平；加强具有约束功能的制度，约束经济主体放弃不可持续的发展方式，创造良好的外部环境，实现资源的高效配置与科学发展。我国台湾地区通过制度的创新和完善，特别是围绕促进产业升级、维护市场公平、推动科技发展、扶持中小企业、推动金融自由化等方面，创造性地进行相关制度设计，推动产业结构调整提升，实现了经济转型。主要做法为：制定地方法规、推进产业升级。

经济发展方式转变首先是经济领域，产业间升级、需求升级和要素间升级是转型升级的重要形式，它们反映在产业、市场和要素的结构优化升级方面。经济发展方式转变还涵盖了社会和环境领域与制度领域。在发展方式转变所涉领域中，经济领域确立核心，社会和环境领域提出要求，制度领域提供保障。因此，加快发展方式转变，结构调整是核心，统筹协调是要求，制度创新是保障。

科学判断阶段性特征是加快经济发展方式转变的前提

浙江省推进经济发展方式转变，需要借鉴外省成功的实践，也需要正确把握浙江省经济社会所处的阶段，充分考虑现阶段浙江省所处的经济技术发展阶段和自身的基础。

（一）从经济社会发展水平看，处于经济转型升级的关键期

当前浙江省正处于人均 GDP 6000～10000 美元的新阶段，是工业化中期向后期推进的加速期。根据国际经验，处于这一经济社会发展阶段的经济体，其区域产业结构、需求结构和要素支撑结构都会普遍发生明显变化。从当前发展阶段特征要求看，浙江省工业化加速期的基础并不扎实，长期累积的结构性、素质性矛盾依

然存在,产业结构还不能很好地适应外部需求结构的变化,商品的国内市场仍未得到充分开发,科技、人才和金融资本等高端要素总体上也比较缺乏。

在"后危机时代"背景下,发达国家积极发展战略性产业,抢占经济发展制高点和实施"再工业化"战略,加强了对高端技术要素的控制,会直接影响浙江省产业关键技术的获得,加大浙江省经济转型升级的压力。

(二)从世界技术发展趋势看,处于技术革命和产业革命的催生期

在主要发达国家产业政策的引导和产业资本的刺激下,今后一段时期内,新能源、新材料、生物产业和物联网等领域很可能出现重大的技术突破,从而引领一场新的技术革命。今后一段时期内应对气候变化的国际规约将更加严格,涵盖面将更广,许多国家也将制定更严格的节能环保政策,节能环保产业技术发展有望在今后一段时期内取得突破性进展。

近年来,浙江省新能源、新材料、信息服务等代表科技前沿的新兴产业快速发展,但高新技术产业发展规模总体仍偏小,发展速度相对缓慢,自主创新能力偏弱,发展后劲受到制约,地方性产业资本市场发育滞后,丰富的民间社会资本未能转化成大规模的高新技术产业投资,高新技术产业发展的创业创新条件亟须进一步改善。

(三)从国际产业分工趋势看,处于全球产业链分工协作的深化期

在经济全球化背景下,国际专业化分工协作已经在世界范围内展开,全球产业链分工协作网络日渐完善,对产业组织形态的要求也相应提高。浙江省年销售收入 10 亿元以上的块状经济达 312 个,是浙江省区域经济的半壁江山。多年来,以国际市场为目标、以一般消费品出口为载体、以低价竞争为手段,较好地嵌入了全球价值链分工体系中,成为中国加入 WTO 后最大的赢家之一。但面对新的国际

贸易趋势和发展格局,浙江省传统的国际价值链嵌入方式,已愈来愈难以适应当前产业链分工协作向精细化发展的趋势。

区域经济发展方式转变和经济转型升级,对作为微观主体的企业的活力提出了更高的要求。新的发展期,抓住全球产业链分工协作进一步深化的契机,以全新的战略理念,积极主动地适应全球经济结构调整、市场格局变动和贸易模式更新,是浙江省经济转型升级的重要手段。

(四)从统筹协调发展水平看,处于向全面融合和生态文明阶段的推进期

城乡统筹与协调发展是全面建设小康社会的重大任务,也是区域经济发展方式转变的基本要求。改革开放 30 多年来,浙江以农村工业化为起点,目前已基本形成了"小企业、大群体"、"小商品、大市场"和"小产品、大产业"的区域经济社会发展格局。产业依托城镇发展、城镇依托产业发展,全省城乡统筹发展水平有了很大提高。近几年来,浙江省加快推进城乡统筹,成绩突出,实现了从"基本统筹"阶段到"整体协调"阶段的跨越,目前正稳步向"全面融合"阶段迈进。

从生态文明建设情况看,我省近年来的成效也比较显著。但必须看到,城乡统筹发展、生态文明建设的体制障碍和市场化机制障碍仍然存在。如何选择科学的路径推进城市化、更好地统筹城乡发展,如何从生态经济走向生态文明,是当前乃至今后较长时间内转型升级发展必须破题的重大问题。

(五)从地方国家战略部署看,处于体制机制再创新的突破期

最近两三年来,国家密集出台了一系列区域发展规划和政策性文件,被视为我国的地方国家战略。在近两年来部署的二十多个地方国家战略的支持下,全国许多地区积极探索体制机制创新,加快培育新的经济增长极,加快推进国际区域合作和提升开放能力,加快提升自我发展能力,加快探索区域发展和区域管理先进模式。

　　长期以来,体制机制的先发优势是浙江省经济社会发展的动力之源,但目前浙江省这个优势正在逐步丧失。如何围绕区域经济发展和地方国家战略互动,积极探索体制机制创新,再创体制机制新优势,是浙江省面临的重大问题。一方面,要结合浙江省实际,积极探索国家战略的"浙江样本",成为经济发展方式转变的国家示范;另一方面,通过体制机制创新,消除妨碍经济社会转型的体制性障碍,推进民营经济主动追求发展方式转变和转型升级;深入推进政府行政体制改革,加快建设公共服务型政府,加强经济发展与环境、社会和谐发展统筹协调的能力。

启示与建议

　　为更好地推动浙江省区域经济发展由加工制造大省向先进创造大省转变、由外贸需求拉动为主向内外贸需求联动转变、由要素推动为主向创新驱动为主转变,借鉴外省的经验,结合浙江省的现实基础,对浙江省加快经济发展方式转变提出六个方面建议。

(一)从传统优势制造业改造提升入手,强化传统产业的市场竞争优势

　　"十二五"乃至"十三五"期间,浙江省仍处于工业化发展的推进期,以传统产业为主导,仍是浙江省区域经济的基本格局;提升传统制造业的优势,仍是"十二五"区域经济产业政策价值取向和企业发展战略取向。当前要把抓好块状经济提升和行业龙头企业国际竞争力提升作为切入点,着力推进工业经济的结构优化。力争通过3～5年的努力,在省政府确定的21个产业集群示范区中形成3～5个"国际产业中心"。同时,依托146家龙头企业,推进产品经营与资本经营并举、企业自我发展和兼并重组并举、政策引导与政府支持并举,着力培养3～5家千亿级企业,成为浙江省经济转型升级成功的"标志性集群"和"标志性企业"。

(二)从产业高端切入,着力培育战略性新兴产业,提高产业高度

加快建设现代产业体系,特别是着眼于中长期培育战略性新兴产业、从高端切入新的产业领域,在区域产业结构优化升级过程中作用非常突出。借鉴广东、江苏等省在经济发展过程中不断切入新产业的做法,依托浙江省雄厚的社会资本和庞大的传统产业基础,依托产业关联度大,上、下游带动性强的关键技术,培育发展战略性新兴产业,推动产业高度化发展。浙江省目前规划了九大战略性新兴产业,要进一步突出重点,从技术、资本、企业、项目、市场、政策等多方面,精心谋划,扎实推进。

(三)把握国内外市场发展的新规律,探索浙江省市场发展的新模式

外向型经济发达是浙江省区域经济的典型特点,低价格竞争、低成本扩张是浙江省产品走向国际市场的主要路径。面对国际贸易市场新的变化趋势,借鉴江苏、天津等省市的有益经验,努力转变浙江省外贸发展方式,探索从浙江省产品国际市场的"产品价格"竞争优势转向"服务价值"竞争优势,依托产业集群,培育一批百亿级的出口基地。探索从"产品走出去"向"集群走出去"转型发展,巩固浙江省产品的国际竞争力。要继续发挥浙江省作为全国乃至全球"大卖场"的先发优势,在巩固浙江省原有市场渠道优势的同时,结合信息时代、网络时代商业文明的新特点,创新浙江省贸易发展模式。

(四)探索地方金融制度深度创新,促进民间资本向产业资本转化

民营经济发达、民间资本充裕、民间借贷活跃,也是浙江省经济发展的一个重要特点。要结合国务院关于深化金融体制改革的相关要求和部署,积极推进地方金融制度创新,努力促进民间资本向产业资本的有效转化。要在地方金融制度上

积极探索《放贷人条例》试点,为量大面广的民间资本、地下钱庄转化为产业资本提供合法渠道。要紧紧抓住浙江省作为国家保险业务创新试点省的机会,通过改变政府存量资金运用渠道,借助金融保险工具创新,完善融资担保和再担保体系,建立风险分散机制,解决中小企业融资难的问题。要结合产业转型发展的需要,借鉴广东、天津等地方金融制度创新,设立产业大资本(如产业投资基金),为企业兼并、新产业发展提供"浙江资本"支持,促进企业、产业转型大发展。

(五)顺应区域一体化趋势,加快建立创新资源集聚区

长三角是我国经济总量最大并最具活力的区域,2010 年世博会后,长三角一体化趋势将更加明显。浙江省要充分发挥经济基础良好、自然环境优美、文化积淀深厚等优势条件,抓住中国经济转型升级的战略机遇期,利用国家大力发展文化创意产业的有利时机,建立面向长三角乃至全国的重大技术创新平台,促进一流人才和科技资源等高端要素集聚,推动"浙江制造"向"浙江创造"跨越。

浙江省要紧紧抓住 2010 年两岸洽签经济合作架构协议(ECFA)的机会,加强与我国台湾地区的合作交流,特别是在金融创新和技术创新领域要从项目合作向制度合作层面积极推进。

(六)大力推进体制机制再创新,努力创建区域经济最优的制度环境

浙江的发展要上一个新台阶,实现民营经济在现代科技、产业资本、国内外市场、现代企业制度等全方位突破,实现转型升级发展,需要有更强有力的改革举措。在发展理念、制度环境、市场规则、企业创新等方面,探索更加符合浙江发展实际的新路子,通过不断改革、创新发展模式,保持体制机制新优势,再创"浙江模式"新版本。

(原载《浙江日报》2010 年 5 月 12 日,课题组组长:胡坚,副组长:林吕建、迟全华,执笔:兰建平)

理性研判形势 沉着谋划未来

——关于当前浙江经济走势的几点看法

2012年上半年数据显示,浙江生产总值增长7.4%,低于全国平均的7.8%,总体态势与上海、北京、广东等同属全国倒数第一方阵。这样的数据尽管比一季度的7.1%高出了0.3个百分点,表明浙江经济走势有所好转,但仍然引起了社会各界的高度关注。比较多的议论是,以民营经济为主体的浙江,无论在产业上还是在制度上,都陷入了"增长陷阱",面临"中等收入陷阱"的考验。如何科学地看待当前的7.4%这个数据?下半年全省经济发展可能会呈现怎样的态势?如何更好地根据当前形势谋划下半年的经济工作?这是当前全省上下高度关注的问题。

问题一:7.4%这个增长速度是"高了"还是"低了"

如果把2008年作为一个分水岭来看,高增长是中国经济从1978年到2008年最典型的特点,也是浙江经济的典型特点,浙江省30年的平均增长速度达到11.8%,是全国各省中增长最快的省份。依靠这种高速度,浙江省GDP从处于全国第 11 位的中等省份,跨越成为排名全国第 4 位的经济大省。而支撑中国经济浙江经济高增长的主要动力之一,是全球市场对中国的开放,特别是 2001 年中国加入 WTO 以后,不但外需持续增长,外资也持续流入中国,双向推动对中国经济增长起到了十分重要的推动作用。浙江地处东南沿海,从产品的国际化—外贸、技术的国际化—外经、要素的国际化—技术、人才、资本的融合发展来看,是中国国际化程度最高的省份。2008 年,百年一遇的金融危机,使得外向型经济为主导的浙江经济受到了很大的挑战。外需市场的减弱,外部要素流入的减缓,使支撑浙江经济持续高速增长的条件发生了很大的改变。浙江要继续维持 11.8% 这样的高速增长,外部条件已经不具备,从两位数字增长时代走向一位数字增长时代,这是必然的。

那么 7.4% 这个增长速度,是高了还是低了呢? 仅仅从数字上看,纵向比较,客观地讲这个数据,这个增长速度不算高(见图 3-1)。

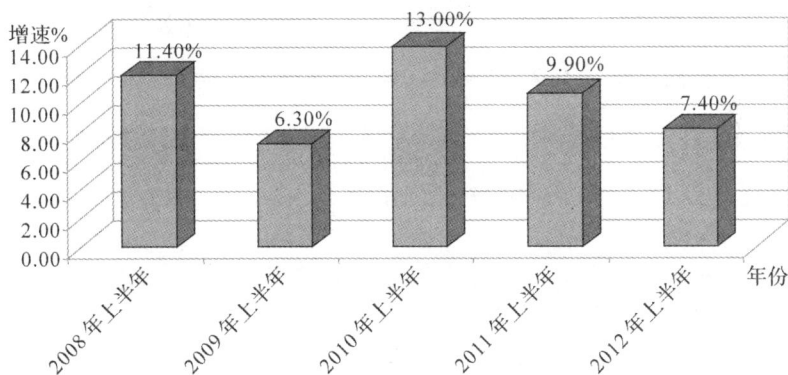

图 3-1　2008 年以来浙江 GDP 上半年增速变化

2010 年、2011 年,速度高是有外部条件支撑(国家推出了"4 万亿"投资的经济刺激)的,2008 年的速度高是与 2007 年的翘尾数据有关系的。而今年的 7.4% 增长,一无刺激计划,二是 CPI 在下行区间。如果用有效增长来表述上半年的增长是比较贴切的,特别是在当前国际经济形势并不是很好的情况下,能有 7.4% 的速度,应该说是很不容易的。

横向比较,7.4% 这个数据表明,和广东、江苏、山东、河南四个同处第一方阵的省份相比,浙江的增长还处于较低的速度。但广东外需有香港,中央政府会大力支持,加上粤北山区还有较大的空间;江苏有苏北可以成为江苏进一步发展的腹地;山东、河南面积和人口都比浙江省大,在劳动密集产业为主导的产业发展背景下,这些省的确比浙江有优势,速度能够快起来。而浙江劳动密集产业虽很有优势,但没有可以拓展的腹地,也没有较好的劳动力支撑。对浙江来说,7.4% 是一个低速时代的中高速度,这一点我们要非常清楚。

问题二:7.4%这样的增长速度是"好了"还是"差了"

从有速度向有效益增长,是去年全省经济工作会议上确定的浙江经济转型升级发展的重要目标。半年下来,情况怎么样呢?根据统计数据,浙江规模以上工业增加值与广东、江苏、山东、河南等经济大省相比(上半年广东规模以上工业增加值为 6.9%、江苏为 12.2%、山东为 7%、河南为 15.4%,浙江只有 5.2%),仍然是最低的。

工业增加值增长不快,说明浙江工业经济增长的质量还不是很高,低附加值竞争、低成本(价格)扩张仍然是工业经济增长的主渠道。但是必须指出的是,从"毛竹型"经济向"实木型"经济转型需要一个过程。在今年上半年的各项数据中,尽管工业增加值提高不快,但是从过程指标看,今年上半年,工业技术改造投资增长了17.1%,比去年同期提高了 7.4 个百分点;高新技术产业、装备制造业增加值增速分别快于规模以上工业 3 个百分点和 0.3 个百分点;高能耗行业增加值增速低于规模以上工业 0.7 个百分点;新产品产值率提高 1 个百分点;地方财政科技支出和规模以上企业科技活动经费支出分别增长了 19.2％和 16.1％。这些过程指标说明浙江在转型升级中"调结构"的力度正在逐步加大,一些多年积累起来的深层次矛盾和问题正在逐步地得到解决。

如果把今年上半年浙江税收收入占地方财政收入的比重同广东、江苏、山东、河南的数据做个比较,浙江税收收入占财政收入比重高,浙江土地财政时代已经基本结束。同时更说明,浙江实体企业特别是制造业企业对地方经济的贡献,在调整的过程中日趋加大。这对于地方经济的可持续发展来说,至关重要。

还有一个值得注意的问题是,从投资来看,浙江投资增幅十分明显。在五省中,浙江投资增长最快(广东增幅 10.1％、江苏增幅 20.6％、山东增幅 20％、河南增幅 23.6％,浙江达到 23.92％),位居五省之首,这是浙江多年来没有过的现象。

浙江以民营经济为主体,社会投资以民间投资为主导,在全球经济、全国经济下行态势下,能够逆势上扬,是非常不容易的,这可以看成市场基础性配置资源的重要表现,是有效投资的重要体现。从这个角度来讲,这些过程指标的明显好转,说明浙江经济发展在下半年的恢复增长可能性是非常大的,大家要有信心!

问题三:下半年经济工作该如何采取更加有力的措施,
加快推进经济转型升级呢?

当前要科学分析经济走势,理性地看待经济数据,绝不能为赶 GDP 而绞尽脑汁。无论是领导、专家学者还是企业,都要保持清醒的头脑,要把经济发展方式转变放到更加突出的位置,努力实现"有效益的增长"。当前要重点抓好以下几个方面的工作:

一是坚定不移地把推进工业现代化作为浙江区域经济发展重要指导思想,统筹谋划浙江下半年经济工作。浙江"十二五"规划明确提出"现代产业体系建设"问

题。没有工业的现代化,现代产业体系建设就失去了物质基础。浙江省原有经济
科技贸易政策要结合现代产业体系建设的要求,进一步完善,努力用产业"政策洼
地"去支撑"产业高地"的建设。

二是要把"工业强省"建设放到更加全面、系统的背景中去考虑,形成合力扶工
的良好工作机制。实现从工业大省向工业强省转变,是浙江从经济大省向经济强
省升级发展的重要保证。浙江要在全球贸易发展过程中增强话语权,必然要从"贸
易大省"走向"实业大省",只有"一流的产品"才能创造市场、引领市场。部门之间、
上下之间,要形成"合力扶工"的良好工作机制。

三是要把龙头企业培育工作放到十分重要的位置。富民强省是浙江经济社会
发展的重要价值追求,富民我们主要依靠创业、依靠小企业。应该说富民的问题已
经基本解决,现在的问题是经济"大而不强"。如何变强?没有大企业带动,要变强
是比较困难的。要把浙江省的制造业百强、服务业百强企业培育作为经济强省建
设的重要突破口,加以积极推进。

四是要像抓战略性新兴产业一样,抓传统优势产业的改造提升。没有淘汰的
产业,只有落后的技术。浙江要把传统优势产业的改造提升作为经济发展方式转
变的重要抓手加以推进。全省 42 个块状经济向现代产业集群的转型升级示范区,
尤其要注重通过技术改造,推动产业升级。要把以工业设计为重点的生产性服务
业与现代产业集群示范区建设密切结合起来。

五是要切实注重民营企业的现代企业制度建设。在经济比较低迷的时候,往
往有很多企业会出现各种各样的问题,浙江去年开始的"跑路"现象就是一个值得
注意的问题。在这里尤其要注意民营企业的制度创新。现代企业制度,对民营企
业来说,产权是清晰的,但管理未必是科学的。要注重通过股权投资、产业整合等
方式,推进家族式企业、老板式企业向现代企业转型升级发展。

六是要把经济发展环境优化作为做好经济工作的重要抓手加以落实。浙江曾

经是创业环境最优的省份,被称为"一遇阳光就灿烂、一遇雨露就发芽",带着激情和梦想就可以到浙江去实现人生的价值。"打工去南方,创业在浙江。"然而,最近五到十年,浙江的创业环境似乎开始下降。大企业离浙江化、小企业离制造化是创业环境恶化的重要表现。要知道"家有梧桐树,凤凰自然来",浙江作为市场化较高的省份,要在环境优化上出台实质性的政策。如促进非公有制经济发展的新36条,浙江可以积极争取更多的可操作性政策,为民营经济投资提供更好的机会。

(原载《浙江经济》2012 年第 16 期)

转型升级的战略与战术

自 2008 年 9 月省委十二届四次全会做出推进经济转型升级的决定以来，浙江省经济发展一直试图突破传统的发展方式，为继续走在前列找出新路径、注入新动力。但 3 年来的实践表明，浙江省经济在转型升级过程中仍有不少重大问题需要进一步厘清，无论是政府有形之手的运用，还是市场无形之手的发挥；无论是传统产业的改造提升，还是新兴产业的培育发展；无论是民营经济发展机制的内源性重振，还是企业管理与运行制度的适应性调整；无论是产业升级普适路线的应用，还是区域集群特色优势的发挥，在新时期新形势下，转升问道，需要重新审视。

更加注重转型升级战略与战术的统一

所谓"转型升级"，在经济学范畴下，至少包括企业、产业、区域经济等三个层次，不妨分别称之为转型升级的"企业版"、"产业版"和"区域版"。

转型升级的"企业版"主要是指企业传统生产经营方式的实质性突破和提升，面对新的技术环境、市场环境、要素环境等，基本确立新型生产经营与发展方式。

"产业版"主要是指产业结构(包括行业结构)的战略性调整,基本形成顺应产业技术进步的发展方向,使产业结构符合更高级经济发展阶段要求。"区域版"则主要是指区域经济发展方式的根本性转变,基本形成更具竞争优势或比较优势的区域经济结构和与之相适应的体制机制。

对于一个区域范畴来说,转型升级的"企业版"是微观基础,"产业版"是中观体现,"区域版"是宏观表象。要实现转型升级发展,需要微观、中观、宏观三者之间的密切配合和相互协调,才能最终转型升级发展。

改革开放的前30年,浙江依靠民营经济,走内源式经济发展道路,以年增长11.8%的平均速度高速发展,一跃进入"全国前列",缔造了"中国模式的浙江版本"。但2008年国际金融危机爆发以来,浙江经济增长遭遇严峻挑战,结构性、素质性、制度性的问题充分暴露。省委、省政府审时度势,在战略上,及时做出了推进经济转型升级的部署,努力推动浙江经济能够继续走在全国前列。可战术的选择却仍需在实践中不断摸索和研究。

当前浙江经济增长遭遇巨大的下行压力,不是经济转型升级战略部署出现了问题,恰恰是浙江经济结构与当前经济形势不相适应的矛盾进一步加剧的结果,这进一步凸显了浙江省经济转型升级的紧迫性。

面对外部国际市场的动荡、内部环境压力和资源要素的制约,浙江经济要维持过去30年的高速增长态势不太现实,从规模型、速度型为主导向效益型、质量型为主导转变,应该成为浙江经济转型升级的重要目标追求。正因如此,浙江经济增长"十二五"规划目标确定为8%,而"十五"和"十一五"实际增速则分别达到13%和11.9%。

"十二五"浙江工业发展必须努力追求从传统工业的发展方式向现代工业的发展方式转变,真正能够按照新型工业化道路的要求,走科技含量高、经济效益好、资源消耗低、环境污染少、人力资源得到充分发挥的路子,这是浙江工业从传统型向现代型转型升级的必然选择。要从企业、产业、区域三个层面，全面统筹推进转型升级，"点上突破、线上推进、面上展开"，全方位地推进浙江省经济的转型升级发展。

注重实体经济回归工业中心地位

浙江经济转型升级的支撑产业是什么？是以工业为主导，还是以服务业为主导？浙江"十二五"规划目标提出：到"十二五"期末，服务业增加值占全省 GDP 的比重要达到 48%，但从近年来浙江产业结构演进情况看，这个目标"十二五"期间可能难以实现。

转型升级，不是简单地从工业经济转型发展为服务业的问题。没有工业、没有制造业，服务业的发展就失去了对象和途径。当然，推进工业化进程，既可以通过不断提升工业发展的规模和质量去推进，也可以通过加快发展面向工业的生产性服务业去促进。但无论是哪一条途径，推动工业化进程的主导力量一定是工业。因此，在"十二五"转型升级战略中，必须坚持坚定不移地推进工业化，把实现工业现代化作为浙江经济转型升级的产业政策导向，工业立省和工业立市（县）远未过时。在全球经济波动较大、国内通胀趋势明显的背景下，大力引导民间资本向产业领域集聚，着力发展以工业为主的实体经济，应当成为下一阶段浙江产业政策制定的核心价值导向。

重振民营经济的内生发展机制

良好的创业环境、充满活力的民营经济内生发展机制，是浙江经济在改革开放以来第一个 30 年中快速崛起的制度根本。然而，随着市场环境、技术环境、要素支撑环境以及民营企业经营管理模式的固化,浙江民营经济发展正面临着越来越大的挑战。

企业是市场经济的主体,民营企业是浙江经济发展微观主体中的主体。如何重振浙江经济内生发展机制、激活民营企业活力?

首先,要呼唤新时期民营企业家的创业精神。浙江民营经济的崛起和发展靠的是"走遍千山万水、历尽千辛万苦、说尽千言万语、想尽千方百计"的"老四千精神",省委、省政府虽然在新时期提出了"新四千精神",但"老四千精神"并没有过时,当今的民营企业家,面对各种困难和挑战,要敢于面对、更要善于面对;要让生生不息、勇往直前的"钱江潮精神",成为浙江省民营企业转型升级的不断开拓创新的时代精神。

其次,要提升素质、创新模式。在一定程度上,以前浙江民营企业发展主要靠的是创业精神与机遇意识,但幸运之神不会总是落到我们身上,市场环境在改变,勤劳也不一定能致富。在经济全球化的今天,从企业内部看,企业自身素质是根本,自主创新能力的高低直接决定了企业寿命的长短;从企业外部看,在短缺经济时代、网络经济时代、科技颠覆性创新时代,中小型民营企业要勇于创新商业模式,依靠"便宜、快速"已远远不够,要顺应"绿色、智能、超常、融合、服务"五大变化趋势创新商业模式,提高竞争能力。

最后,要高度重视企业管理的现代化转型。浙江大量的民营企业是"家族式"企业,企业制度的家族化,老板文化、血缘文化成为浙江民营企业的主流文化。尽管近几年浙江省大力推动企业从传统管理向现代管理转型,从"能人经济"向"制度经济"引导,但步伐仍然不快。没有企业管理的现代化,就不会有真正的"百年老店",浙江经济要推进转型升级,不仅要注重"硬的一手"(技术进步),也要重视"软的一手"(管理创新)。

继续发挥产业集群的特色优势

"十五"期间,浙江在全国率先提出"建设先进制造业基地"的口号,优化产业结构、提高产业竞争力。

那么基地在哪里?对全球来说,中国是一个廉价商品的制造业基地,对浙江来说,就是一个个块状经济和产业集群。

首先,浙江区域经济的"马赛克"呈现与分布,是典型的特点,更是产业竞争力在产业组织方式上的重要体现。实践证明走产业集群化的发展道路,是浙江省劳动密集型产业能够实现低成本扩张的重要路径选择。如大唐袜业之所以能够在十几年的时间里,赶超具有100多年历史的"世界袜都"美国佩恩堡,就在于走了一条产业集群化的发展道路。浙江大量的"小商品"要继续保持竞争优势,在于从"自我扎堆"的块状经济走向具有"产业链、供应链、价值链"为标志的集群化发展道路。产业集聚区建设也应当按照"集聚、集中、集群"的理念进行规划建设。

其次,如果说传统产业的集群化发展是浙江省产业转型升级的"左膀",那么大力培育发展战略性新兴产业集聚区可以视为浙江经济转型升级的"右臂"。要突出重点,集中力量,取得突破。省政府确定的九大战略性新兴产业的重点要进一步明确,要把新材料、物联网、高端装备制造业发展放在十分突出的位置上,重点在项目的策划上下功夫,把力气花在项目前期上,最大限度地整合创新资源,寻求技术依托,嫁接社会资本,推动创新成果的转化。比如要引导浙江丰裕的社会资本对接在浙的创新资源"国家队",寻求"新兴市场+国家技术+民间资本"的新的发展途径。战略性新兴产业的培育和发展,同样要按照产业集群的方法和理念,充分结合产业集聚区建设规划,建设"千亿级物联网产业区"、"中国新材料产业园"、"高端装备制造业产业带"等一批对浙江经济转型升级能够起到重要支撑作用的重大项目。

同时,要继续切实抓好传统优势产业的技术进步和淘汰落后产能工作。经济转型升级,不是要放弃劳动密集型产业,而是要以技术改造为主要切入点,改进产品设计、工装工艺水平,提高产业共性技术水平,提升传统特色产业的劳动生产率,坚决淘汰落后产能。

"有为才有位",政府要强化创新有为

"一遇阳光就灿烂,一遇雨露就发芽",是指浙江在计划经济向市场经济转轨过程中,以创造宽松的环境为目标,最大限度地尊重百姓的创业精神;政府的"不为就是有为",是针对计划经济政府"为"得过多而提出的政府引导经济发展的重要指导思想。

然而,全球经济危机发生以来,经济刺激政策被大量地运用,经济运行环境的经常性剧烈波动,对于以民营经济为特色、中小企业为主体的浙江经济发展模式的冲击,比其他省份更大。

国际金融危机期间,浙江采取了"保稳促调"政策,实施了"三个100亿"工程,实践证明是行之有效的。当前,要针对浙江实际,大力推进中小企业兼并重组,实施产业重组战略,把企业数目减少,把企业吨位做大,提高抗风险能力。

政府应当尽快出台有利于促进产业整合发展的实质性政策,通过三到五年的时间,在创业政策引导下培育"浙江汽车"、"浙江船舶"、"浙江纺织"、"浙江丝茶"等传统特色产业,以及"浙江物联网"、"浙江新医药"、"浙江新能源"、"浙江新材料"等战略性新兴产业板块。通过充分发挥市场"无形之手"和政府"有形之手"的力量,再创浙江省产业优势和制度优势,为浙江省经济实现转型升级、继续走在前列提供强有力的支撑。

(原载《今日浙江》2011 年第 23 期)

从转型升级到提质增效

转型升级发展是浙江省工业经济持续健康发展的根本要求,是实现工业现代化的必然选择,也是当前及今后一个时期仍然需要坚持的重要战略。衡量转型升级是否成功,关键在于工业经济发展是否实现了"提质增效"。从转型升级到提质增效,是实现工业经济持续健康发展更加明确的指导方向。

改革开放 30 多年来,速度型经济是浙江省区域经济的典型写照。这种速度型经济表现在浙江省 GDP 的平均增长速度达到 12.8%,比全国均要高出 2～3 个百分点。支撑这种发展速度的,是浙江省拥有量大面广的中小企业,小微企业众多是浙江省经济在全国经济版图中呈现出"风景这边独好"的情形。据统计资料,浙江省历史上各级各类市场主体最多达到 380 万家,平均 10～15 个人就拥有一家企业。全面创业在浙江,是过去短缺经济时代区域发展的真实写照。

中小企业多,造就浙江成为"小"产品的海洋。以义乌为例,义乌小商品市场的产品门类达到 170 万种,没有你买不到,只有你想不到。尽管义乌是"买全球货、卖全球货"的全球小商品集散中心,但 2/3 以上的产品是"浙江制造"。小商品、浙江造,浙江成为全球的制造业基地。在"十一五"期间,浙江省转型升级发展的重要战略就是打造全球的先进制造业基地。

小企业多、小商品多,再加上专业市场众多,为浙江产品"走出去"提供了有力的渠道支撑,使得浙江这种"小商品全民大生产、全民大交换"成为区域经济发展最强大的动力。浙江制造快速地满足了、填满了全球各级市场的基本需求。在一定程度上,这种发展方式,不但是浙江经济的发展路径,也是中国经济的发展路径。

2008 年,百年一遇的金融危机使浙江经济这种速度型经济开始遭遇巨大的挑战。2009 年第一季度,浙江的 GDP 增长从同期的 15.3％拐点式下行至 3.2％,一直到今年,浙江经济的增长速度基本上处于个位数运行。这种速度型经济,一个比较明显的标志是经济发展对劳动力的大量需求,全员劳动生产力相对较低,在全国处于 20 名以外。要保持浙江经济继续走在全国前列,根本的出路在于实现浙江经济从速度型向效益型转变,在"提质增效"上下功夫。

实现提质增效,首先要在"大"字上做文章。"大平台、大项目、大企业、大产业"是 2012 年浙江省转型升级发展提出的"四大建设",是对浙江省转型升级发展具有重大意义的重要决策。据此,浙江省在 117 个省级以上开发区、42 个省级产业集群示范区基础上,规划建设了 14 个产业集聚区。依托 14 个集聚区,承载了全省工业经济 50％的增加值。

需要指出的是,大平台的真正价值在于支撑大项目、培育大企业、发展大产业。要顺应新科技工业革命的趋势,谋划一批百亿元以上投资的大项目,面向全球,整合资源,创新发展,实现跨越。要按照省政府提出的汽车产业、信息产业、装备产业、新能源(新材料)等七大万亿产业,在"十三五"期间提出一批既重又大的项目,才能从根本上改变浙江省的产业结构。今天的大项目,就是明天的大企业、后天的大产业。

大产业的培育,要注重新的大项目的谋划,也要注重主要产业的整合提升发展。经过多年的市场竞争,浙江省形成了在一批行业细分市场的隐形冠军、显形冠军产品和企业,据国家商务部、统计局不完全统计,浙江省有512种产品的市场占有率处于全国前三位,完全竞争机制是这类企业成长的典型特点。保持这类产业的市场竞争优势,需要创新产业的发展方式。如果能够按照供应链、产业链、价值链的方式,推进产业兼并重组,培育50到100个产业"托拉斯",是强化此类产业竞争优势的可以选择的重要途径。从"大"字入手,从增量发展和存量调整两大途径共同推进,减少的是企业的数量,增加的是企业的"块头",是浙江省工业经济实现转型升级发展、由大到强转变、提质增效的重要路径。

在促进提质增效的过程中,还必须注意推进三个"转变"。一是产业技术以中低技术为主导向中高技术为主导转变,二是产业发展以终端产品为主导向价值链中上游延伸并举为主导转变,三是企业管理以经验主义、能人经济为主导向商业模式创新、现代企业制度创新为主导转变。这三个转变,对于浙江省传统工业走向现代工业至关重要。浙江省目前在工业领域大力推进的100个左右产业技术创新综合试点,实际上是探索产业技术进步的重要实践,希望通过这种以企业为主体的技术创新试点,创造在中高技术领域的产业综合竞争优势,并以此带动浙江省产业技术整体水平的提升。

而以终端产品为主导向价值链中上游延伸并举为主导转变,主要是面对资产价格不断上涨的趋势,下游产品的盈利能力会受到较大的压力。从未来5~10年看,虽然"新常态"下,CPI也许会有所回落,但是总体上看,资产的价格仍会"涨",上游生产企业的议价能力会更强。浙江省工业企业要在"增效"上取得明显的进步,提质只是一条途径,更重要的是要在产业链延伸上下功夫。

浙江省是民营经济大省,民营企业是浙江省经济发展最大的亮点。在从计划经济向市场经济转轨的过程中,民营企业具有独特的制度优势:市场反应快、决策效率高。一大批具有创业精神和时代意识的浙商,是浙江省区域经济腾飞的重要支撑。能人经济是这种民营经济最大的特点之一。然而,随着经济从"创富"为主导向"创强"为主导转变,企业治理制度的创新甚至比技术的创新更为重要。没有科学的现代企业制度,要想成就百年老店是困难的。从这个角度上看,浙江省要大力推进民营企业转型升级,必须大力推进企业管理创新。向管理创新要效益、向管理创新要可持续发展,是浙江省提质增效发展的另一个重要路径选择。

(本文写作于 2014 年 9 月)

第四篇

个 案

从块状经济迈向产业集群

——温州乐清工业强市转型升级研究

"十一五"期间,乐清正处于加快科学发展的重要战略机遇期,正处于实现更高水平全面小康的攻坚期。毫不动摇地加快推进工业转型升级、全面提升产业发展层次、持续增强企业核心竞争力,既是工业领域转方式、调结构、提素质的重要体现,也是坚持科学发展、加快工业转型升级、走新型工业化道路的必然要求,更是加快推进实力乐清、魅力乐清、和谐乐清建设的根本途径。

以科学发展观为指导,深入实施"两创"总战略,以"物质富裕、精神富有"为总目标,按照"两海两改"国家战略部署,坚持改革创新和开放发展,坚持推进工业强市建设,提出建设"2+3+X"现代工业结构,加快优化产业空间布局,积极"谋划大平台、培育大产业、建设大企业、培育大品牌、推进大投资",加快实施以"四大服务平台、四大集聚区、四大工程"为主要内容的"三个四"重点任务,加强四大保障举措,完善三大实施机制。

一、发展现状与面临形势

近年来,乐清市全面贯彻落实科学发展观,紧紧围绕转方式、调结构、提质增速、科学发展的工作目标,扎实推进大平台大产业大项目大企业建设,工业经济发展取得了巨大成就,具备了创建工业强市建设基础,主要表现在以下几个方面。

(一)建设工业强市的基础

1. 规模效益不断提升,强市建设基础较好

2011年,乐清市实现工业总产值1503.33亿元、工业增加值326.5亿元,在全省20个工业大县(市、区)中分别排名第12位、第11位。与2006年相比,该市工业总产值和工业增加值年均增速分别达到13.5%、12.7%,分别比全省平均水平高1.05个百分点、1.87个百分点。工业企业盈利能力和发展能力的综合水平较强,投入产出效果较好,2011年乐清市全部工业增加值率和规上工业增加值率分别为21.72%、21.27%,分别比全省平均水平高2.16个百分点、1.29个百分点,在全省20个工业大县(市、区)中分别排名第5位、第4位(见表4-1)。

表 4-1 乐清市工业经济总体情况

指标名称	2006 年	2011 年	2011 年指标排名
GDP(亿元)	301.82	571.49	10
全部工业总产值(亿元)	797.31	1503.33	12
全部工业增加值(亿元)	179.43	326.5	11
全部工业增加值占 GDP 比重(%)	59.45	57.13	5
全部工业增加值率(%)	22.50	21.72	5
规上工业总产值(亿元)	591.7	1078.18	12

指标名称	2006 年	2011 年	2011 年指标排名
规上工业增加值(亿元)	179.43	229.35	10
规上工业增加值率(%)	30.3	21.27	4

数据来源:2011 年 20 个工业强县(市、区)建设试点申报单位的快报数据、公报数据、申报数据。

2. 产业结构优化调整,转型升级步伐加快

"十一五"期间,乐清市加快推进工业转型升级和产业结构调整,以工业电气为代表的主导产业不断优化提升,高新技术产业和装备制造业占比稳步上升,新兴服务业加快发展。从工业电气产业结构来看,工业电气产业规模不断扩大,产业结构和产品品质不断调整与优化。2011 年,工业电气产业全年累计实现规上产值 630 亿元,占全市规上工业产值的 58.4%,产品研发和产业化项目从简单低压领域加快向成套设备、智能电气、高压、特高压和新能源等高新领域拓展,产品结构已由单一的低压电器元件生产扩展到覆盖输电、变电、配电、工业控制电器和各种特殊用途电器装备等 200 多个系列、6000 多个种类、25000 多种型号的规格产品,形成了庞大且比较完整的产业链。从高新技术产业和装备制造业比重来看,2011 年乐清市实现高新技术产业总产值 697.16 亿元、装备制造业总产值 824.32 亿元,在全省 20 个工业大县(市、区)中均排名第 3 位,高新技术产业和装备制造业分别占规上工业总产值的 64.7% 和 76.5%,在全省 20 个工业大县(市、区)中均排名第 1 位。从新兴服务业发展情况来看,"退二进三"试点开展顺利,传统服务业比重逐步降低,新兴服务业比重不断提高,以金融服务业和专业技术服务业为代表的新兴服务业得到较快发展。

3. 强企建设成效显著,自主品牌稳步提升

从强企建设来看,大企业大集团以较少的数量,贡献了巨大的经济总量,在全市工业经济发展中起着"中流砥柱"和"经济稳定器"的作用,同时也是经济转型升

级的"领头羊",引领、示范和带动中小微企业的发展。目前全市共有省级龙头骨干企业3家,分别为华仪电器集团有限公司、德力西集团有限公司和正泰集团下属的浙江正泰太阳能科技有限公司(该企业位于杭州);共有中国民营企业500强9家,分别为正泰、人民电器、德力西、天正、长城电器、环宇、兴乐、华通机电、华仪电器,前4家名列国内工业电器领域前五强;2011年世界电气上市公司100强排行榜中,正泰电器、华仪电气分别排名第40位、第62位;共有华仪电气、金龙机电、正泰电器、温州宏丰、金卡高科5家上市公司。从区域自主品牌和企业品牌质量建设来看,全市共拥有"中国电器之都"、"国家火炬计划智能电器产业基地"、"中国电子元器件产业基地"、"中国精密模具生产基地"、"中国断路器产业基地"、"中国防爆电器生产基地"、"中国工艺美术之乡"、"气动元器件产业出口基地"等11张国字号工业产业金名片;累计拥有中国名牌12个、省名牌产品44个、温州名牌产品122个、乐清名牌产品100个;共拥有注册商标20581个,中国驰名商标50个、省著名商标54个、温州市知名商标71个,乐清市名牌商标167个;共拥有全国质量奖3家,浙江省质量管理奖9家。

4. 基础设施不断完善,发展环境不断优化

近年来,乐清市大力推进工业化与新型城市化融合发展,城乡建设呈现新面貌,城市功能品位明显提升。从城乡建设来看,市域总体规划获得省政府批准,乐成中心城区建设加快,八纵十横道路网、五大中心、三大城市经济综合体和一环二横三纵城市绿带建设全面推进。从重大基础设施项目开工建设情况来看,工业经济发展空间不断优化。重大基础设施建设加快推进,整体运输能力不断提高,甬台温铁路乐清段、中心大道乐成至柳市段实现通车,开工建设了雁楠公路、乐白公路拓宽改建一期工程,104国道湖雾至清江段改建、山老区联线公路等工程建设扎实推进。电网建设加快推进,工业用电保障体系不断强化,1座500千伏、3座220千伏、13座110千伏及一大批35千伏输变电工程建成投运,计划到2016年建成7座

138

220千伏、27座110千伏输变电工程,全市供电能力将进一步提高。坚持工业化与城市化统筹发展,推进建设25平方公里的柳白新城,加快建设1100亩的中国电器城,巩固提升中国电器节的形象。

(二)与其他试点的对比分析

"十一五"以来,乐清市工业经济成长快速,特别是在2011年取得了突破性的成绩,与其他列入工业强县(市、区)建设试点申报地区相比,在部分指标上领先,但一些问题仍不容忽视。

1.企业产出效益和经营效益较好,生产技术水平有待提升

从工业企业层面来看,2011年企业的全部工业亩均增加值、全部工业亩均税收、规模以上工业每度工业用电增加值,规模以上工业企业主营业务收入利润率分别为65.30万元/亩、8.46万元/亩、11.23元/度和5.97%,在20个试点申报单位中分别排名第5、第8、第1和第8位。从生产技术水平来看,2011年,该市规上工业全员劳动生产率达到10.67万元/人,在20个试点申报单位中排名第12位,分别是萧山、绍兴、镇海、北仑的78%、82%、33.9%、42%(见表4-2)。

表4-2　乐清市与其他试点申请单位的对比情况

地区	亩均工业增加值（万元/亩）		亩均工业税收（万元/亩）		每度工业用电增加值（元/度）		规上工业企业主营业务收入利润率（%）		规上工业全员劳动生产率（万元/人）	
	指标值	排名	指标值	排名	指标值	排名	指标值	排名	指标值	排名
萧山区	78.62	3	13.24	3	5.58	14	5.36	11	17.01	4
绍兴县	81.09	2	10.44	5	4.37	18	4.75	15	16.02	5
镇海区	62.96	6	35.75	1	8.61	6 ·	4.20	17	31.46	1
北仑区	38.99	15	6.78	11	4.75	16	7.22	4	18.52	2
诸暨市	60.05	7	8.55	7	6.94	11	7.02	6	13.71	9
鄞州区	65.78	4	10.58	4	11.18	2	6.73	7	10.37	13

续表

地区	亩均工业增加值（万元/亩）		亩均工业税收（万元/亩）		每度工业用电增加值（元/度）		规上工业企业主营业务收入利润率（％）		规上工业全员劳动生产率（万元/人）	
	指标值	排名	指标值	排名	指标值	排名	指标值	排名	指标值	排名
慈溪市	47.90	11	7.60	9	5.89	12	3.82	19	8.02	19
余杭区	57.82	8	8.60	6	7.39	9	5.18	12	10.33	14
上虞市	39.90	12	6.92	10	9.23	5	7.59	3	12.93	11
海宁市	39.24	14	5.82	13	5.81	13	4.03	18	9.76	16
桐乡市	24.91	20	4.99	16	4.05	20	5.38	10	7.56	20
乐清市	**65.30**	**5**	**8.46**	**8**	**11.23**	**1**	**5.97**	**8**	**10.67**	**12**
富阳市	39.84	13	5.46	14	5.14	15	5.45	9	13.20	10
余姚市	85.98	1	14.05	1	7.04	10	4.92	14	8.69	17
长兴县	33.41	16	5.82	12	4.20	19	7.08	5	14.74	7
永康市	33.39	17	4.83	17	8.20	8	9.80	1	9.81	15
定海区	32.67	18	5.40	15	9.41	4	1.79	20	15.24	6
温岭市	48.04	10	4.14	19	10.12	3	5.12	13	8.50	18
江山市	25.65	19	2.04	20	8.57	7	9.46	2	17.19	3
青田县	48.27	9	4.83	18	4.55	17	4.27	16	14.41	8

数据来源：2011年20个工业强县（市、区）建设试点申报单位的快报数据、公报数据、申报数据。

2. 技术（研发）中心数量较多，研发投入较少，自主创新能力有待增强

从技术（研发）中心建设情况来看，2011年，乐清市共有省级以上企业技术（研发）中心数44个，每百家规上工业企业拥有省级以上技术（研发）中心数5.3个，在20个试点申报单位中分别排名第6位、第10位。一些龙头骨干企业的技术（研发）中心通过与跨国企业开展战略合作，逐步从以技术支持型为主向基础开发型、区域性应用开发方向转型升级，如正泰集团与施耐德集团在能源、自动化传动和供配电系统集成领域已经达成全面合作共识，德力西集团有限公司与ABB上海公司在自动化领域开展战略合作。从企业研发投入和新产品研发情况来看，2011年全市规上工业企业研究与试验发展(R&D)经费支出 5.7 亿元、规上工业 R&D 占主营业务收入比重仅为 0.53％、规模以上工业新产品产值 149.91 亿元、规模以上工业新产品产值率 13.90％,这 4 项指标在 20 个试点申报单位分别排名第 15、18、16、19 位。这表明大部分企业仍然习惯于被动模仿或者依赖外部技术力量解决自身的技术需求,"乐清创造"产品较少,重规模轻创新的现象仍较为普遍(见表 4-3)。

表 4-3　乐清市与其他试点申请单位的对比情况

地区	省级以上企业技术(研发)中心数(个)		每百家规上企业拥有省级以上技术(研发)中心数(个/百家)		规上工业企业研(R&D)经费支出(亿元)		规上工业 R&D 占主营业务收入比重(%)		规模以上工业新产品产值(亿元)		规模以上工业新产品产值率(%)	
	指标值	排名	指标值	排名	指标值	排名	指标值	排名	指标值	排名	指标值	排名
萧山区	100	1	5.9	7	30	1	0.65	16	988.04	1	21.70	13
绍兴县	62	4	6.0	5	16.09	4	0.56	17	701	2	23.85	10
镇海区	17	17	3.1	17	7.88	13	0.34	20	190.9	13	8.22	20
北仑区	33	10	5.9	6	15.9	5	0.83	9	358.56	7	18.88	17
诸暨市	95	2	12.5	1	14.56	6	0.82	12	428.74	4	23.73	11
鄞州区	86	3	5.7	9	25	2	1.41	2	478.9	3	26.22	4
慈溪市	30	12	2.8	19	16.8	3	1.17	4	360.79	6	23.49	12
余杭区	39	7	3.7	15	10.34	10	0.82	11	308.49	8	23.99	—
上虞市	59	5	11.9	2	9.5	12	0.84	8	310.49	5	26.07	5
海宁市	28	14	3.3	16	11.72	8	1.08	5	366.37	5	33.81	1
桐乡市	27	15	3.8	14	11.22	9	1.05	7	265.08	11	24.52	8
乐清市	**44**	**6**	**5.3**	**10**	**5.7**	**15**	**0.53**	**18**	**149.91**	**16**	**13.90**	**19**
富阳市	33	10	5.0	11	7.5	14	0.71	14	224.7	12	21.10	14
余姚市	30	12	3.0	18	12.44	7	1.24	3	270.09	10	25.85	6
长兴县	35	9	6.8	3	4.6	17	0.73	13	124.3	18	19.20	16
永康市	25	16	5.8	4	5.69	16	0.83	10	175.1	14	24.98	7
定海区	5	20	4.4	12	4.1	18	1.06	6	127.74	17	28.78	2

续表

地区	省级以上企业技术(研发)中心数(个)		每百家规上企业拥有省级以上技术(研发)中心数(个/百家)		规上工业企业研(R&D)经费支出(亿元)		规上工业R&D占主营业务收入比重(%)		规模以上工业新产品产值(亿元)		规模以上工业新产品产值率(%)	
	指标值	排名	指标值	排名	指标值	排名	指标值	排名	指标值	排名	指标值	排名
温岭市	38	8	6.2	4	10.24	11	1.67	1	169.56	15	26.61	3
江山市	6	19	2.4	20	1.94	19	0.65	15	52.64	19	17.54	18
青田县	10	18	4.0	13	0.79	20	0.35	19	52.64	19	20.18	15

数据来源:2011年20个工业强县(市、区)建设试点申报单位的快报数据、公报数据、申报数据。

工业投资规模相对较小,投资力度偏弱。与兄弟县市相比,全市工业性投资投入总量较小。2011年全市工业增加值占全市 GDP 的 57.1%,但工业性投资仅占全社会固定资产总投资的 24.32%,该比例在 20 个试点申请单位中排名第 20 位。2011年乐清市全部工业增加值 326.5 亿元,分别是海宁的 1.16 倍、富阳的 1.17 倍、上虞的 1.26 倍,而工业性投资 72.16 亿元,则仅占海宁工业性投资的 54.8%、富阳的 80%、上虞的 55%(见表 4-4)。

表 4-4 乐清市与其他试点申请单位的对比情况

地区	全部工业增加值(亿元)		全部工业增加值占生产总值比重(%)		工业性投资总额(亿元)		全社会固定资产总投资(亿元)		工业性投资占全社会固定资产投资比重(%)	
	指标值	排名	指标值	排名	指标值	排名	指标值	排名	指标值	排名
萧山区	825.56	1	57.1	6	222.09	1	518.45	1	42.84	11
绍兴县	507.66	3	55.2	10	183.22	3	356.8	3	51.35	6
镇海区	421.8	5	75.3	1	55	18	161.55	17	34.05	15
北仑区	387.33	7	60.0	3	122.4	7	320.04	6	38.25	13
诸暨市	400.56	6	54.2	11	203.8	2	343.64	4	59.31	1
鄞州区	568.04	2	60.1	2	100.1	12	338.3	5	29.59	17
慈溪市	490.94	4	56.0	8	130.79	6	302.03	7	43.30	10

续表

地区	全部工业增加值（亿元）		全部工业增加值占生产总值比重（％）		工业性投资总额（亿元）		全社会固定资产总投资（亿元）		工业性投资占全社会固定资产投资比重（％）	
	指标值	排名	指标值	排名	指标值	排名	指标值	排名	指标值	排名
余杭区	346.54	9	46.9	19	106.6	10	413.53	2	25.78	19
上虞市	259.37	14	49.8	15	132.05	4	241.07	11	54.78	2
海宁市	281.36	12	53.0	13	131.63	5	248.97	10	52.87	5
桐乡市	229.16	15	47.8	17	107.14	9	215.74	14	49.66	8
乐清市	**326.5**	**11**	**57.1**	**5**	**72.16**	**15**	**296.66**	**8**	**24.32**	**20**
富阳市	278.9	13	56.8	7	90	13	191.5	16	47.00	9
余姚市	367.27	8	55.7	9	101.0355	11	259.2872	9	38.97	12
长兴县	160.1	17	47.8	18	109.86	8	205.72	15	53.40	4
永康市	207.15	16	58.3	4	58.98	17	109.59	18	53.82	3
定海区	98	19	31.6	20	67.6	16	220.3	13	30.69	16
温岭市	336.25	10	49.5	16	81.08	14	235.11	12	34.49	14
江山市	105.8	18	52.6	14	49.96	19	98.48	19	50.73	7
青田县	72.4	20	53.4	12	15.08	20	55.06	20	27.39	18

数据来源：2011 年 20 个工业强县（市、区）建设试点申报单位的快报数据、公报数据、申报数据。

城市建设速度与经济发展程度不相适应，城市化进程有待加快。根据 2011 年 11 月省统计局发布的《2010 年全省新型城市化进程综合评价》，参加测评的 58 个县（市）中，乐清市综合评价得分为 65.86 分，比温州市平均水平低 0.51 分，比全省平均水平低 5.68 分；居全省第 32 位，与 2008 年相比下滑了 20 位。在 20 个试点申请单位中（除萧山区、镇海区、北仑区、鄞州区、定海区以外），乐清排名第 12 位，影响因素主要在于，随着乐清城市人口的不断增加和城市规模的不断扩张，土地得不到合理的开发和利用，城市布局、产业布局亟待优化（见表 4-5）。

表 4-5 乐清市与其他试点申请单位的对比情况

地区	综合评价			资源节约			环境友好			经济高效			社会和谐			城乡统筹		
	得分	全省排名	试点排名	得分	全省排名	试点排名	得分	全省排名	试点排名	得分	全省排名	试点排名	得分	全省排名	试点排名	得分	全省排名	试点排名
萧山区	N/A	N/A	N/A	N/A	N/A	N/A	N/A	N/A	N/A	N/A	N/A	N/A	N/A	N/A	N/A	N/A	N/A	N/A
绍兴县	72.06	13	6	8.97	32	11	9.98	53	13	14.23	1	1	15.53	5	3	23.35	7	3
镇海区	N/A	N/A	N/A	N/A	N/A	N/A	N/A	N/A	N/A	N/A	N/A	N/A	N/A	N/A	N/A	N/A	N/A	N/A
北仑区	N/A	N/A	N/A	N/A	N/A	N/A	N/A	N/A	N/A	N/A	N/A	N/A	N/A	N/A	N/A	N/A	N/A	N/A
诸暨市	73.88	11	4	11.46	13	6	13.89	8	2	11.08	19	8	14.92	19	8	22.52	18	8
鄞州区	N/A	N/A	N/A	N/A	N/A	N/A	N/A	N/A	N/A	N/A	N/A	N/A	N/A	N/A	N/A	N/A	N/A	N/A
慈溪市	78.58	1	1	12.96	6	4	12.96	22	5	12.39	5	3	15.46	7	5	24.8	3	1
上虞市	74.85	6	3	13.2	5	3	13.09	19	3	11.61	14	6	15.65	3	2	21.32	27	11
海宁市	70.72	18	8	10.52	18	8	11.18	49	12	11.72	11	7	15.29	10	6	22.01	23	9
桐乡市	69.32	21	10	8.72	35	12	11.23	47	11	11.51	15	7	14.99	16	7	22.86	13	6
乐清市	65.86	32	12	14.42	2	1	7.39	58	14	10.58	26	11	14.73	23	9	18.75	41	13
富阳市	71.6	16	7	9.23	31	10	11.48	43	10	12.32	6	4	15.48	6	4	23.09	10	5
余姚市	76.52	3	2	10.7	16	7	12.77	30	6	12.49	4	2	15.81	1	1	24.74	4	2
长兴县	67.1	31	11	5.97	56	14	12.63	32	7	11.01	21	9	14.63	28	10	22.85	14	7
永康市	69.51	20	9	9.46	28	9	12.1	38	9	10.95	22	10	13.84	37	12	23.16	8	4
定海区	N/A	N/A	N/A	N/A	N/A	N/A	N/A	N/A	N/A	N/A	N/A	N/A	N/A	N/A	N/A	N/A	N/A	N/A
温岭市	73.33	12	5	13.77	4	2	13.06	20	4	10.4	29	12	14.13	34	11	21.96	24	10
江山市	62.86	40	13	6.85	53	13	14.07	3	1	8.61	53	14	13.78	39	13	19.56	37	12
青田县	62.71	42	14	11.93	10	5	12.42	35	8	9.43	39	13	13.04	53	14	15.89	51	14

注：标题中的"全省排名"是指参评的58个县（市）的排名，"试点排名"是指20个工业强县（市、区）试点申报单位的排名。

数据来源：2011年11月25日，浙江省统计局公布的《2010年浙江省新型城市化进程综合评价分析》。

（三）面临形势

　　未来5年,世界经济技术发展将出现一系列新的趋势,我国宏观经济环境将发生重大变化,全市经济社会发展也将步入新的阶段,工业经济发展将面临复杂的发展环境。但总体上看,未来5年是全市推进工业强市建设的重要战略机遇期。

　　从国际形势看,经济全球化仍在持续深入发展,这为全市进一步实施"走出去"战略,提高在全球范围内的资源配置能力,拓展外部发展空间提供了新机遇;但由于国际金融危机的深远影响,全球需求结构出现明显变化,贸易保护主义有所抬头,围绕市场、资源等方面的竞争更趋激烈,对全市工业转型升级形成新的压力。全球范围内新兴产业发展进入加速成长期,加强战略部署和统筹规划,全市有可能在新一轮产业竞争中占取一定地位;而若应对不当、贻误时机,全市与发达地区的差距将拉大。随着信息技术与先进制造技术的深度融合,柔性制造、虚拟制造等成为先进制造业发展的重要方向,客观上为全市利用全球要素资源,加快培育国际竞争新优势创造了条件;但跨国公司仍牢牢掌握全球价值链的高端环节,全市要提升在国际产业分工中地位的任务还十分艰巨。

　　从国内形势看,城镇化进程和居民消费结构升级为工业转型升级提供了广阔空间,但由于劳动力、土地、原材料和能源等价格持续上升,对全市工业转型升级的约束也相应增多。信息化、市场化和国际化深入发展为工业转型升级提供了重要机遇,但由于经济增长的内生动力还不足,全市还需要加快健全与科学发展要求相适应的体制机制。能源资源和生态环境约束加剧,为全市推进资源节约型、环境友好型社会建设,加快工业节能减排和淘汰落后产能等创造了良好环境,也对加快转变工业发展方式提出了更高要求。长三角是中国重要的经济增长极、对外开放的前沿阵地和工业化发展的先行区,国务院已正式批准实施的《长三角地区区域规划》,有助于突破行政边界,实现资源要素更大程度的自由流动和优化配置,促进更大范围的统一开放市场的形成,但由于地区特性和条件变得更加透明,地区间的相互竞争将更加激烈。

从乐清自身看,"两海两改"国家战略为乐清工业提供了再创新、再提升的重大机遇,为乐清提供了更大的制度空间。一是海峡西岸经济区发展战略,温州被定位为连接海西经济区和长三角经济区的枢纽城市,乐清区位条件明显提升;二是浙江海洋经济发展示范区战略,为我市加快沿海产业带建设进程提供有利机遇;三是全国农村改革试验区,温州成为全国 24 个试验区之一,将促进我市城乡之间以土地为主的要素自由流动,提高土地资源的配置效率,促进工商资本对土地的投入;四是金融综合改革试验区,温州是全国唯一的试验区,具有体制先发优势,有利于破解民营企业融资难、融资贵问题。但同时,乐清面临着土地资源集约节约利用要求不断提高、环境承载力相对薄弱、商务成本不断上升、高端人力资源相对匮乏等制约因素。加快发展方式转变和产业结构优化升级,推动产业向价值链高端拓展,促进产业集群集聚集约发展,将是未来 5 年乐清工业经济发展所面临的重大课题。

二、乐清工业强市建设的基本思路和主要原则

(一)基本思路

以科学发展观为指导,深入实施"两创"总战略,以"物质富裕、精神富有"为总目标,按照"两海两改"国家战略部署,坚持改革创新和开放发展,坚持推进工业强市建设,构建"2+3+X"现代工业经济结构,谋划大平台、培育大产业、建设大企业、培育大品牌、推进大投资,实施"四个四"重点任务,推动乐清"从工业大市向工业强市、从制造大市向智造强市迈进",全力打造"海峡两岸经济合作试验区",努力建设成为电工电气国家新型工业化示范基地、浙江省重要的临港产业集聚区和具

有较强影响力的先进制造业基地,率先进入省级工业强市行列。

(二)主要原则

1.质效优先原则

以改善和提升工业整体素质为方向,正确处理好工业增长与质量、效益、结构、生态、安全等方面的重大关系,全面优化要素投入结构和供给结构,加快推动发展模式向质量效益型转变。以提高工业附加值水平为突破口,坚持"亩产论英雄",实行土地、财政资金、用能、排放容量等指标向绩效优良、成长性好的企业和产业倾斜。

2.开放创新原则

要抓住"海峡两岸经济合作试验区"这一开放发展的大平台,充分借助我国台湾地区科技创新和服务发达的优势,优化开放环境,加快强区强镇建设。要抓住自主创新能力建设这一工业强市的"牛鼻子",充分发挥创新引领和技术支撑作用,推进企业研究院和公共科技创新平台建设,全面提升企业的技术创新能力。

3.重点突破原则

以工业电气、电子信息为支柱产业主攻方向,以产业基础较好的高端装备制造、新材料、物联网为战略性新兴产业主攻方向,实行重点突破。并引导重点产业向价值链两端——研发设计和品牌营销突破,力争在掌握产业核心专利和关键技术产业化上取得较大突破,力争在知名品牌和渠道网络建设上取得较大突破。

4.集群发展原则

以产业链条化为目标,采取"一个园区多个基地"、"联动开发"的方式,整合拓展开发区、园区、产业基地、集聚区资源,促进企业集聚发展,强化企业间的专业化分工与协作,不断从纵向和横向两方面拓展产业链。加快优惠政策和专项资金安排重点向工业园区(开发区)集中,加快集聚一批人才、资金和技术。

5. 融合发展原则

树立系统发展理念,跳出工业抓工业,重点是坚持"五个融合"发展,即工业化和城市化融合发展,工业化和信息化深度融合发展,制造业和生产性服务业融合发展,实体经济和金融服务融合发展以及产业融合发展,不断培育新的业态和新的商业模式,形成新的经济增长点,增强工业经济发展后劲。

6. 龙头带动原则

培育壮大龙头骨干企业,支持大企业集团利用品牌、资金、研发、销售等优势资源,对中小企业进行兼并重组,或与国际性大企业大集团、央企开展战略合作。推进"乐清总部+乐清外生产基地",采取强有力的政策措施,推进龙头企业走出去发展。充分发挥龙头企业在技术示范、信息扩散和营销网络等方面的核心带动作用,加快形成"龙头企业+配套企业"、"龙头企业+中小企业"的企业组合格局。

三、主要路径:构建"2+3+X"现代工业结构

围绕建设"工业强市"目标,根据产业已有的基础优势和发展导向,做高做强工业电气产业和电子信息两大支柱产业,做新做强高端装备制造、新材料和物联网三大战略新兴产业,做优做强先进生产性服务业,推动产业内和产业间融合发展,加快构建"2+3+X"现代工业结构。

(一)做高做强两大支柱产业

以价值链高端提升和产业链高度整合为导向,推进建设3条重点产业链,建设一批转型升级示范效应较强、品牌影响能力较强、产业带动能力较强的工业强镇(园区、基地),建设形成一个千亿级工业电气现代产业集群和一个省内重要的电子信息产业基地,支持发展一批具有较强话语权和定价权的龙头骨干企业,培育发展

若干个具有较强行业影响力的隐形冠军企业。

1. 工业电气产业

（1）发展重点与发展方向

着力推进产品结构从以低值加值产品向高附加值产品领域延伸，从中低压产品为主向高压特高压、智能电气产品方向发展，从以加工制造为主的低端制造环节向品牌连锁经销为主的高端品牌营销环节攀升。

——中低压电器制造领域。巩固提升第三代中低压电器产品的产品质量和市场地位，加快完成第四代中低压电器主要产品研发任务，加快新一代产品的产业化和市场营销布局。积极开发新一代自动转换开关电器、智能化节能型交流接触器、新一代整体式智能控制与保护电器、高可靠性配电系统的智能化万能式断路器、高速分断智能化塑壳断路器、选择性保护家用断路器、智能化节能型交流接触器。一是设备小型化。重点发展高性能、高可靠性、综合技术经济指标优良的小型化节能型低压设备，积极发展新一代紧凑型低压成套设备。二是元件智能化。加快应用新一代专用集成电路和高性能的微处理器，加快开发智能断路器、智能控制保护器、智能接触器等功能完善的智能电器元件产品和智能型配电网络系统产品。三是系统网络化。应用现场总线通信系统，整合低压配电系统和电动机控制中心，开发集智能化监控、保护与信息于一体的网络系统和解决方案。四是功能多元化。应用微处理器技术，积极发展具备电力质量监控、显示、检测、通信等扩展功能的专用智能化电力质量监控器、多功能智能化低压断路器/保护继电器。

——高压电器制造领域。支持有条件的企业积极采用高新技术、新原理、新工艺、新介质，酝酿发展新一代高压电器。一是设备组合化、成套化。以满足尺寸小、占地少、高性能、高可靠性等市场发展趋势为导向，加快发展组合电器和成套电器。如负荷开关—熔断器组合电器、高压接触器—熔断器组合电器（用于 FC 柜）、负荷开关、跌落熔断器和避雷器组合，以及避雷器、隔离开关、电压和电流互感器等各种组合,并已发展到高级形式的组合成套装置,如充气柜(C—GIS)、全封闭组合电器(GIS),以及全变电站组合(如预装式变电站,含变压器和高低压电器的箱变)等产品。二是电网设备大容量化、高参数化。紧跟高电压大容量电网发展方向,加快主力输配电设备额定电流从 1000A 提高到 2500～4000A,短路电流从 16～20kA 提高到 31.5～50kA 及以上,550kV 断路器单极断口数从 4 个减少到 2 个,加紧研制 252 kV 及以上更高电压等级的单断口断路器及高电压真空断路器研制。三是机电一体化。推进强电设备与先进弱电技术相结合,发展机电一体化多功能高压电器。不断淘汰体积大、重量重、功能单一的传统电磁式继电保护装置、电工仪表、控制装置,加快发展功能多、器件少、可靠性高的数字继电器、传感器等。四是开断智能化。强化电子控制技术应用,推动有利相位(即较短燃弧时间及小半波)开断自动选择技术发展,积极发展有利于改善高压断路器开断能力、提高电力系统的安全性与可靠性的高压断路器,重点发展选相分、合闸高压断路器。五是绿色环保化。推动电器设计向保护环境方向发展,围绕六氟化硫气体(SF_6)开关设备和真空开关设备,重点在高压 126 kV 开关领域加快真空断路器和非 SF_6 开关设备对 SF_6 开关设备的替代,在 252 kV 级以上领域推进 GIS 的小型化及无 SF_6 化。积极开展 SF_6 的替代气体研究,尽量采用集成化程度高、布置方式灵活的复合电器或 HGIS,发展小型化 SF_6 电器设备和新一代 SF_6 气体回收和处理装置,中远期积极布局发展超导开关、静态电子开关(非机械开关)、高环保开关等。

——特高压电器制造领域。积极关注国家特高压电网线路 5000 亿元投资项目,大力发展大容量、高效率的先进输变电技术装备。一是特高压直流设备向高绝缘、大功率、低线耗方向发展。根据国家 11 项特高压直流输电工程需要,积极关注直流输电、联网等大型直流输电工程项目,重点发展 500kV 及以上电压等级的直流换流阀、直流开关(MRTB、GRTS、NBS 等)、直流电流传感器和电压传感器(包括 OCT、OVT)、直流滤波器及滤波电阻、±1100kV 换流变压器等直流成套设备,研究开发强绝缘能力的换流变压器绝缘系统,研究换流变压器现场组装方案。二是特高压交流设备向高可控、大功率、系列化方向发展。根据"三纵三横一环网"特高压交流骨干网架工程需要,积极关注特高压交流工程项目、西部风电能源建设工程及西电东输工程,重视推进步伐放缓风险,关注发展变压器、变流阀、高压开关以及并联高压可控电抗器、百万伏级的特高压套管、GIS等,支持有条件的企业适时向风电设备与光伏制造等领域拓展。

——智能电网设备制造领域。完成智能电网用户端主要组成部分新技术研究与新产品研发工作,在智能电网配电系统中智能电器获得全面应用。一是一次设备智能化。进一步加强产品智能化研究,加快从目前的简单数字化向真正的智能型产品迈进,加强变压器、电抗器、断路器、GIS、电力电缆、高压套管等故障率相对较高、故障影响较大、具有自检测需求的设备的智能组件开发与产业化,重点发展智能配用电设备(非晶合金变压器、智能开关、智能电表、智能用电管理终端、配电自动化装置等)。二是二次设备网络化。围绕完整的三层(站控层、间隔层、过程层)两网(站控层网、过程层网)结构型的全数字化建设和改造项目,重点依靠标准化、模块化的微处理机技术,设计制造通过网络真正实现数据、资源共享的二次设备,重点发展故障录波装置、继电保护装置、电压无功控制、远动装置、同期操作装置和在线状态检测装置等设备。三是一、二次设备融合化。加快推动二次设备的设计技术发展,积极研究将二次设备的部分功能转移到一次设备之中,研发制造更为集成化的智能单元组件。借鉴一次设备,推动二次设备向自诊断化和状态监测化方向发展。积极发展智能调度通信系统,如各类智能传感器、各类专业通信装置、遥控遥测装置、各类光纤、电能量管理系统、智能电网调度系统、故障诊断及自愈装置、励磁装置、安全稳定装置、一体化测控保护等。

——新兴领域和前瞻领域。以关键系统和装备为重点,坚持技术引进和自主创新相结合,掌握新一代低压电器产品、新一代节能环保电器、高性能智能电网设备、新型智能组件的设计制造能力。深入开展分布式新能源控制与保护系统及配套产品研究,重点发展新能源并网及控制设备(逆变器、并网控制器、轻型直流设备、运行监控装置等)、智能电网储能设备(空气压缩蓄能装置、飞轮设备、超级电容器等)。

(2)重点产业链主要内容(见表 4-6)

——智能电气产业链。围绕特高压电网和智能电网建设,加快打造智能电气产业链。

——绿色电气产业链。围绕低压电器、中高压电器的绿色环保发展方向,重点打造绿色电气产业链。

表 4-6 重点产业链(一)

序号	名称	产业链主体内容
1	智能电气产业链	[模具,智能化万能式断路器、小型化塑料外壳式断路、组合型保护电器、选择性保护断路器、漏电防火终端保护器、智能电表]——[智能化成套装备]
	产业链骨干企业(初拟 11 家)	正泰、德力西集团、人民电气、华仪电器、华通、罗格朗、森泰、大江、宏秀电气、常安集团、一开电气、胜武实业
2	绿色电气产业链	[模具,电机软起动器、真空接触器、变频器、特高压电力金具、特高压电线电缆]——[节能环保型变压器、真空断路器、清洁型 SF_6 断路器、LED 照明设备]
	产业链骨干企业(初拟 8 家)	正泰、华通、指明、和平、指月、南洋成套、宏伟、永固
	产业联盟	浙江省低压电器产业技术创新战略联盟

(3)产业转型升级路线图

继续推进两大主导产业链和四大产业基地建设,加快推进创新成果产业化项目建设,不断提升主导企业的自主创新能力、配套企业的协同发展能力、品牌企业的市场开拓能力以及专业市场的国际影响力(见图 4-1)。

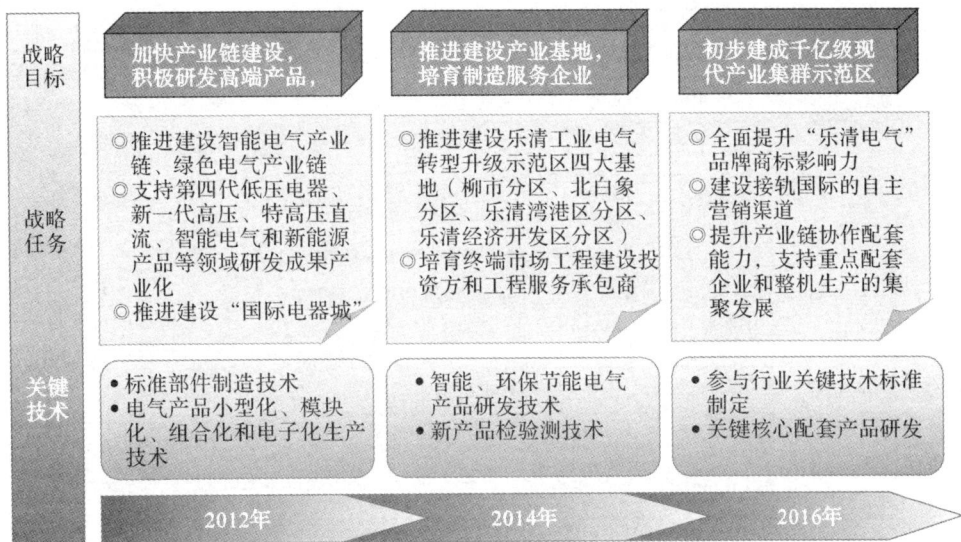

图 4-1　工业电气产业转型升级路线

在研发设计中低压电器、高压电器、特高压电器、智能电网设备等领域选择一批重点企业,加快明确企业战略定位和重点发展方向,确定 2～3 个层次的产品,加快突破一批关键核心技术,以满足不同层次市场需求(图 4-2 至图 4-6)。

研发需求		2012年	2014年	2016年	目标体系
战略任务		电器设计从以引进纺织为主向以发明创新为主、自主化方向发展			以直流输电工程为依托,围绕重点产品升级和产业做大做强需要,加快打造一支综合素质较高的研发设计队伍,建设一批省级以上重点实验室、企业技术研发(创新)中心,形成一批省级、国家级品牌产品、拳头产品。
研发设计领域	重点发展方向	直流输电系统设计			
		模拟技术研究			
	标志性"产品"	建设一批省级以上重点实验室			
		企业技术研发(创新)中心			
	需要重点解决的关键核心技术	智能电器及其系统仿真技术研究			
		过电压保护技术研究			
		快速成型技术研究			
	产业链重点企业	正泰、德力西、人民电器、华仪			

图 4-2　乐清工业电气产业转至升级发展路线(1)——研发设计发展路线

研发需求		2012年	2014年	2016年	目标体系
战略任务		巩固提升第三代中低压产品市场，加快第四代中低压电器主要产品研发			重点推进企业主导产品的关键工艺装备、在线检测线、装配技术与自动装配线等方面的技术改造，支持实力较强的大型企业努力发展成为输配电综合性集团公司；条件较好的重点企业发展成为主要品种、规格相对齐全的低压电器专业化生产企业；有一定专长的中、小企业发展成为特种低压电器专业化生产企业或配套件、附件专业化生产企业。
中低压电器领域	重点发展方向	设备小型化			
		元件智能化			
		系统网络化			
		功能多样化			
	标志性"产品"	小型化节能型低压设备、新一代紧凑型低压成套设备			
		智能电器元件产品和智能型网络系统产品			
		低压配电网络系统和解决方案			
		专用智能化电力质量监控器			
		多功能职能化低压断路器/保护链电器			
	需要重点解决的关键核心技术	小体积集成化产品合理布局技术			
		快速故障电流判断技术、操作机构高速分断技术			
		中低压配电系统过电流保护技术			
		预储能操作机构高耐受短路电流技术			
		区域连锁技术、智能控制技术			
		可靠性技术、高效节能技术			
		智能楼宇多系统兼容与集成技术			
	产业链重点企业	正泰、德力西、人民电器、浙江中凯科技股份有限公司			

图 4-3　乐清工业电气产业转至升级发展路线(2)——中低压电器发展路线

研发需求		2012年	2014年	2016年	目标体系
战略任务		积极采用高新技术、新原理、新工艺、新介质，酝酿发展新一代高压电器			支持有条件的企业适应高压电器市场潮流，积极开发有技术储备的产品，加快从试验型走向运行型，发展新一代高压电器产品，参与区域标准、行业标准制定，引领工业电气产业做高做强。
高压电器领域	重点发展方向	设备组合化、成套化			
		电网设备大容量化、高参数化			
		机电一体化			
		开断智能化			
		绿色环保化			
	标志性"产品"	高级组合电器、成套装置，如全封闭组合电器（GIS）			
		高电压等级的单断口断路器、高电压真空断路器			
		数字继电器、电容式电压互感器、光电式电流互选成分、合闸高压断路器			
		小型化六氟化硫电器设备和高压真空开关设备			
		新一代六氟化硫气体回收和处理装置			
		超导开关、静态电子开关（非机械开关）、高环保开关			
	需要重点解决的关键核心技术	高电压真空绝缘、大电流真空开断、容性电流开断、小感性电流开断			
		高压六氟化硫自能灭弧技术、气体绝缘技术、六氟化硫气体回收			
		高压成套设备制造技术、可靠性分析技术			
		高压电器设备绝缘子的在线检测技术			
	产业链重点企业	正泰、德力西、人民电器、华仪电气、南方高压、华建电气、天正电气			

图 4-4　乐清工业电气产业转至升级发展路线(3)——高压电器发展路线

研发需求		2012年	2014年	2016年	目标体系
战略任务		积极关注国家投资项目，有条件的发展大容量、高效率先进输入变电技术装备			支持重点企业推进国际业务组织架构调整，细分国际目标市场，成建制引进国际成套业务成熟人才，提升国际成套项目获取能力，推动产品结构由单机向成套调整，由"卖产品"向"卖服务"转变。
特高压电器领域	重点发展方向	特高压直流设备向绝缘、大功率、低线耗方向发展			
		特高压交流设备向高可控、大功率、系列化方向发展			
	标志性"产品"	高级组合电器、成套装置，如全封闭组合电器(GIS)			
		高压等级的单断口断路器、高电压真空断路器			
		数字继电器、传感器			
		选相分、合闸高压断路器			
		小型化六氟化硫设备和高压真空开关设备			
		新一代六氟化硫气体回收处理装置			
		超导开关、静态电子开关（非机械开关）高环保开关			
	需要重点解决的关键核心技术	特高压电器变压器、电抗器、以及大容量换流阀自主制造技术			
		特高压大容量输电系统集成技术			
		特高压大容量交流开关设备（GIS）关键技术			
		特、超高压电力线路绝缘子在线检测设备及检测技术			
	产业链重点企业	正泰、德力西、人民电器、上元电力科技			

图 4-5　乐清工业电气产业转至升级发展路线(4)——特高压电器发展路线

研发需求		2012年	2014年	2016年	目标体系
战略任务		完成智能电网用户端新产品研发工作，在智能电网配电系统中获得全面应用			大力推进企业创新主体建设，加强企业、科研机构、大专院校的产学研合作，针对智能电网产业涉及的基础性、战略性和关键共性技术开展联合攻关，巩固提升一次智能化设备和二次网络化设备领域的国际领先地位，力争在智能开关、智能电表、传感器、储能装置、光伏并网等关键技术领域取得突破，形成一批拥有自主知识产权的技术储备和品牌产品
智能电网设备领域	重点发展方向	一次设备智能化 二次设备网络化 一、二次设备融合化			
	标志性"产品"	非晶合金变压器、智能开关、智能电表、配电自动化装置及其智能型组件产品 智能用电管理终端 电子式互感器及其智能组件 故障录播装置、继电保护装置、电压无功控制 远动装置、同期操作装置和在线状态检测装置 集成化的一次设备智能单元组件 具备自诊断和状态监测功能的二次设备			
	需要重点解决的关键核心技术	故障预警技术 故障自愈与即快速恢复技术 全范围、全电流选择性保护技术 电网质量监控技术 网络化配电系统相关技术 智能电网过电压保护 分布式新能源系统对低压电器新要求及相关技术			
	产业链重点企业	正泰仪器仪表、德力西仪器仪表、人民电器、华仪、一开电气、指明集团			

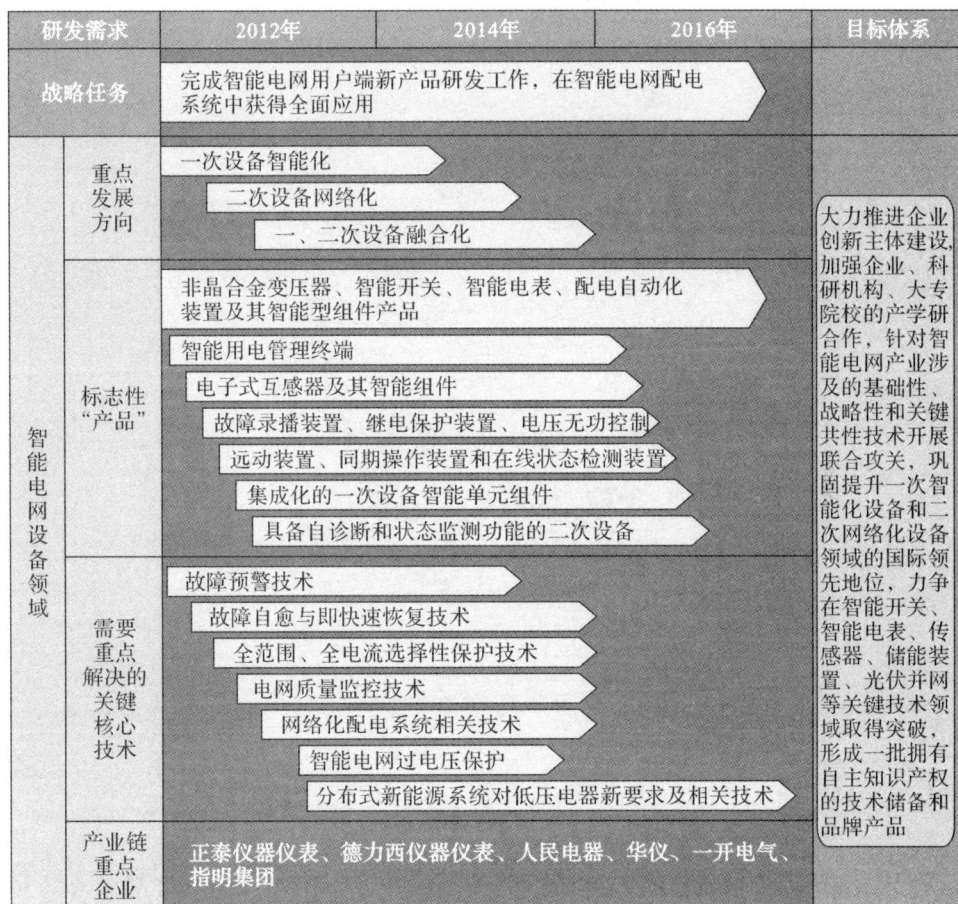

图 4-6　乐清工业电气产业转至升级发展路线(5)——智能电网设备发展路线

（4）产业空间布局

工业电气产业以柳市新区、北白象工贸区和乐清经济开发区为核心区，推进柳白新城建设，加快建设柳市、北白象两个工业强镇，四个强产业基地、两大总部经济区、一个中国电器城（见图 4-7）。

图 4-7　工业电气产业空间布局

2. 电子信息产业

（1）发展重点与发展方向

支持各应用领域新型电子元器件的研发及产业化，突破高端配套应用市场和本地化配套能力。重点发展汽车电子、消费电子，积极开发船舶电子控制系统。以专用芯片设计为突破口，重点支持高端电子整机产品的研发与产业化，电子整机与装备专用芯片的设计和应用，不断提升集成电路芯片生产技术和能力，积极发展先进封装工艺，进一步提高测试水平。

——汽车电子。一是不断向软件结构设计标准化方向发展。推动运用汽车开放式系统结构设计，不断降低系统开发成本，提高产品质量。二是加快向控制系统总成化方向发展。重点发展发动机控制、底盘与安全系统、车身控制系统。三是积极向网络系统智能化方向发展。围绕新能源汽车、智能交通的发展需要，加快开发智能化传感技和分布式控制系统,发展满足数据快速交换、高可靠性及低成本的电控器件。

——消费电子。一是围绕家用智能元器件、微处理器等高技术组件的发展需要,加大研发力度,突破关键技术,发展小尺寸、低功耗、高性能的芯片。二是加快提高芯片的集成度和封装工艺水平,加快开发多功能化和高集成度的内部芯片,加快发展跨界融合的消费电子产品。三是围绕家用电视、3D影像技术、影音娱乐、导航、移动通讯终端等产品需求,发展体积小、低功耗、长待机的便携移动型产品。

——船舶电子。一是支持有条件的企业投资船舶电子行业,推动研发新一代自有品牌综合船桥系统、符合IMO规范的船用导航雷达系统、新型船用陀螺罗经等通信导航和自动化系统等技术含量较高、产业配套基础较为成熟、市场前景较好的产品。二是加快自有品牌船用电子研发和产业化,提高动力和通用导航系统集成供货能力。满足国际公约规范和节能环保要求,提升本地装船率,积极切入日韩高端配套市场。

(2)重点产业链主要内容

——汽车电子产业链。围绕条形连接器、汽车电线电子配件、汽车线及汽车线束总成的成套化、系统化发展方向,重点打造汽车电子产业链(见表4-7)。

表4-7　重点产业链(二)

序号	名称	产业链主体内容
3	汽车电子产业链	[模具,电子插座、电子插口、条形连接器、汽车电线电子配件、汽车线及汽车线束总成]——[微电机配件、汽车专用单片机]——[汽车电子控制系统、中控系统]
	产业链骨干企业 (初拟12家)	成功电子、兴达电子电缆、合兴集团、国威科技、浙江精实电子、宝泰电子、虹达电子、浙江紫瑞电子、温州建达电子、国光集团、温州阳康电子、温州港源电子

(3)产业转型升级路线

强化自主创新,加快"中国元器件产业基地"建设,重点建设汽车电子产业链。不断完善产业发展环境,加快信息化与工业化融合,着力推动电子元器件从元件配件制造向整机生产、品牌经营延伸(见图4-8至图4-10)。

战略目标	强化产业协作配套，推进国家级基地建设	加快企业品牌培育，强化高端配件质量	强化整机配套能力，拓展国际整机市场
战略任务	◎建设汽车电子产业链 ◎完善行业准入政策，淘汰低质、低价竞争的加工体系	◎支持企业培育自主品牌 ◎提高高端电子配件的科技含量和质量	◎以整机需求为导向，提高整机配套生产能力 ◎促进产学研销相结合
关键技术	•高技术、高附加值的电子元件器件研发、制造	•整机生产技术 •汽车电线电子配件	•3G手机及通讯设备和办公设备、家用电器等配件
	2012年	2014年	2016年

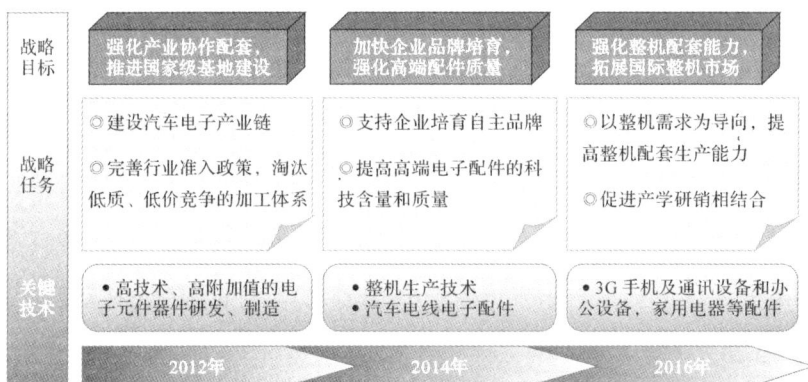

图 4-8　电子信息产业转型升级路线

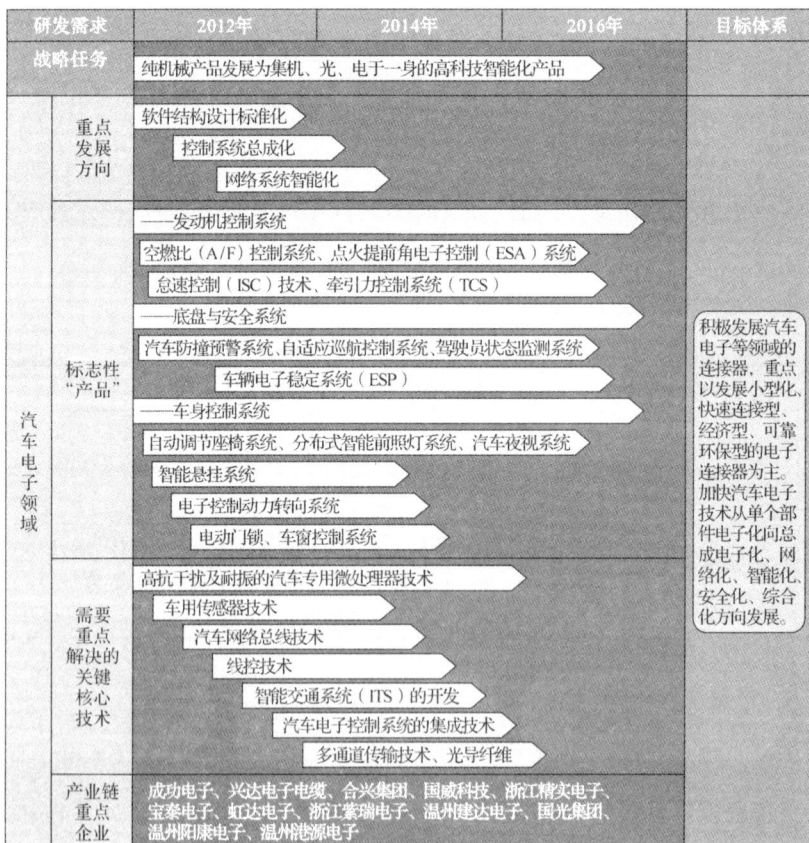

研发需求	2012年	2014年	2016年	目标体系
战略任务	纯机械产品发展为集机、光、电于一身的高科技智能化产品			
重点发展方向	软件结构设计标准化 控制系统总成化 网络系统智能化			积极发展汽车电子等领域的连接器，重点以发展小型化、快速连接型、经济型、可靠环保型的电子连接器为主。加快汽车电子技术从单个部件电子化向总成电子化、网络化、智能化、安全化、综合化方向发展。
标志性"产品"	——发动机控制系统 空燃比（A/F）控制系统、点火提前角电子控制（ESA）系统 怠速控制（ISC）技术、牵引力控制系统（TCS） ——底盘与安全系统 汽车防撞预警系统、自适应巡航控制系统、驾驶员状态监测系统 车辆电子稳定系统（ESP） ——车身控制系统 自动调节座椅系统、分布式智能前照灯系统、汽车夜视系统 智能悬挂系统 电子控制动力转向系统 电动门锁、车窗控制系统			
需要重点解决的关键核心技术	高抗干扰及耐振的汽车专用微处理器技术 车用传感器技术 汽车网络总线技术 线控技术 智能交通系统（ITS）的开发 汽车电子控制系统的集成技术 多通道传输技术、光导纤维			
产业链重点企业	成功电子、兴达电子电缆、合兴集团、国威科技、浙江精实电子、宝泰电子、虹达电子、浙江蒙瑞电子、温州捷达电子、国光集团、温州阳康电子、温州港源电子			

汽车电子领域

图 4-9　乐清电子信息产业转至升级发展路线(1)——汽车电子发展路线

研发需求		2012年	2014年	2016年	目标体系
战略任务		从最基础的加工制造环节向智慧创新环节攀升发展			
消费电子领域	重点发展方向	发展小尺寸、低功耗、高性能的芯片			以消费电子连接器为切入点，进一步做精做强高端消费电子器件配套生产能力，达到一家并力争两家企业生产具有乐清品牌的整机。
		发展跨界融合的消费电子产品			
		发展节能、低功耗、长待机的便携移动型产品			
	标志性"产品"	消费电子接线端子			
		多功能手机充电器			
		高速数据传输连接器			
		音视频插座系列防水轻触开关			
		电容多点触控控制面板精密液晶显示连接器			
	需要重点解决的关键核心技术	消费电子产品工业设计技术			
		新型显示技术			
		先进封装和测试技术			
	产业链重点企业	钻宝电子、格仕特集团、正亮电子电气、春生电子、宇球数码科技、龙华日用电子			

图 4-10　乐清电子信息产业转至升级发展路线(2)——消费电子发展路线

(4)产业空间布局

以虹桥镇和乐清湾港区为布局重点,加快港城联动发展,推进建设中国电子元器件产业基地和乐商创业园(新型电子信息产业园)(见图 4-11)。

(二)做新做强三大战略新兴产业

立足现有产业基础,以技术创新、产品创新和市场创新为导向,培育发展高端装备制造业、新材料产业和物联网产业三大战略性新兴产业,推进建设 4 条重点产业链,努力打造一批自主研发能力较强、产业化能力较强、市场开拓能力较强、产业引领作用较强的工业强镇(园区、基地),力争实现全部工业总产值 500 亿元。

1. 高端装备制造业

(1)发展重点与发展方向

充分发挥现有产业优势,以强化自主创新能力、突破核心关键技术、加快关键

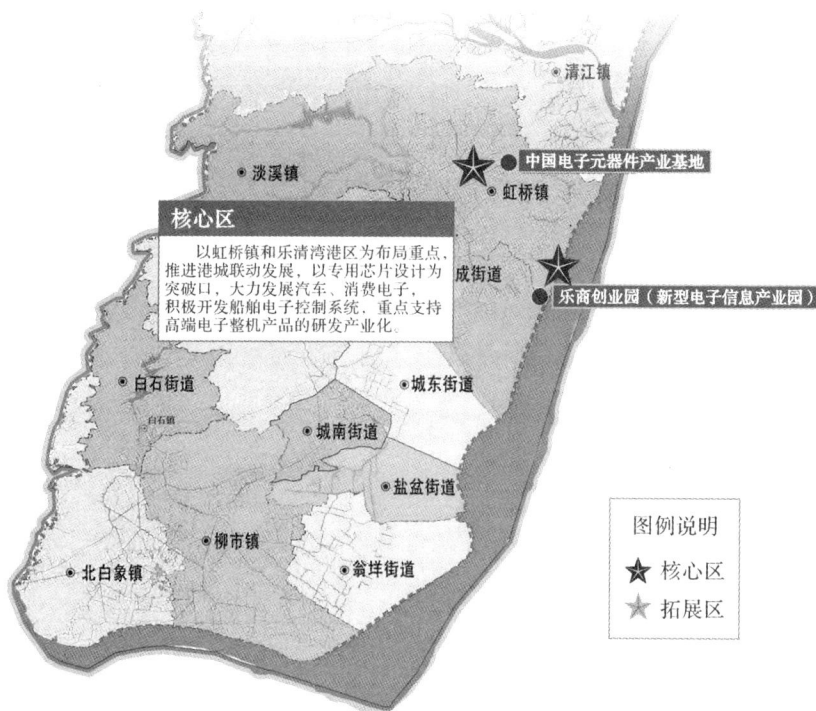

图 4-11　电子信息产业空间布局

产品替代进口为发展目标，加快高端装备制造向精益化、成套化、绿色化方向发展，巩固提升精密模具、数控机床、气动工具等高端基础装备的精益智造优势，优化提升船舶制造、能源装备等高端成套装备的先进制造优势，改造提升表面处理等基础工艺的绿色制造能力，为形成并巩固工业电气整机和电子信息成套设备的持久竞争力提供基础、高端支持。

　　——精密模具。推进建设、重点发展既能满足大批量需要、出口前景好，又有较高技术含量，特别是目前国内尚需大量进口的模具和能代表发展方向的精密模具、大型模具及轻量化模具。重点支持发展为集成电路、手机、液晶显示器等电子信息产业配套的精密塑料模，引导开发以船用发动机为主的大型精密铸造模具，研发适应低碳化和产品轻量化的高强板热压成形模具、铝合金成形模具。

——数控机床。以发展数控机床为主导、主机为龙头、完善配套为基础,重点突破数控系统和功能部件薄弱环节,加快高档数控机床产业化。引进改造满足工业电气、船舶工业发展需要的重型机床,加快高速、高精多轴通道下一代数控系统研发,密切跟踪战略性新兴产业的发展,并为其提供先进适用的机床工具装备。

——气动工具及钻头。推进建设"中国气动元件制造出口基地",注重采用新材料、新工艺,综合应用新技术,加快气动工具向轻型化、微型化、模块化、智能化、无给油化、组合集成化、机电一体化、系统成套化、节能环保化以及低功耗、低噪音、高精度、高速度、高响应、高可靠、高寿命、高安全方向发展。推广应用全自动铣槽机、数控土铣机、冷轧机等先进设备,加快钻头制造过程中冲料、平头、仪表、无心磨等工序的一体化。

——船舶制造。掌握一批装备制造业的核心技术,培育一批拥有自主知识产权、具有较强国际竞争力的大企业,优化产品结构,壮大巴拿马型散货船、集装箱船及油轮(含成品油轮)等主力船型的产业规模,在游艇领域引导发展油轮、游艇,在特种船舶领域重点支持发展渔政海事海监海警船等,在海洋工程船舶领域积极突破海洋工程装备、工程船舶、高速客船、液化气船等高新船舶的核心关键技术。积极加强与本地企业的配套协作,开发一批技术水平国内领先国际先进的重点产品,提高泵阀管线、电机电气、仪表仪器、电子导航等船舶配套产品的本地化率。

——能源装备。重点推进大功率风电机组研制和产业化,加快提升发电机、齿轮箱、大型结构件等风电配套产业关键零部件的技术水平和制造能力。积极发展水电、潮汐能、洋流能发电装备产业。大力发展特高压等大容量、高效率先进输变电技术装备、分布式电源储能利用与传输装备,积极推动研制智能电网关键设备。

——表面工程。继续推进建设围垦区内 510 亩的电镀基地,高标准、高起点建设电镀作业区、污水处理区、危险品仓库,优化完善供热、供气、物流、金融服务机构以及员工宿舍等配套设施。要坚持总量控制、择优发展、堵疏结合、打击和扶持并重,坚决取缔排污条件差、环保意识弱、污染危害重的小型电镀企业或挂靠企业,淘汰 1 万升以下的电镀企业,加快电镀企业接入监管系统,加快形成全市联网的环境污染自动监管平台。支持大企业进入电镀基地发展,向高规模化、高自动化、高清洁化方向发展。

（2）重点产业链主要内容（见表 4-8）

——船舶修造及海洋工程装备产业链。稳固主力船型国际市场,积极开拓海洋工程装备及特种船市场,打造船舶修造及海洋工程装备产业链。

——风电装备产业链。围绕风力发电的关键技术突破和产业化项目,重点打造风电装备产业链。

表 4-8　重点产业链（三）

序号	名称	产业链主体内容
4	船舶修造及海洋工程装备产业链	[10 万吨级、15 万吨级船台和船坞]——[泵阀舵锚、电机电器、仪器仪表、电子通航、船舶舾装]——[大型钢构加工、气囊下水、机加工、冷加工、运输起吊、管子加工、船舶清洗、表面处理、船用电缆电线切割配送]——[中高端游艇,油船、海监船、科考船、液化气船等高技术、高附加值船舶和特种船舶,采油树等海洋工程装备]
	产业链骨干企业	欣顺、中欧、庄吉、赖仕雷恩游艇、春风控股
5	风电装备产业链	[模具,特大重型合金铸钢件、锻钢件,机舱罩,桨叶,光伏逆变器,新能源智能置换装置,新能源电涌保护器,新型风机叶片制造技术,冷加工和热加工关键技术,变频变桨控制和驱动设计制造技术]——[高速齿轮箱、叶片、塔筒、主轴、偏航系统、润滑系统以及整机控制装置]——[陆上、海上成套机组,3 兆瓦～6 兆瓦级风机,直驱式发电机组设计制造技术、液压式主传动发电机组设计制造技术]——[自动化控制系统技术,数字化风力发电场调度控制技术,变压器(变电站),数字化风电场调度控制系统,并网控制系统,新型用电管理系统]——[总装技术,运输及吊装设计技术,风电场建设]
	产业链骨干企业	正泰、华仪风能、钻宝电子、胜武实业、慎江阀门、鸿宝电气、乐清华泰复合材料有限公司、乐清玻璃钢厂

（3）产业转型升级路线图

加快发展高性能、高技术含量、高附加值的高端装备产品，重点推动精密模具、数控机床、船舶制造、能源装备等行业集聚发展，推进建设中国精密模具产业基地（虹桥分区）和临港产业基地（见图4-12）。

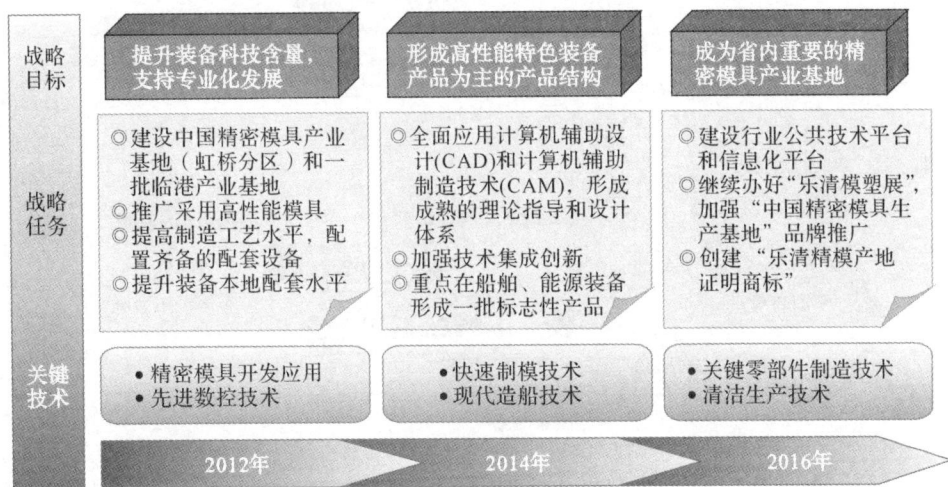

战略目标	提升装备科技含量，支持专业化发展	形成高性能特色装备产品为主的产品结构	成为省内重要的精密模具产业基地
战略任务	◎建设中国精密模具产业基地（虹桥分区）和一批临港产业基地 ◎推广采用高性能模具 ◎提高制造工艺水平，配置齐备的配套设备 ◎提升装备本地配套水平	◎全面应用计算机辅助设计(CAD)和计算机辅助制造技术(CAM)，形成成熟的理论指导和设计体系 ◎加强技术集成创新 ◎重点在船舶、能源装备形成一批标志性产品	◎建设行业公共技术平台和信息化平台 ◎继续办好"乐清模塑展"，加强"中国精密模具生产基地"品牌推广 ◎创建"乐清精模产地证明商标"
关键技术	•精密模具开发应用 •先进数控技术	•快速制模技术 •现代造船技术	•关键零部件制造技术 •清洁生产技术
	2012年	2014年	2016年

图 4-12　高端装备制造业转型升级路线

（4）产业空间布局

以虹桥、乐清湾港区、乐清经济开发区和柳市新区为布局重点，加快推动精密模具、表面工程、船舶制造、能源装备等产业集聚发展，着力打造一个浙南临港产业强区（见图4-13）。

2. 新材料产业

（1）发展重点与发展方向

依托工业电气和电子信息两大支柱产业，重点提高工业电气新材料和电子信息功能材料等配套材料的国产率，获取原创性成果，抢占战略制高点，力争掌握一批具有自主知识产权的核心技术，加快推动科技成果产业化步伐和产业规模化发展。围绕材料换代升级，建立技术创新联盟和公共服务平台，组织实施重点新材料

图 4-13　高端装备制造业空间布局

关键技术研发、产业创新发展、创新成果产业化、应用示范和创新能力建设等重大工程,发挥引领带动作用,促进新材料产业规模化发展。

　　——工业电气新材料。顺应高速列车、汽车、航空航天等领域工业电器发展需要,加快开发高性能电触头复合材料、智能材料、超导材料,积极拓展新型铜合金材料及非晶合金材料品种,鼓励发展金属基复合材料、高性能焊接材料和电接触材料。

　　——电子信息功能材料。大力发展功能陶瓷材料、半导体材料、纳米材料,大力发展功能陶瓷原料粉体、片式多层功能陶瓷器件及其配套材料。

　　(2)重点产业链主要内容

　　——工业电气新材料产业链。围绕高性能电触头复合材料器的关键技术突破和产业化项目,重点打造工业电气新材料产业链(见表 4-9)。

表 4-9　重点产业链(四)

序号	名称	产业链主体内容
6	工业电气新材料产业链	[特种金属,铜、银、陶瓷材料,玻璃钢]——[熔炼内氧化系列,粉末冶金系列,线材,铆钉]——[银氧化镉系电触头产品的替代品(如银氧化锡、银氧化锌等),高性能电触头复合材料]——[纳米材料,半导体键合金丝,高性能铝镍钴产品、Y35 铁氧体,钕铁硼、钐钴等系列产品,高温热双金属、超高电阻、电热合金等新型材料品种]
	产业链骨干企业(初拟 6 家)	温州宏丰电工合金股份有限公司、佳博科技、乐清华泰复合材料有限公司、浙江超微细化工有限公司、慎江阀门、浙江乐银合金有限公司

(3)产业转型升级路线图

围绕工业电器、电子信息产业发展需要,按照"生产一代、开发一代、预研一代"的发展战略,加大新材料产业关键技术攻关力度,积极推动下游应用,不断提升产品质量(见图 4-14)。

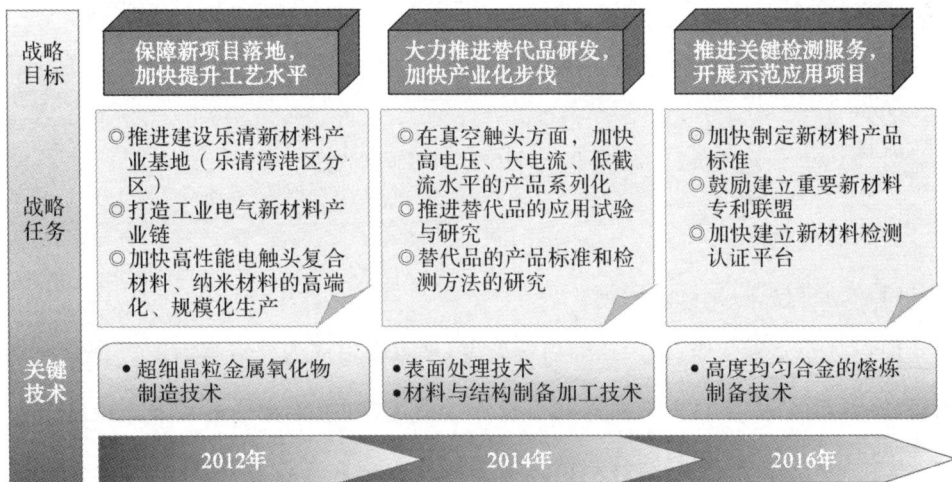

图 4-14　新材料产业转型升级路线

（4）产业空间布局

以柳市新区和北白象工贸功能区为工业电气新材料的核心区，以乐清湾港区为电子信息功能材料的核心区，辐射乐清经济开发区，加快形成一批配套能力较强的产业基地（见图4-15）。

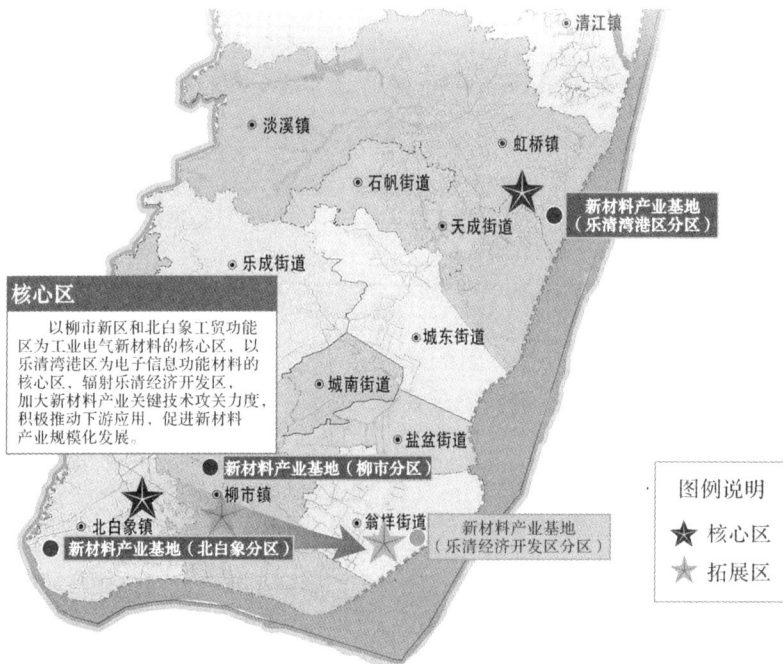

图 4-15　新材料产业空间布局

3. 物联网产业

（1）发展重点与发展方向

加强对外交流合作，加大招商引资力度，重点吸引国内外有实力的大企业大集团、科技创新团队、项目承包商来我市投资智能电网、智能交通等产业。鼓励关键设备生产、系统集成、网络运营和信息增值服务等企业实施兼并重组，形成一批实力雄厚、品牌价值高的物联网大企业集团。

——智能电网。一是智能输电设备:(1)特高压、超高压交直流一次和二次设备研发;(2)实施输电线路集中监测,加大灵活交流输电技术应用研究和推广力度;(3)加强高温超导技术、高压直流输电技术、轻型直流输电技术的研发和应用研究;(4)建设智能化变电站,支撑电网实时控制、智能调节、用户互动等高级应用。二是智能配电设备:(1)更加经济、可靠、先进的传感、通信和控制终端技术;(2)智能配电网控制理论和方法,电网自愈控制技术;(3)分布式电源并入配电网运行控制与保护技术;(4)研究利用电力电子技术,实现电能质量控制和电能的灵活分配,降低损耗,提高供电可靠性和电能质量。三是智能调度系统:(1)一体化智能调度支撑技术;(2)特大电网智能运行控制技术;(3)一体化调度计划运作平台和大型可再生及分布式能源接入控制技术;(4)一体化调度管理技术。四是智能变电站:(1)先进的通信、信息、自动控制、人工智能技术,对电网运行数据进行统一断面无损采集,建立变电站实时全景模型。(2)智能电网海量实时信息应用及信息体系架构技术,研究智能电网中变电站广域关联、配合、交互技术,研究智能电网广域信息交互及信息安全防护技术,研究智能变电站运维和试验技术。(3)研究一次设备的智能化,使一次设备具有自我检测、自我诊断和自我控制功能。研究采用电力电子技术的智能设备。(4)研究智能变电站的相关技术、标准体系。

——智能交通。一是车载智能装备:(1)先进防撞技术。开发新一代车载电子装置、车辆自动驾驶设备,研制与开发使用驾驶员驾驶能力和精神状态自动检测仪表。(2)"车辆—交通设施协作"系统。引进、吸收、再开发车内信息处理设备、故障诊断/预警设备、辅助驾驶设备和一种能自动介入的安全设备。二是智能指挥系统:(1)先进的交通管理技术。开发"车辆—道路自动化协作系统"和"设施—车辆运输自动化系统",具备智能地、自适应地管理各种地面交通的能力,能实时地监视、探测区域性交通流运行状况,快速地收集各种交通流运行数据,及时地分析预测交通流的变化,制定最佳应变措施和方案。(2)区域性交通网络管理技术。在超越地区界限和运输方式的前提下,"无间隙"地整合起来,实现一体化的运行目标。(3)跨平台交通网络管理技术。道路智能交通平台、水路运输智能交通平台、铁路和轨道智能交通信息平台、航空运输智能交通信息平台建设。三是智能应急系统与装备:(1)开发交通事故自动检测、通报和应变技术。(2)保障交通安全、防止交通事故、提供事故救援和快速恢复事故现场的交通秩序。(3)应急能源与动力装置、应急通信与信息设备。

(2)重点产业链主要内容

——智能交通产业链。围绕乐清湾港区开发建设,推进电子警察、视频监控、交通安全及设施、道路交通诱导、物流信息化、电子口岸通关建设,构建智能公交平台、智能设施平台、智能物流平台、智能监控平台,以示范应用项目建设引导完善智能交通产业链(见表 4-10)。

表 4-10　重点产业链(五)

序号	名称	产业链主体内容
7	智能交通产业链	[智能视频监控,道路路面检测,机动车检测,车联网,基于视频、音频、温度、压力、重量、流量、位移、加速度等监测设备信息采集的数字化、网络化技术,高速公路不停车收费电子标签、路侧设备及基础集成电路和智能卡技术与产品]——[汽车智能信息交换系统,交通监控系统,安防系统,调度系统,高速公路收费、监控、通信等机电系]——[智能交通系统解决方案,智能配电网自愈控制及管理系统]——[智能交通建设总承包]
	产业链骨干企业(初拟 4 家)	路之遥电子有限公司、虹达电子有限公司、浙江紫瑞电子有限公司、浙江恩光车业有限公司

(3)产业转型升级路线图

推进建设乐清物联网产业基地,重点打造智能交通产业链,组织一批技术攻关项目,发展一批优势骨干企业和一批下游应用项目承包商,加快推动智能电网、智能交通等领域的技术应用(见图 4-16)。

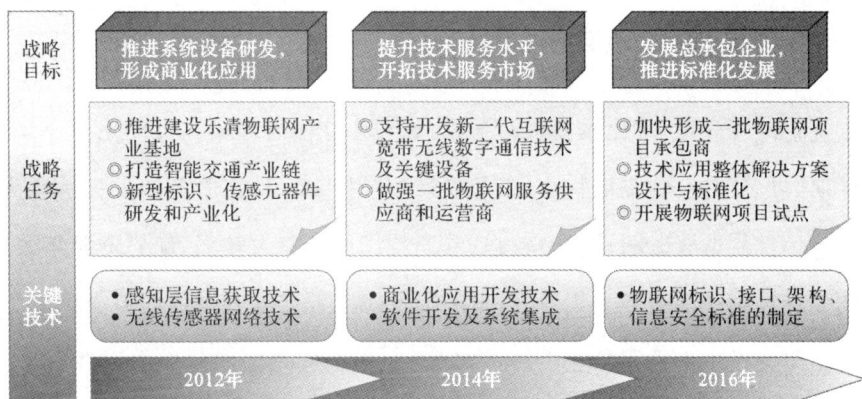

图 4-16　乐清市物联网产业转型升级路线

（4）产业空间布局示意图

以柳市新区、乐清经济开发区为核心区块，推进智能电网、物联网产业基地建设；以虹桥为核心区块，推进智能交通产业基地建设（见图 4-17）。

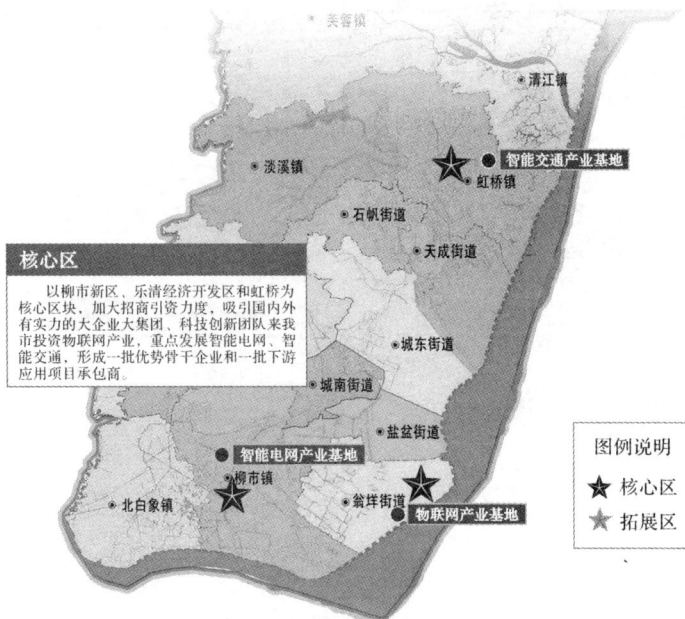

图 4-17　物联网产业空间布局

(三)做优做强先进生产性服务业

以优化商务环境、优化企业资源配置、优化供应链管理模式及优化商业运营模式为导向,以总部经济、临港物流、工业设计、金融服务、科技服务和工程承包为主,努力打造一批制造服务联动能力较强、专业技术服务能力较强、优势资源集聚能力较强的先进性生产性服务业集聚区,不断提升对工业转型升级的服务支撑能力,努力打造温州先进生产性服务业发展的极核,成为全省重要的先进生产性服务业基地(见图4-18)。

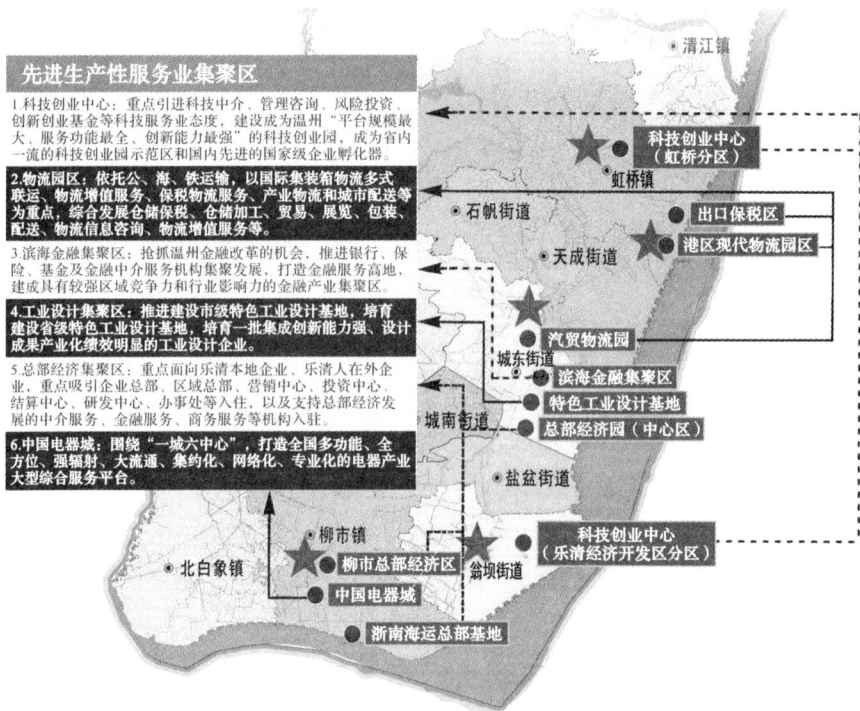

图 4-18　先进生产性服务业空间布局

——科技服务。积极创建生产力促进机构、科技创业服务机构及公共科技平台,构筑科技服务支撑载体。重点发展基础技术支撑、行业应用、增值服务和外包服务。加快发展研发创新服务、信息网络技术服务、节能环保技术服务、检验检测技术服务、技术交易与技术咨询服务、知识产权及认证、技术转让及交易服务等科技服务业。

——临港物流。支持发展海运企业,加快乐清湾定线制航路建设,建设"海上高速公路",大力发展远洋运输。按照"现代化、高效化、智能化"的发展要求,加大物流新技术开发利用力度,加强综合临港物流体系建设,加快构建快速物流运输平台和物流信息平台。积极培育第三方物流企业,搭建临港物流基地和信息平台,争取设立出口保税区。

——金融服务。大力推进温州市金融综合改革试验区建设,积极构建银行类服务、保险服务、证券服务以及非银行类投融资服务等四大金融服务体系,积极加快金融主体培育,鼓励设立银行、保险、中小企业融资担保机构、乡镇银行等多元化金融机构;重点发展风险投资、金融担保、信托以及证券融资等非银行类金融服务。

——工业设计。推进建设面向省级工业电气块状经济向现代产业集群转型升级示范区和电子信息产业转型升级的特色工业设计基地,支持申报省级特色工业设计基地,培育一批集成创新能力强、设计成果产业化绩效明显、为国内著名制造企业提供工业设计的专业企业。利用现有公共服务平台、总部经济大楼或标准厂房,吸引专业工业设计企业和工业设计人才集聚,引进一批有利于推动当地块状经济产业发展的工业设计企业。引导工业企业加大设计创新投入,支持企业建立工业设计中心,组织开展省级工业设计中心认定。加快工业设计成果产业化,加强工业设计知识产权应用和保护,积极探索建立工业设计知识产权交易平台。

——总部经济。大力发展集"研发设计、运营管理、集成制造、营销服务"为一体的企业总部和总部经济基地。引导乐清当地企业通过资源整合和经营模式创新,从分散生产、经营向总部经济转变,重点支持工业行业龙头骨干企业发展总部经济,引导市外、海外乐商总部回归,积极引进国内外大型企业来我市设立集团总部或区域总部,打造总部型跨省跨国企业集团。

——工程承包。推动政府服务外包,以市场化机制推进战略新兴产业示范应用项目建设。依托政府服务外包企业和示范应用项目建设规范,加快研究制定一批新产品技术标准、项目建设标准,完善示范应用项目的建设和运行管理体制。培育发展一批专业特点突出、技术实力雄厚、国际竞争力强的对外工程承包与建筑服务的大企业、大集团,要密切结合产业的深度开发和区域市场的深度开发,力争在国内的战略性新兴产业示范应用项目建设领域占主导地位。

四、乐清工业强市建设的重点任务

围绕乐清工业强市重点产业领域,加强创新驱动、融合引领和开放带动。扎实推进工业强市建设,积极谋划大平台、培育大产业,着力"推进四大服务平台建设"和"推进四大集聚区建设",努力做强平台、做强产业;加快建设大企业、培育大品牌,着力"实施四大工程",努力做强企业、做强品牌。

(一)推进四大服务平台建设

重点推进一个对外开放平台建设和四个工业强区(镇)建设(见图4-19)。一是以申报设立海峡两岸经济合作试验区为契机,借助我国台湾地区科技创新优势改造提升传统制造业,借助我国台湾地区服务业发达的优势促进现代服务业发展。认真编制全市对台发展规划,依托"一湾五区"(一湾即乐清湾,五区包括雁荡山山海旅游区、乐清湾港区、乐清滨海新区、乐清经济开发区和柳市新区),全力打造对接海西经济圈的承托区,形成全国新的台商集聚区、浙江对台新平台和温州"两海两改"的前沿阵地。二是推进建设乐清湾港区(虹桥镇)、乐清经济开发区、柳市新区和北白象工贸功能区四个工业强区(镇),加快开放发展,支持申报省级工业强镇试点。三是加强海关特殊监管区建设,推进乐清湾港区口岸开放,扩大七里港区水陆域开放范围,提高公共保税仓库和出口监管仓的运营效益,探索设立保税区。

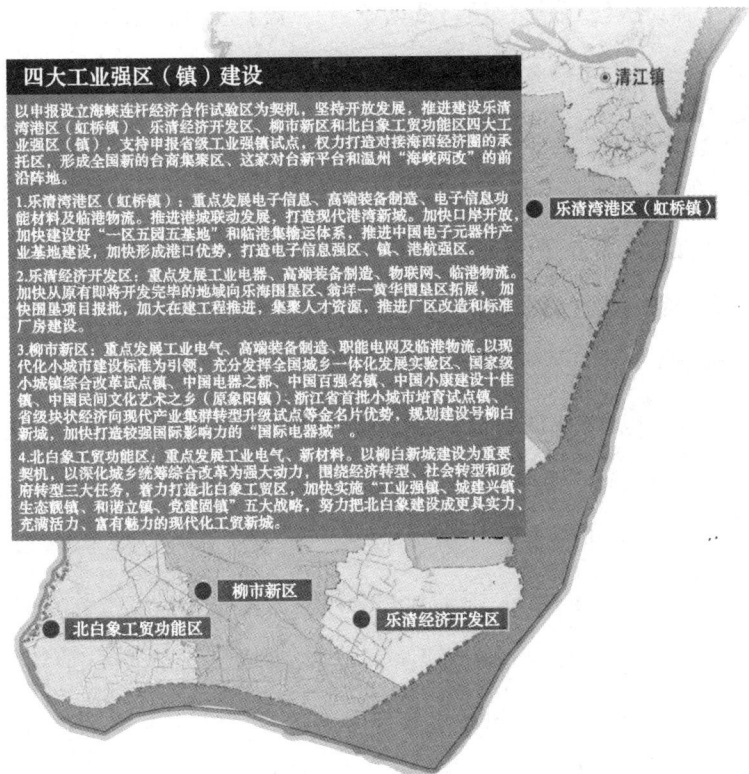

四大工业强区（镇）建设

以申报设立海峡连杆经济合作试验区为契机,坚持开放发展,推进建设乐清湾港区(虹桥镇)、乐清经济开发区、柳市新区和北白象工贸功能区四大工业强区(镇),支持申报省级工业强镇试点,权力打造对接海西经济圈的承托区,形成全国新的台商集聚区,这家对台新平台和温州"海峡两改"的前沿阵地。

1.乐清湾港区(虹桥镇):重点发展电子信息、高端装备制造、电子信息功能材料及临港物流。推进港城联动发展,打造现代港湾新城。加快口岸开放,加快建设好"一区五园五基地"和临港集输运体系,推进中国电子元器件产业基地建设,加快形成港口优势,打造电子信息强区、镇、港航强区。

2.乐清经济开发区:重点发展工业电器、高端装备制造、物联网、临港物流。加速从原有即将开发完毕的地域向乐海围垦区、翁垟一黄华围垦区拓展,加快围垦项目批抵,加大在建工程推进,集聚人才资源,推进厂区改造和标准厂房建设。

3.柳市新区:重点发展工业电气、高端装备制造、职能电网及临港物流。以现代化小城市建设标准为引领,充分发择全国城乡一体化发展实验区、国家级小城镇综合改革试点镇、中国电器之都、中国百强名镇、中国小康建设十佳镇、中国民间文化艺术之乡(原象阳镇)、浙江省首批小城市培育试点镇、省级块状经济向现代产业集群转型升级试点等金名片优势,规划建设号柳白新城,加快打造较强国际影响力的"国际电器城"。

4.北白象工贸功能区:重点发展工业电气、新材料。以柳白新城建设为重要契机,以深化城乡统筹综合改革为强大动力,围绕经济转型、社会转型和政府转型三大任务,着力打造北白象工贸区,加快实施"工业强镇、城建兴镇、生态靓镇、和谐立镇、党建固镇"五大战略,努力把北白象建设成更具实力、充满活力、富有魅力的现代化工贸新城。

图 4-19　四大工业强区(镇)建设

推进科技创新平台建设。围绕产业创新技术需求,以解决行业发展共性关键技术为目标,大力推动龙头企业、政府、行业协会三个层面的技术研发平台建设。一是在工业电气、电子信息、新材料三个产业中选择技术创新能力较强、资金实力较强和人才储备较充足的企业,建设国家级技术中心5家以上,省级企业技术中心35家以上,企业研究院和产业技术创新战略联盟6家以上。支持企业创新研究院的商业运作模式,不断满足企业现阶段对技术的需求,加快推动企业未来技术进步,提高行业研发成果的转换率。二是以乐清经济开发区的科技孵化创业中心和标准厂房建设为依托,做强科技创业中心(乐清经济开发区分区);以虹桥镇市科技创新园建设工程为依托,加快建设科技创业中心(虹桥分区);抓住柳市国际电器城建设新机遇,依托乐清市质量技术监督局,进一步提升乐清市质量技术监督检测院的技术检测能力;规划建设高新技术产业园区,进一步完善区域科技创新体系。三是以现有的实验室和检测平台为基础,以行业技术创新联盟为纽带,加快整合筹建浙江省工业电气公共科技服务中心,构建与大中型企业研发机构协调互补的公共科技创新服务平台。四是推进建设面向工业电气块状经济向现代产业集群转型升级示范区和电子信息产业转型升级的特色工业设计基地,支持申报省级特色工业设计基地。五是实施"科技提升千百万计划",即5年内开发新产品1000项以上,实施国家火炬、星火、重大高新技术产业化和创新基金项目150项以上,获授权专利数15000项以上,其中发明专利800项以上。

推进人才资源平台建设。一是建设一个高端人才培育基地和一个高端人才资源市场。推进教育园区建设,办好职业技术学校,争取引进建设一所大专院校,培育企业急需人才和高级技工。规划建设新的高端人力资源市场,方便企业引进各类人才。二是加快高级人才安家工程建设。加快高级人才生活区、人才大厦、人才公寓和大学生公租房等项目建设,加快高级人才在乐清安家落户,切实解决人才"留住难"问题。三是培育一支高端人才队伍。贯彻实施浙江青年科学家培养计划,积极开展与中央、省、市有关部门、高等院校和科研院所的人才战略合作,支持企业通过高校引进国际科技专家、留学生到企业研究院挂职工作,支持省内高校、科研机构的科技人员到我市企业研究院工作,完善配套科研资金支持,力争到2016年形成1~2家拥有100名以上科研人员的企业研究院。对全市50家重点企业的1000名专业技术骨干、高级经营管理人员和学术技术带头人进行重点培养,造就一支技术实力过硬、经营管理素质高、研发创新能力强的高端人才队伍。开展城镇劳动者科学素质行动,提升企业职工素质水平。继续实施农村劳动力素质提升工程,积极扶持农村实用人才创业兴业。

推进展示展销平台建设。一是尽快启动会展中心建设,扩大会展规模,提升会展档次,增强"中国电器文化节"、"国际电工产品博览会"、"乐清模具设备及塑料机械展览会"等展会的品牌影响力。二是强化营销网络的支撑推动作用,鼓励企业进行营销模式的创新。在传统的现货交易方式基础上,依托中国工业电器网(www.cnelc.com)、中国模具网(www.mj688.com,乐清市机械模具协会主办)、阿里巴巴(www.1688.com)等专业门户网站,打造"乐清工业电器"网上展示展销平台。三是支持"中国电器城"发展电子商务、网上交易、期货、集中委托上市和拍卖等交易方式,实现无形市场和有形市场相结合。支持企业集团加快门户网站建设,优化品牌产品网上展示平台。

(二)推进四大集聚区建设

推进工业电气块状经济向现代产业集群转型升级示范区建设,打造超千亿的工业电气产业集群。以柳市新区和北白象工贸区两个功能区为主要集聚区域,推进标准厂房建设和产业基地建设,进一步整合优化提升柳白片的电工电气产业功能区,努力打造具有较强国际竞争力的千亿级现代产业集群和国家新型工业化示范基地。重点是规划建设25平方公里的柳白新城,启动建设1100亩的"一城六中心",即中国电器城和电器展销中心、科技服务中心、质量检测中心、现代物流中心、金融服务中心和商务中心六个中心,推动我市千亿级工业电器产业集群加快向产业链高技术领域、价值链高附加值环节攀升。

推进临港产业集聚区建设,培育千亿级临港产业集群。按照国家加快浙江海洋经济发展示范区建设的战略部署,主要依托乐清湾港区乐商创业园、高新技术产业园、循环经济示范园、新兴海洋产业园、高科技电缆产业园五大园区和港口物流基地、船舶制造基地、新能源生产基地、风电装备制造基地、海港旅游基地五大基地建设,进一步加快乐清湾港区新型临港产业基地建设,培育壮大港口物流、船舶制造、风电装备等临港产业,努力打造千亿级临港产业集群,使其成为乐清新一轮发展的主战场和经济腾飞的新引擎。

推进现代服务业集聚区建设,培育现代服务业产业集群。按照国家推进温州金融综合改革试验的战略部署,建设滨海金融集聚区,为工业发展提供强有力的金融支撑。抓好总部经济园、特色工业设计基地、现代物流园等项目建设,大力培育总部经济、工业设计、现代物流等生产性服务业,加快"优二进三"步伐,做大做强城市经济、楼宇经济;同时,抓好乐成中心城区的城市综合体、文化产业园、汽贸物流园、雁荡山旅游综合体等项目建设,大力培育商贸、文化娱乐、旅游等生活性服务业,促进先进制造业和现代服务业融合发展。

推进乐商回归创业集聚区建设。积极响应省委、省政府号召,把支持乐商回归创业投资作为工作重点,大力实施乐商回归工程,努力促成优势企业回归、优质项目回流、优秀人才回乡。在强化鼓励乐商创业创新政策的同时,重点要搭建好平台,抓好总部经济园建设,加快乐清湾港区、乐清经济开发区两个乐商创业园建设,在留住本地上规模、上档次企业的同时,招回一批具有"高、精、大、优"特征的在外乐清人企业,努力打造乐商总部。同时,要通过专门召开乐商回乡创业投资洽谈会、新春团拜会、建立联络处等方式主动找商引商,主动带着项目上门招商或发动乐商带着项目回归。

(三)实施四大工程

实施龙头企业引领工程。确定一批成长性好、发展潜力大的企业列入市级重点培育名单,争取培育成为温州市龙头企业、省级龙头企业,对市级龙头企业实行动态管理。重点围绕总部型、品牌型、上市型、高新型、产业联盟主导型的龙头骨干"五型"企业建设目标,培育形成年产值超 100 亿元企业 3 家以上,引进培育总部型企业 10 家以上,新增品牌型企业 10 家以上,上市型企业 5～10 家,产业联盟主导型企业 2 家。依托龙头企业,培育建设 7 条重点产业链。在要素供给、金融支持、财政奖励、审批等方面给予重点扶持,发展一批持续创新能力强、经济效益好、市场占有率高、在国际或国内同行业处于先进水平的龙头骨干企业。支持龙头骨干企业通过兼并重组、品牌经营、虚拟经营等现代方式整合本地中小企业,提高产业集中度;支持龙头骨干企业利用全球范围内的先进技术、知名品牌、市场渠道和高端人才,向跨省、跨国企业集团发展。

实施小微企业培育工程。按照"创业、培育、成长"三位一体的要求,全面推进创新型成长企业培育计划,加大政策扶持和服务力度。围绕 7 条重点产业链,重点引导和支持 100 家中小微企业向"专、精、特、新"方向发展,积极与大企业、行业龙头企业开展专业化协作配套,开展多种形式的经济技术合作,建立稳定的供应、生产、销售等协作关系。鼓励一批传统产业的中小企业利用区位优势,进一步提升产业层次和产品档次。鼓励科技人员创业,每年孵化 3～5 家科技型中小企业,进一步优化产业结构。积极构建小微企业人才资源开发和培养、技术开发、信息咨询、金融保险和市场销售服务体系,完善小微企业的社会化服务体系。加快标准厂房建设,优先解决上述 100 家中小微企业和科技型中小企业的发展空间和项目落地问题。

实施提质创牌工程。一是管理提档。培育质量管理先进单位、管理示范企业 10 家以上,示范带动其他企业开展以现场管理、流程管理、成本管理和制度建设为主的精细化管理,降低企业生产经营成本,提高现代企业管理水平。二是产品提新。坚持以市场为导向,鼓励企业加快产品更新换代步伐,开发适销对路的新产品、高端产品和差异化产品,提高我市工业产品附加值。每年评选市长质量奖企业

3家,并以市长质量奖引导企业实施卓越绩效管理模式。三是品牌提质。切实实施质量强市和商标品牌战略,引导企业依靠先进技术和过硬质量争创驰名商标和名牌产品,积极参与制修订国际、国家(行业)标准。力争到2016年,新增省级以上区域名牌(区域品牌)2个,中国驰名商标、浙江省著名商标、浙江省名牌产品累计分别达到80个、100个、80个。四是安全提稳。大力实施安全生产标准化创建工程,强化企业隐患排查治理工作,实现事故控制指标零增长。

实施"两化"融合工程。以省工业电气产业集群"两化"深度融合试验区建设为契机,充分发挥信息技术对传统产业改造、新兴产业培育的巨大作用。试点培育信息化总部企业5~10家,支持申报省级信息化总部企业试点。推广一批信息化示范带动项目,提高工业信息化指数。大力推广CAD/CAM/ERP/SCM/CRM等信息系统在企业的研发、产品设计、工艺设计、生产管理、产品检测和市场供销等环节的应用。鼓励以重点龙头企业为中心,建立企业供应链管理信息化系统,联结上下游企业,实现企业之间因外购、外协需求建立的生产设计协同、服务协同及电子商务。

五、保障举措与实施机制

(一)保障举措

1. 完善一套工业标准规范及准入条件

针对技术创新能力不强、缺乏关键核心技术、高端产品少等现状,从源头抓起,加快重要领域的标准制定,完善技术标准体系和准入条件,夯实产业发展的技术基础。

以工业电气、电子信息和高端装备制造、新材料、物联网等"2+3"产业为重点,积极参与或主导行业标准和重要产品技术标准体系的制(修)订。通过试点探索综合标准化工作模式,同步开展产业链上各环节、各类产品的标准制定,形成重要领域标准全面覆盖和配套的局面,并在经费、计划安排和审批等方面给予优先和倾斜支持。加强标准化工作与科技重大专项、产业技术研发等工作的衔接,支持具有创新成果的企业联合开展标准制定,积极推动自主知识产权的技术上升为技术标准,促进自主创新成果的转化和应用推广,推动行业技术进步。围绕技术改造、自主创新、节能减排、淘汰落后、质量品牌、两化深度融合、培育发展战略性新兴产业、安全生产和职业危害等重点工作,组织制定标准和准入条件,发挥其引导和规范作用,满足产业发展需求。继续开展与国际标准对标工作,把对标的要求纳入计划立项和审批发布等标准制修订流程,积极采用国际标准,提升行业标准水平,加快与国际接轨。开展标龄满 5 年的行业标准复审工作,淘汰不适用标准,加快修订落后标准,提升标准的先进性、合理性和适用性,进一步完善技术标准体系。推动行业协会、标准化技术组织和企业在关注 ISO、IEC 和 ITU 等传统国际标准的同时,密切跟踪重要的区域标准化组织动态,关注其技术标准制定工作,及早规避国际贸易风险。加强对企业贯标、达标工作的指导和培训,落实达标备案企业的激励措施,促进工业产品质量提升。

2. 强化四种要素资源保障

针对部分资源要素没有完全市场化、配置效率不高的现状,着力加强要素资源配置机制创新,强化关键资源要素保障,重点是强化人才、土地、资金和用能四种要素资源的保障。

人才保障。坚持引、育、留、用并举,重点建设党政人才、企业经营管理人才、专业技术人才和高技能人才四支队伍,形成"领导人才—管理人才—技术人才—操作人才"四位一体的智力支撑。一是实施党政人才素质提升工程。构建理论教育、知识教育、党性教育和实践锻炼"四位一体"的干部培养教育体系,大规模开展干部教育培训工作,并选派干部到省市部门、其他省市交流挂职以及到企业、镇、街道、农村挂职锻炼。二是实施企业家和职业经理能力素质提升工程。培养造就一批职业化、现代化、国际化的优秀企业家,加强企业家二代的传承培训,打造一支高素质、创新型、复合型的职业经理人队伍,并建立企业高级经营管理人才库。三是实施专业技术人才知识更新工程。加强专业技术人才培训,完善创新型科技人才奖励机制,重点是根据温州市"580海外精英引进计划"和乐清实际,实施海外精英人才引进工程,创建乐清海外留学生创业园,加强海外退职、退休专业人才引进。四是实施浙江省"青年科学家培养计划"和"高技能人才队伍建设三年行动计划"。从高等院校、科研院所选拔一批青年科学家到重点企业挂职工作,在保障原有待遇不变的基础上,给予挂职研究人员一定额度的科研资金支持。构筑高技能人才交流平台,举办高技能人才论坛,成立高技能人才工作室,组织优秀高技能国内学习考察,定期邀请国内外专家传授各种新兴领域的知识和技能。

土地保障。鼓励港区、开发区、乡镇、街道开展滩涂围垦、建设用地复垦与低丘缓坡开发,整合功能区块,获取更多用地指标。加强政策研究,尽快实现海域使用权证换发土地使用权证。做好土地征收等工作,在可用土地指标范围内进一步加大可供利用土地的开发,努力拓展工业用地空间。进一步排查已供未动项目、闲置土地、闲置厂房资源,并建立政府主导的土地退让收购机制,对闲置厂房和土地进行依法收储和合理流转,以存量换增量。引导企业严格执行规定投入强度,集约利用土地,优化土地资源配置。通过申报省级重点建设项目,向上争取更多的戴帽土地指标。以"亩产论英雄"为指导,建立健全企业单位用地、能耗、全员劳动生产率、排放等为主的评价指标体系,按照贡献率大小分行业、分类别配置土地资源,优先支持省级块状经济转型升级示范区和省市级工业行业龙头骨干企业投资项目、技改项目的用地需求。探索设立乐清外产业园区,通过与中西部相关市县建立合作关系,突破土地资源局限。

资金保障。进一步整合财政性资金,集中力量支持一批对产业发展具有强劲支撑和拉动作用的大项目、拥有自主知识产权并具有较强带动力的龙头企业。在现有工业扶持资金框架下,探索建立针对创新型、成长型战略性新兴产业企业进行投资的引导基金,促进财政投入与风险资本结合。采用"1＋N"的方式加强银企对接,即搭建一个总体的对接活动平台,同时举办若干场专业对接活动,加强银行、金融机构与企业的对接。利用温州金融改革试验区建设契机,鼓励民间资本参与发起设立小额贷款公司和村镇银行,推动民间资金向产业资本转化。发挥已上市公司的财富效应,加大宣传与引导,邀请省金融办、市上市办等单位专家开展企业上市培训,帮助拟上市企业协调解决在上市过程中遇到的资产重组、募资项目确定、产权明晰等各种问题。支持符合条件的企业通过资本市场发行债券、可转换债券及其他证券衍生品种,由政府或协会帮助不够条件但效益较好的中小企业进行组合,发行中小企业集合票据。加大对已有金融创新产品的研究、引进和运用,如应收账款质押融资、知识产权抵押融资、承包经营权担保融资等,不断增强产业融资能力。

用能保障。加强对电力建设的政策支持,对规划中的电力设施用地及电力线路通道应在城市总体规划中予以落实,并加以控制和保护。强化工业用电、用能的集约节约利用,力争单位工业用电增加值、单位工业能耗增加值排名列入前五位。简化电力建设土地使用权审批手续,对需要征用的建设留用地应予以大力支持,对需要征用的基本农田的置换工作预先安排。对城镇中心区或繁华地带,需架空线入地或旧城改造时,加大电网建设资金的投入力度,特别是电缆管道预埋资金的投入,考虑列入市政配套工程项目中。协调电网建设与市政建设的矛盾,最大限度地避免重复建设,在新开发区域尽量做到电网建设与市政建设的同步。积极推进科技进步,采用新产品、新技术实现供电可靠性的提高,加强物资管理和设备全寿命周期管理。未来 5 年,共新(扩)建 110kV 变电站 16 座以上,改造变电站 1 座以上,新增变电容量 1460MVA 以上,新建 110kV 线路 24 回以上,总长度为 68.24km(折合单回 136.48km)以上(均按架空进线),预计共需投资 13 亿元左右,确保工业强市用能需求和市域生活用能需求。

3. 优化生产和生活两种环境

统筹推进工业化和城市化进程,优化生产和生活两种环境,重点建设六大生产性服务业集聚区和生活性服务业集聚区,加快发展以工业经济和都市经济为代表的现代服务业,做优做美城市环境,增强高端要素吸引力。

(1)六大生产性服务业集聚区

——中国电器城

规划位于柳白新城,由104国道与甬台温高速合围而成,占地面积约1200亩。重点围绕"一城六中心",即中国电器城、会展中心、电器展销中心、商务中心、金融服务中心、国际电工产品采购中心、物流中心,打造全国多功能、全方位、强辐射、大流通、集约化、网络化、专业化的电器产业大型综合服务平台。近期做好项目前期的可行性论证及相应的报批准备工作;抓紧做好"中国电器城"总体发展规划的编制和论证工作;适时启动控制性详细规划或详细规划编制工作;依据规划启动开发建设和招商引资工作。

——总部经济园

规划位于乐清市中心城区,北靠城市中心绿轴,西临城市快速路霖霄路,南面为主要城市干道旭阳路,东面隔滨江路为城市湿地公园与海面,分两期开发建设,一期100亩,二期120亩。重点面向乐清本地企业、乐清人在外企业,以及能够引进乐清发展的总部类企业,建设商务办公、金融服务、产品展示、信息交流、研发创新、配套服务等多功能协调发展的高端商务中心。近期加快基础设施建设,逐步启动总部型企业招商工作。

——科技创业中心

乐清市科技创业中心由两个片区组成,乐清市科技创业中心开发区片区位于乐清市经济开发区纬十七路,规划占地面积102亩,由综合办公楼、专家楼、研发生产区和生活服务区等功能区块组成,已经建成投入使用。乐清市科技创业中心重点包括综合孵化大楼、加速器(标准厂房)、研发中心、检测试验中心、配套服务区和生活服务区等几个功能区,重点引进科技中介、管理咨询、风险投资、创新创业基金等科技服务业态。近期重点搞好乐清市科技创业中心虹桥镇片区的建设工作,启动科技企业招商前期准备工作。

——港区现代物流园区

规划位于乐清湾临港产业基地,规划分南北两区开发建设,总占地920亩。物流园区南区位于港区集装箱码头后方,规划占地620亩,物流园北区位于铁路编组站以西,规划占地300亩。依托乐清港区及临港产业基地,依托公、海、铁运输,以国际集装箱物流多式连运、物流增值服务、保税物流服务、产业物流和城市配送等为重点,建设集仓储保税、仓储加工、贸易、展览、包装、配送、物流信息咨询、物流增值服务等为一体的大型临港综合物流园区。近期完善南区道路等基础设施建设,启动北区开发的前期论证,推进填海造地,启动相关前期可研论证及相关规划。

——滨海金融集聚区

规划位于乐清市中心城区,比邻总部经济园,规划占地100亩。重点以整合金融机构总部、吸引民营资本为核心,以吸引私募股权基金、各类投资公司、大型流通企业区域结算中心为重点,建设资本市场与零售金融服务业互补发展的金融集聚区,成为凝聚服务民资与民企的重要载体,服务地方经济发展的资本平台,乐清金融强市的重要支撑。重点引进银行、证券、理财、创投基金等各类风投、基金,产权交易中心,以及审计会计、法律咨询、项目评估、工商代理各类金融中介服务机构等金融服务业态。近期重点搞好基础设施建设,及时启动滨海金融集聚区发展规划,协调有关部门制定配套政策措施。

——虹桥现代商贸城

规划位于虹桥镇,东至中干河、西至虹港路,南至新 104 国道线、北至农田,占地面积约 150 亩。商贸城重点建设商贸服务、休闲娱乐、商住等几大功能区,重点引进现代商贸服务、商贸物流、高端精品商业、信息、中介服务及配套的商务办公、酒店、会展、文化娱乐等服务业态。近期重点做好项目启动前期的可研论证以及相关规划的准备工作。

(2)四大生产性服务业集聚区

——滨海城市综合体

规划位于甬台温高速乐清出口以东,占地面积 750 亩。重点建设以商业办公、商业休闲、高星级酒店、汽车 4S 店、特色餐饮文化娱乐、中高端居住为一体的现代城市综合体。重点发展酒店、商业、写字楼、商住楼、公寓及住宅等主要物业,以及楼宇经济、商业商务服务、商务会展、商业地产、休闲娱乐及康体保健等服务业态。近期做好前期可研论证,以及开发前期的规划等相关准备工作。

——文化产业集聚区

规划位于市政府东面,占地 318 亩。集聚区以文化公园为核心,以市民活动中心、图书馆和博物馆以及影城、剧院、音乐厅及文化馆等多功能文化综合体为主体,建设具有开放性、多功能性、包容性,建筑与大面积的广场和绿地、水体交相辉映,可以容纳各种不同类型的文化交流和展示活动,城市文化交流中心,成为乐清市的一张文化名片。近期重点搞好文化公园建设、文化服务设施建设,以及后期开发区域的规划及论证工作。

——雁荡山旅游文化综合服务区

服务区位于雁荡山镇,总占地 1100 亩,包括两个功能片区:雁荡山火车站旅游休闲服务区,规划占地 350 亩,重点建设具有雁荡山休闲旅游文化特色的吃、住、行、游、购、娱为一体的旅游休闲服务区;体育休闲旅游综合服务区,规划占地 750 亩,重点建设综合体育、休闲、旅游、服务为一体体育产业文化园区。服务区重点发展旅游购物、星级酒店、旅游商务、休闲体育、休闲娱乐、休闲美食、游客集散等旅游服务业态。近期重点做好总体发展规划及相关规划与建设启动的前期工作。

——南虹广场商贸中心

在市政府旁规划建设商贸中心,占地91.8亩。商贸中心以建设服务乐清、辐射周边的一流现代商贸区为目标,倾力打造融生态、商务、文化、旅游于一体的高端商业购物中心、商贸交流中心、商务服务中心、休闲及旅游购物中心。重点发展购物中心、百货商场、大卖场、酒店、服务式公寓、住宅、写字楼及文化休闲娱乐等服务业态。近期要重点加快南虹广场商贸中心建设步伐,积极策划、筹划招商选择工作。

4.优化工业强市政策及政府服务

针对政策扶持方向较为分散、政府服务职能还有待加强的现状,继续完善工业强市有关政策和优化政府服务职能,实现政策从分散支持调整到"扶优扶强",服务效率和效果得到大幅提升。

不断完善工业强市政策。围绕强企、强产业、强镇、强园区等目标,对现有促进工业发展的政策进行梳理调整,调整方向是由支持做大向支持做强转变,重点形成支持人才引培、自主创新、品牌建设和管理提升等方面的政策体系。人才、科技、土地、资金、用能和排放等要素的配置,要体现有保有压的原则,扶持企业和产业做强;要继续完善"乐商回归"优惠政策措施,吸引乐商回归;要通过项目示范、财政补贴、完善服务、价格杠杆等政策手段,加大对传统产业改造提升和新兴产业培育的支持力度;要从创新能力提升、市场开拓、优化环境、管理水平提高等方面,优化完善龙头企业和"专精特新"中小微企业的扶持;要鼓励电子商务、连锁经营、服务型制造和总集成总承包等新型商务模式的发展。市政府安排年增长幅度不低于10%的财政资金,作为工业强市专项资金,用于各项补贴和奖励。

不断优化政府服务职能。坚持"五个凡是",推进审批制度改革,即凡是老百姓的事都在社区办,凡是企业的事都在功能区和中心镇办,凡是老百姓在社区办不了的、企业在功能区和中心镇办不了的都由社区和功能区、中心镇代办,凡是哪一级的投资就由哪一级政府审批,凡是该下放的权利没有下放的,部门单位领导就到下面去办。坚持"五个一",督查推进重点项目建设,即:一位挂钩联系的市领导配备一名联络员;挂钩联系的市领导每月至少开展一次实地督促检查或听取项目进展汇报;联络员每半月至少开展一次实地督促检查;项目主管部门领导每周至少开展一次实地督促检查,对项目进度滞后或推进不力的单位,督促整改,确保项目按计划推进。制订实施工业发展的专项规划和工业结构调整规划,定期发布行业导向和布局指南,引导社会投资方向。每个部门要理清各个岗位的工作职责,做到分工明确、各司其职、责任到人,要进一步落实首问责任制,有效协调第一接待人员与内部各科室的关系,提高对外服务质量和内部运转效率。

(二)实施机制

1. 领导协调机制

依托已有的工业强市建设工作领导小组,加强领导小组办公室建设,办公室为全额拨款事业单位,核定事业编制5名,其中中层职位2名。其主要职责为:牵头组织编制、实施工业强市发展战略、中长期规划和年度计划;负责工业强市创建过程中工业产业结构战略性调整,拟订培育发展战略性新兴产业、改造提升传统产业的相关政策;组织拟订产业发展、产业结构调整和转型升级的政策措施;提出工业园区布局规划,对工业园区进行审核、上报、指导和日常管理;指导推进产业集聚区的建设;组织安排重点产业、重点企业、重点项目和经济环境调研,提出领导联系优势产业和重点项目方案,督促落实有关优惠政策,以及跟踪服务工作;负责与重点产业、重点企业、重点项目承办单位的日常联系和协调服务工作。

2. 建设推进机制

充分认识加快建设省级工业强市的重要性和必要性，将做强工业作为"牢牢把握实体经济这一坚实基础"的关键环节。对工业强市重点任务进行责任分解，切实发挥发改、经信、科技、国土、财政、商务、国税、经合等部门的职能作用，加强对建设省级工业强市工作的统筹推进，确保各项工作取得实效。在各乡镇街道、开发区成立工业强镇（区）推进领导小组，由主要领导任组长，与工业发展紧密相关的部门负责人为成员，以保证工业强市工作落实到乡镇街道和开发区。柳市、虹桥、港区、开发区等重点乡镇街道和开发区要相应开展"工业强镇"、"工业强区"活动。及时总结和宣传推广先进经验和创新做法，树立典型，在全市形成你追我赶、学比赶超的良好氛围。

3. 监督考核机制

加快建立工业强市、强镇、强企建设各项统计指标、监测体系和评价制度，科学、客观、真实、快速地反映产业及企业发展动态，定期发布有关数据，为市委、市政府科学决策提供依据。强化考核督查，将建设省级工业强市情况列入各重点工业发展平台的岗位目标责任制考核内容，建立定期督查制度，及时发现问题、解决问题，督促整改，狠抓落实，加快实现创建省级工业强市建设目标。重点由工业强市领导小组办公室督促、检查全市创建工业强市工作实施情况，组织年度考核和每月督查工作，面上工作每季度督查一次，重点项目每月督查一次。

（本文写作于 2012 年 9 月）

从传统制造迈向绿色制造

——湖州长兴工业强县建设研究

工业是长兴国民经济和社会发展的重要支柱。近年来，长兴坚持"工业立县"战略和"工业强县"方针不动摇，工业经济发展加快、效益提升、结构优化，取得了一定成效，形成了较好的发展基础。当前及今后一个阶段，进一步加快工业转型升级，推动工业经济做大做强，对加快建设县强、民富、景美、人和的"太湖望县、锦绣长兴"，具有重大战略意义。

一、现实基础

长兴历史悠久、底蕴深厚、区位优越，近年来县域经济综合实力持续提升，特别是在"工业立县"战略带动下，工业经济发展快速、特色明显，具备了创建工业强县的基础。

（一）有利条件

1. 电池、纺织、机电三大产业已具规模

长兴在工业经济总体规模平稳较快增长的同时，重点产业培育也取得突破，目前已基本形成了蓄电池、纺织、特色机电等三个主要产业。其中，蓄电池产业占全国电动车动力电池市场份额超 45％，被授予"中国绿色动力能源中心"；纺织产业总体规模位居全省前列，尤其是在无纺布和长丝织造领域优势明显，获得"中国长丝织造名城"称号；特色机电领域的仓储物流机械市场份额全球领先，电子元器件成功进入我国航天器制造的供应商体系，被称为"中国电子电容之乡"。

2. 区位、土地、用能三种资源条件较好

长兴地处沿太湖、宁湖杭和杭州湾"三大发展带"的交汇点，境内有"一条水道、两条国道、三条铁路、四条高速"，交通条件优越。随着长三角区域一体化进程加快，区位优势将进一步凸显。同时，长兴有较为充裕并可利用的低丘缓坡资源，且产业单位能耗有较大下降空间，可为优质工业项目落地提供用地和用能等资源保障。

3. 平台、企业、项目三类载体基础扎实

长兴已形成以一个国家级经济技术开发区和两个省级工业平台为核心的"三区五园"工业支撑平台体系。现有规模以上企业 547 家，江森、惠而浦、伊通等 7 家世界五百强企业，中钢、中建、华能等 3 家央企以及一大批国内外知名企业相继在长兴落户。2006 年至 2011 年，累计完成工业性投入 462 亿元。项目储备充足，其中亿元以上优质投资项目超 100 项，计划总投资近 500 亿元。

4. 理念、氛围、机制三项保障坚实有力

县委、县政府高度重视工业发展，各级各部门思想统一、理念一致，有利于全面调动一切积极因素推进工业强县建设。同时，通过扎实开展"两为两同"等专项行

动,营造了"扶工、兴工、强工"的浓厚氛围。在推动传统产业转型升级、新兴产业培育发展以及落后产能淘汰等方面建立了一套行之有效的工作机制,为工业强县建设提供了有力的制度保障。

(二)存在问题

近年来长兴工业发展已经取得一定成效,但从工业强县的标准来看,依然在体量规模、产业层次、发展质量等方面存在不足。

1. 总体规模不够大

2011 年,长兴规模以上工业总产值为 647 亿元、规模以上工业增加值为 130 亿元,高于全省平均水平,但与全省 14 个工业大县(市、区)相比,差距仍比较明显。

2. 产业层次不够高

长兴产业格局仍以传统制造业为主,纺织、建材等传统产业占比依然较高。以新能源、新材料为代表的战略性新兴产业尚处于起步阶段。研发设计和品牌营销等高附加值环节相对薄弱。规模以上工业增加值率仅为 20%,低于全国平均水平。

3. 发展质量不够优

企业创新能力不强,效益水平相对较低。2011 年,全县研究与试验发展(R&D)经费支出占地区生产总值比重为 1.62%;新产品产值率仅为 19.2%,低于全省平均水平。

二、工业转型升级的发展的主要思路与基本原则

(一)主要思路

贯彻落实科学发展观,深入实施"两创"总战略,坚持"工业立县"战略和"工业

强县"方针不动摇,坚定不移走新型工业化道路,以加快经济发展方式转变为主线,以改革开放为动力,以龙头企业培育为着力点,以产品创新升级为突破点,以产业竞争力提升为落脚点,调结构、重投入、强实体,深入推进"两化融合"和绿色发展,努力打造千亿元级工业强县和全省工业转型升级示范区,为加快建设"太湖望县、锦绣长兴"打下更加坚实的基础。

(二)基本原则

1. 政府主导与企业主体相结合

切实发挥政府的引导作用,强化规划引领,完善政策措施,加大要素保障,健全制度体系。同时,充分发挥企业主体作用,提升市场竞争力,使企业真正成为工业创强的主力军。

2. 内源发展与开放引领相结合

加大激活民资力度,推动本土企业做优做大,加快转型升级,实现内源发展。同时,加大开放协作力度,"引进来"和"走出去"并举,实现跨越发展。

3. 龙头做强与集群升级相结合

优先扶持一批具有竞争实力和市场话语权的龙头企业做强、做大,充分发挥龙头企业带动作用和示范效应。同时,以优势企业为依托,强化协作配套,推动块状经济向现代产业集群转型升级。

4. 技术创新与管理创新相结合

整合创新资源,加强原始创新、集成创新和引进消化吸收再创新,提升企业技术创新能力。同时,加强企业管理创新,通过建立现代企业制度,完善治理结构,提升管理效能。

5. 平台提升与产城融合相结合

依托城镇化进程,优化工业发展平台空间布局,完善配套功能,提升工业平台支撑水平。同时,推进新型城镇化与新型工业化互动,以产业兴城镇、以城镇促产业,实现产业集聚区与城镇布局相融合、人口板块与经济板块相协调。

6.培优育新与淘汰落后相结合

加大成长型、科技型企业扶持力度,培育重点行业中"苗子型"和"创新型"企业。同时,加大落后产能淘汰和"腾笼换鸟"力度,加快形成"主动淘汰、主动转移、主动转型"产业发展新机制。

三、重点产业

围绕建设"工业强县"目标,依托长兴现有产业基础,发挥本地资源优势,集中力量培育和发展以铅酸蓄电池为核心的新型电池、以织造(非织造)为主的现代纺织、以物流机械与电子电器为重点的特色机电等三大支柱产业。通过聚力发展,切实提升三大支柱产业的国际竞争力,力争到2016年,支柱产业规模以上工业产值占工业总产值比重达80%。同时,加快推进耐火、水泥等传统行业转型升级,加快培育生物医药、新材料等新兴产业,努力形成支柱产业与其他产业互补发展的产业格局。

(一)大力发展以铅酸蓄电池为核心的新型电池产业

1.发展重点

在铅酸蓄电池领域,依托天能、超威、江森等龙头企业,充分发挥长兴在动力电池领域传统优势,并积极向起动电池和工业电池(储能)领域延伸。以清洁生产为核心,采用先进的拉网、连轧连铸连冲等板栅连续式生产新工艺;率先实现动力电池无镉化、起动电池密封免维护和无砷化;优化产品结构,实现产品系列化,加强新型可再生能源储能电池、混合电动车用先进铅酸蓄电池的研发和产业化。引导产业链上下游密切合作,不断提高新型电池的可靠性和使用寿命,建立较为完整的新型电池产业链。同时积极引导企业向上游设备制造和下游电池应用领域延伸,拉长产业链。

在锂电池和镍氢电池领域,紧抓锂离子、锂聚合物等新型电池技术逐步成熟和成本持续降低的发展机遇,积极推动锂离子电池的产业化进程,提升锂离子电池安全性、稳定性、经济性、循环寿命等方面性能指标,突破技术瓶颈,加强与电池配合使用的电池组在线实时管理系统的研究和开发。进一步推动镍氢电池的产业化进程,鼓励发展镍氢电池低温放电、快速充电、电池散热等方面技术,加强电池组综合管理系统的研究和开发。提升技术创新能力,加强品牌建设,提高市场占有率。

在太阳能光伏电池领域,以薄膜、硅基电池及组件的研发和产业化为核心,重点向薄膜、硅基等电池及组件、风光电互补系统等集成系统及配套设备等领域发展,同时积极向光伏用玻璃等配套材料、关键装备和中下游应用产品等方向延伸,实现产业链垂直整合。加大光伏发电应用力度,充分利用县内资源建设地面、屋顶、建筑一体化光伏电站,全力推进"光伏发电集中应用示范区"建设。

2. 产业空间布局

动力电池、储能电池、起动电池重点向新能源高新园区(城南工业功能区、郎山工业集中区)集聚;太阳能光伏等新型电池向开发区集聚;锂电池、镍氢电池向画溪工业功能区集中(见图4-20)。

(二)着力改造提升以织造(非织造)为主的现代纺织产业

1. 发展重点

在化纤(纺丝、纺纱)领域,通过加快"大好高"项目引进、推进,补全化纤(纺丝、纱)产业链,为纺织企业提供品种齐全的差别化、功能化化纤原料。

在织造(非织造)领域,对传统织造企业加大技改提升力度,鼓励引进经编机、

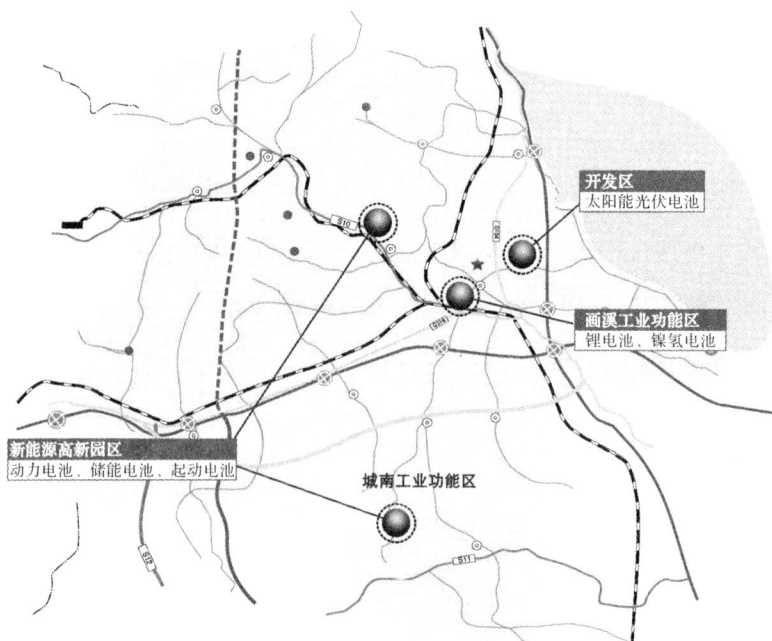

图 4-20　新型电池产业空间布局

纬编机(大圆机)、剑杆织机、喷气织机等高档设备,同时加大低档织机淘汰力度,在提质的基础上实现量的扩张。引导非织造企业向产业用方向延伸,发展汽车用、建筑用、过滤用和医用卫生等产品。

在印染领域,突出强化淘汰落后、节能降耗、技改升级和重组联合。鼓励企业在染色、印花等工序积极引入国际上先进的高效节能关键设备,加快淘汰或改造落后设备及工艺;准确把握节能减排要点,重视染整加工过程中的技改切入和升级;产品定位趋于高附加值装饰、服饰及产业用面料。

在家纺(服装)领域,向价值链两端延伸,鼓励家纺、服装企业从"贴牌加工"向"品牌经营"转型。通过引进十大品牌家纺企业,带动县域内家纺企业做大做强,打造全国家纺产业重要生产基地之一。通过创意设计、人才引进、营销创新、产品开发等方式提高服装企业核心竞争力。

2. 产业空间布局

推动纺织产业重点向以下专业纺织园区集聚发展：浙北现代纺织产业园（夹浦），经编、非织造产业园（李家巷），家纺产业园（虹星桥），差别化纤维产业园（泗安）（见图 4-21）。

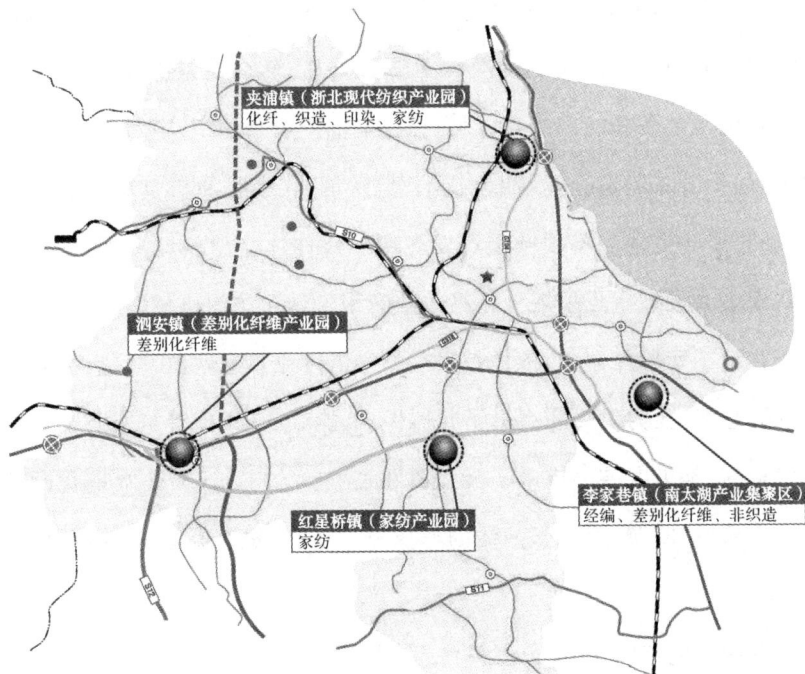

图 4-21　现代纺织产业空间布局

(三)跨越发展以物流机械和电子电器为重点的特色机电产业

1. 发展重点

——在物流机械领域，以"引培重大装备企业、提升技术创新能力和信息化水平"为抓手，以物流机械等先进装备产业为突破点，鼓励诺力等龙头企业从单一产品向整体解决方案方向发展，以龙头企业带动产业集聚、优势产品带动企业竞争力提升、重大项目带动产业链延伸,通过积极引进技术专利、专门人才和先进装备推进自主创新,通过制定并实施信息化提升工程推进两化融合,积极培育龙头骨干企业和产业集群。

——在电动汽车、电动助力车领域,依托电池制造和设备制造产业基础,重点发展电动汽车和电动助力车整车制造,配套发展精密轴承与车轮总成、电机、排放系统、重汽推力杆传动轴、安全装置系统、减震装置、转向机系统等零部件。

——在电池装备和纺织装备领域,依托电池产业和纺织产业基础,通过引进和培育电池、纺织装备制造企业,加大技术引进、消化、吸收和再创新力度,不断研发新装备、新技术。电池装备领域重点发展新一代称片、包片、焊接等全自动化工艺装备。纺织装备领域重点发展低耗高效的新型自动化纺织机械。

——在电子元器件领域,依托长兴在电容器行业领先地位,顺应国内外电子信息产业发展趋势,大力发展新型电子元器件、节能灯和 LED 等重点产品,鼓励企业开展技术创新,努力突破关键电子元器件核心技术和工艺,提升本地化配套能力,逐步构建集研发、制造、配套于一体的产业链,进一步提高在全国电容器行业的市场占有率。

——在家用电器领域,充分发挥海信、惠而浦等龙头企业在品牌、规模、技术、渠道和配套上的优势,重点发展智能、环保、节能型的空调、冰箱、洗衣机、热水器、饮水机、数字电视等绿色家电产品以及节能小家电和家用电器零部件等产品,努力打造全国白色家电重要生产基地。

2. 产业空间布局

物流机械、电池装备、电动汽车、家用电器重点向开发区集聚;纺织装备、大型模具及基础件重点向省际承接产业转移示范区集聚;电子元器件向长兴电子产业园集聚;南太湖产业集聚区长兴分区重点引进发展高端装备制造业;画溪工业功能区重点规划发展电动汽车和小家电(见图4-22)。

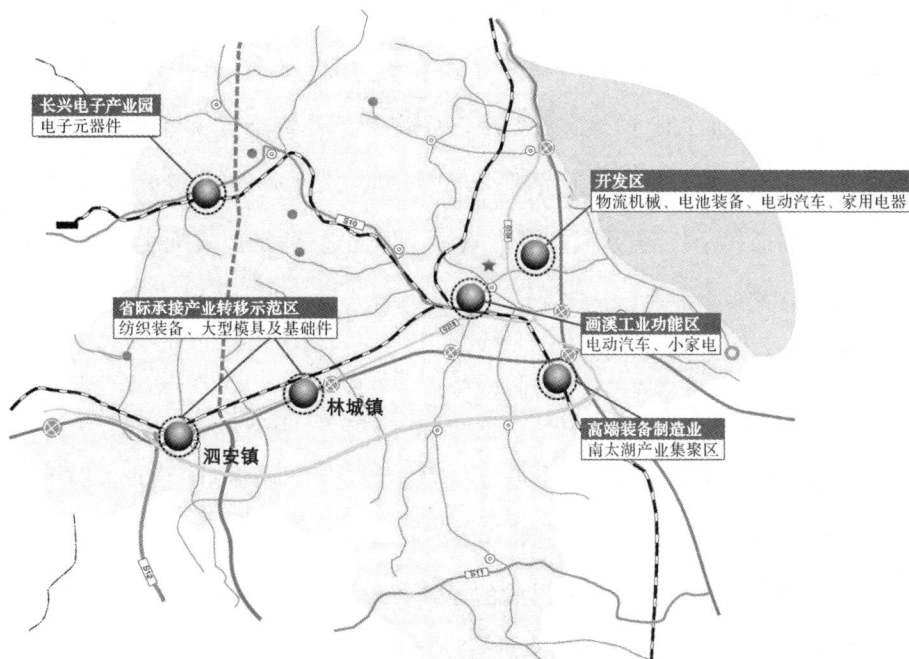

图 4-22　特色机电产业空间布局

四、主要任务

按照"强产品、强企业、强平台、强产业"发展思路,以新型电池、现代纺织和特色机电三大支柱产业为重点,大力实施"六大工程",不断优化产业结构,积极提升企业自主创新、两化融合及可持续发展能力,推动长兴工业经济向高端、创新、开放和绿色化方向发展。

(一)重点企业培育工程

以建设总部型、品牌型、上市型、高新型和产业联盟主导型"五型企业"为导向,以培育行业龙头骨干企业为支撑,大力推进重点企业培育。

1. 突出重点培育龙头型骨干企业

以培育国家和省市行业龙头骨干企业以及中国民营企业500强为重点，继续深入推进"135"行动计划，明确发展思路与举措，确定重点推进项目，助推企业实现1年、3年和5年发展目标。鼓励企业采取兼并重组、合资合作、股改上市、商业模式创新等多种形式，实行强强联合和上下游一体化经营，加速实现企业做强做大，努力壮大行业龙头企业队伍。

2. 积极扶持成长型中小企业

大力实施"成长之星"企业培育计划，每年选择100家成长性好、有核心竞争优势和发展潜力的中小企业进行重点培育，并实行动态管理；通过组建产业技术创新联盟、推行行业联盟标准、区域品牌建设等方式，鼓励和引导中小企业"抱团发展"；鼓励中小企业与大企业开展多种形式的经济技术合作，建立稳定的供应、生产、销售等协作关系；鼓励大型企业通过专业分工、服务外包、订单生产等方式，加强与本地中小企业的协作配套。

(二)"三区五园"工业平台提升工程

围绕"国家级长兴经济技术开发区"、"南太湖产业集聚区长兴分区"、"省际承接产业转移示范区"三个重点园区及五个特色工业园(新能源高新园、城东工业园、画溪工业园、城北工业园、煤山工业园)，进行科学合理的产业定位，形成园区建设的专业化、特色化，提高平台的承载力和吸引力，打造推进工业强县建设的有效载体。

1. 强化整合提升

坚持"定位明确、特色明显、错位发展"的思路，遵循"三区五园"产业布局导向，按照"建链、延链、补链"要求，促进企业集聚、产业集群、资源集约，引导大项目定向落地，加快形成工业平台错位发展格局。加快基础设施建设、强化功能配套、加强项目推进,促进平台特色更鲜明、功能更完善、承载力更强,实现工业强区及强镇建设。

2.优化公共服务

鼓励和支持发展产品检验检测、工业设计、管理咨询、人才教育培训、市场营销、现代物流、中小企业融资担保等为产业配套服务的机构,为园区企业生产、管理、品牌、人才、技术、信息等各方面提供全方位的支持和服务。不断提升长三角欧洲波罗的海地区国际技术转移中心、浙江省绿色动力能源集成创新公共服务平台、浙江大学国家大学科技园(长兴)、上海—长兴技术转移接力中心等创新公共服务平台,努力推进浙江省绿色动力能源集成创新公共服务平台升级为国家级平台,支持和推进各类科技孵化器建设。

(三)"三个一批"重点项目推进工程

结合三大支柱产业发展导向,按照"谋划一批、新建一批、投产一批"的要求,完善项目引进、推进服务机制,加大工业有效投入,增强发展后劲。

1.招商选资扩增量

继续推广"大招商、招大商"招商选资模式,重点围绕新型电池、现代纺织和特色机电三大支柱产业定位,大力推进产业招商。争取每年引进10家世界500强、央企100强、民企100强和上市公司等国内外知名企业,以及一批综合效益好、带动作用强、资源消耗低的"大好高"项目,实现产业"建链、延链、补链"。

2.技术改造提存量

贯彻落实国家和省市鼓励发展实体经济政策精神,鼓励浙商回归创新创业,引导"龙头企业带动有效投入、中小企业技改促进有效投入、淘汰整治倒逼有效投入",扩大投资规模、优化投资结构,有效提升民营经济发展水平。

(四)"双推双增"创新引领工程

集聚整合县内外科技、人才等各类创新资源,加大创新投入,加强创新平台建设,全面提升企业自主创新能力;同时,积极推进企业管理创新,提升企业竞争软实力。

1. 推进技术创新,增强企业核心竞争力

引导企业开展产学研合作,鼓励龙头企业与中科院、清华长三角研究院等大院大所以及浙江大学、东华大学等高等院校联合创建技术研发中心;依托大企业、大集团及行业龙头企业,建设一批国家级、省级和市级企业技术中心(研发中心)和重点实验室;积极支持科技型中小企业开展技术创新,加大高新技术企业培育力度;鼓励企业主导和参与制订、修订国际标准、国家标准、行业标准、地方标准;鼓励企业采用国际标准和国外先进标准生产,抢占市场准入的制高点;以行业龙头企业为重点,打造一批品牌型企业和标志性产品,积极创建全国乃至国际知名品牌(商标)和区域品牌。

2. 推进管理创新,增强企业竞争软实力

每年选择100家管理创新示范企业,着重鼓励和引导企业结合企业实际和发展需要,应用先进管理理念、管理手段和管理模式,推进精益化管理和企业文化建设。积极引导重点民营企业按照现代企业制度要求,实行规范的公司制度改革,加快形成多元产权结构、完善法人治理结构和科学决策机制,有效提升企业管理水平和竞争软实力。

(五)"两化融合"推进工程

围绕重点行业加速推进工业化和信息化的深度融合,运用先进适用信息、智能技术改造提升传统优势产业,不断创造新的业态、开拓新的市场,努力打造智慧型工业新优势。

1. 加快推进生产过程信息化

综合利用自动控制技术、模拟仿真技术、微电子技术、计算机及网络技术实现对生产全过程的监测和控制,提高产品质量和生产(操作)效率。以重点行业嵌入式系统、工业软件、数控、工业传感器及系统为突破口,深入推进信息技术行业应用。实施信息化专项改造,推进"两化融合"试点项目建设,重点在电池行业推进制造执行系统(MES)、在线监测和分析系统,在纺织行业推广数控纺织设备和数码印花设备,在机电产业等离散性行业推行并行协同设计系统、新一代工业机器人、快速可重构制造系统,不断提高自动化、柔性化、智能化、网络化水平。

2. 积极推进企业管理信息化

重点推进工业设计信息化、营销模式网络化、全面管理信息化,充分发挥信息化在转型升级中的牵引作用,深化信息技术集成应用,加快推动制造模式向数字化、网络化、智能化、服务化转变,实现生产经营各环节的高效运行。加快企业资源管理(ERP)、管理信息系统(MIS)、供应链管理(SCM)、客户关系管理(CRM)等管理软件的应用普及,促进企业信息资源的开发和利用。引导企业通过第三方电子商务平台开拓市场。推进中小企业服务平台信息化建设,整体提升中小企业信息化水平。

(六)"生态工业"建设工程

切实转变工业发展方式,加快淘汰落后产能,深入实施节能减排,全面发展循环经济,提高资源要素利用效率,建设生态工业文明,确保完成上级下达的减排任务。

1. 加快淘汰落后

加大落后产能的整治力度,进一步利用节能减排、能源"双控"、安全生产标准化等一系列工作抓手,提高标准,明确淘汰时间表,加大淘汰力度。创新淘汰落后产能体制,探索建立"上新汰劣"机制,对新上项目超能耗实行"等量淘汰",对高耗能项目实行"减量技改"。巩固蓄电池、石粉、黏土砖瓦窑等落后产能淘汰工作成果,同时,加大对低档喷水织机、落后印染设备的淘汰力度,切实改变高投入、高消耗、高污染、低产出的粗放型发展方式,为先进产能腾出发展空间,促进产业健康发展。

2. 发展循环经济

深化工业循环经济试点活动,减量、循环、高效利用资源。从"点(企业)—线(产业链)—面(园区)—局(工业体系)"四个层次逐级递进打造循环经济体系,走一条科技含量高、经济效益好、资源消耗低、环境污染少的新型生态工业道路。在蓄电池、印染行业全面推行清洁生产模式,其他行业每年确保20家通过清洁生产审核,促进企业污染排放从原料投放、生产过程到末端控制的全过程治理。

五、保障措施

围绕工业强县发展目标和重点任务,完善促进工业强县建设的政策体系和制度安排,有效破除要素瓶颈制约和体制机制障碍,全力保障工业强县建设。

(一)加强组织领导

1. 完善领导机制

成立长兴县工业强县建设工作领导小组,统筹全县工业强县建设工作,协调解决工业强县建设重大问题,强化"合力兴工、合力强工"机制,在全社会营造"兴工扶工、安商亲商、创强做强"的良好氛围。各镇(园区)成立工业强镇(园区)领导小组,实行"一把手"负责制,制定切合实际、体现特色的工业强镇(园区)建设方案,并加快组织实施。

2.严格监督考核

加快出台工业强县、强镇（园区）、强企评价体系，做到责任层层分解、动力层层递增。细化工业强县建设工作责任分解，明确各部门和乡镇（园区）的目标与责任，建立动态调整和考核结果公布机制；制定工业强镇（园区）考核办法，突出质量效益、有效投入、人才引进等发展性指标和节能减排等约束性指标，打造一批超百亿的工业强镇（园区）；完善"三比一讲"企业考核办法，通过"比发展、比贡献、比和谐、讲责任"，引导企业做大做强；推进由县领导、纪委（监察局）、人大代表、政协委员等成员组成的督查体系，切实加大对工业强县工作的督查力度。

(二)强化政策引导

1.严格项目准入

严格按照产业空间布局要求，根据产业类别专门制定新上项目准入细则，明确有关投资强度、科技含量、容积率、节能减排、产出水平等标准。依照"五评一看"评价机制，严把项目准入关，确保新上项目符合工业创强导向要求。

2.加大扶持力度

认真落实国家和省市关于工业企业的有关财税政策，进一步整合金融、科技、人才等政策资源，切实发挥政策的引导和扶持作用，每年确保工业税收 10% 以上用于工业强县建设。坚持"重、准、实"的原则，创新财政资金使用方式，发挥财政扶持资金的杠杆和导向作用，集中力量支持三大支柱产业、"三区五园"工业发展平台、"三个一批"重大项目以及一批重点龙头骨干企业和成长型企业。

(三)优化要素保障

1. 完善土地利用机制

积极拓展工业用地空间,确保未来五年切块土地指标中 70% 以上用于工业;按照节约集约利用土地原则,积极推进土地二次开发,大力推广"零土地技改",强力推进"腾笼换鸟",盘活存量土地资源;不断提高项目准入门槛,提高土地利用率,优先保障"大好高"项目用地需求。

2. 强化人力资源保障

确保每年投入人才发展专项资金 2000 万元以上。深入推进"南太湖精英计划"和十二项重大人才工程,着力在创意人才、学科领军人才和创新团队建设上实现突破;加大"两高一紧缺"人才引进力度,力争 5 年内引进使用国内外高层次人才 1000 人;加强新生代企业家、高层次经营管理人才的教育培训工作,打造"明星企业家"和"功勋企业家";鼓励创新政企校合作模式,对企业技能性人才建立定向培养和培训机制;优化企业用工服务,创建劳务合作基地。

3. 加大金融支撑力度

以缓解企业融资瓶颈为着眼点,深入推进金融服务与产品创新,大力引进各类金融机构;积极争取国有和股份制银行的信贷支持与政策倾斜力度,进一步拓展异地银行信贷融资,鼓励银行大力发展表外业务,保持信贷总量的稳步增长;引导新增贷款 60% 用于工业转型升级发展项目;探索建立政府主导的产业投资引导基金,积极引导社会资金参与重点产业领域的股权投资;深化小额贷款试点工作,完善融资担保体系;通过"融资服务网"、"金融超市"等平台,加强政银企对接;加强监管,完善担保机构信用评估和风险控制制度。

4. 优化能源配置方式

严格落实"双控"要求,按照"有保有压"的原则,优化能源配置。充分利用太阳能光伏、风能与生物质能发电,确保每年新增再生能源可用电1亿度以上。进一步完善规模以上工业企业能源供应配置综合评价体系,实行分类管理,将有限的能源合理分配;优先保障支柱产业、重点企业和"大好高"项目用能,实施差别化电价,严控高能耗和产能过剩行业企业用能。进一步完善倒逼机制,挖掘新一轮淘汰落后产能对象,每年腾出能耗空间3万吨标煤。

(四)完善服务机制

1.加强协调服务

建立健全政府"服务企业、服务基层"的长效工作机制,推行社会服务承诺制度。完善政企"圆桌会议"制度,推进干部与企业"点对点"服务,继续开展"两为两同"活动。健全重大项目协调推进体制,继续实施领导"一对一"联系制,对重大项目、新兴产业实施"一事一议、一企一策"。建立由工业主管部门、强镇(园区)、行业协会、重点企业等共同参与的工业强县联席会议制度。加强与上级部门的联络工作,积极做好项目推介,最大限度地争取国家和省市有关政策扶持。

2.强化运行监测

构建工业预警监测平台,建立并完善工业经济监测预警部门联席会议制度。做好重要信息和数据的采集分析与动态监测。加强对新型电池、现代纺织和特色机电等重点行业和重点企业运行状况分析,重点关注生产要素供求情况,分析要素制约对全县工业经济带来的影响,引导企业规避风险。

(五)健全行业组织

1.加强行业协会建设

加强行业协会建设,实现"有专人办事、有场地办事、有资金办事、有规则办事",搭建企业和政府之间的沟通"桥梁"。积极引导行业自律,减少无序竞争、恶性竞争;加强与国内外有关行业组织的联系,获取各类行业相关信息,帮助企业开拓国际、国内市场;及时向政府有关部门陈述成员企业的意见,向企业传达有关行政决定、政策法规和信息,维护成员企业的利益;开展经常性调研,反映企业发展的难点、热点,及时与有关部门进行讨论,提出行业发展的相关对策;加大协会负责的区域品牌培育与保护力度。

2. 健全中介服务体系

重点培育科技转移、信息服务、法律咨询等中介机构,降低行业运营风险与成本;加强中介机构管理,提高中介机构服务质量;加强企业、协会、中介机构之间的信息化交流,建设社会化中介服务体系,引导中介服务机构向专业化、规模化和网络化方向发展。

(本文写作于 2012 年 10 月)

从低技术产业迈向高技术产业

——台州黄岩模具产业转型升级研究

模具是"工业之母",模具的产业技术水平决定了相关产业的质量和档次,是制造业的重要基础装备。黄岩是国内闻名遐迩的"模具之乡",模具产业是黄岩最具区域特色和竞争优势的产业,是其他几大产业健康发展的基础。模具产业作为重要的基础装备,深刻影响着下游产品的质量和水平,模具水平的提升对装备制造业水平的提升具有重大意义。

在对黄岩诸多企业、国内诸多模具产业集聚区和国内诸多学者进行走访的基础上,本文对黄岩模具产业进行了深入分析。通过对国内外主要模具产业基地的对比分析,总结梳理黄岩模具产业存在的主要差距,探求黄岩模具在国内外模具产业发展中的定位。根据对黄岩模具产业的分析与总结,结合产业发展方向和趋势,本方案对黄岩模具产业的升级思路、重点领域等方面进行了全面的阐述,并提出了促使方案实施的诸多保障措施和扶持政策。

一、产业发展现状

(一)发展历程

1. 发展历史

黄岩素有"模具之乡"的美誉,模具产业在该区已有50多年的发展历史。20世纪50年代中期,黄岩区出现了第一家专业模具企业,生产一些小型简单的塑料模具,最初主要以机械工厂自制冲压模、铸造模为主。1966年黄岩二轻系统办起了"黄岩城关五金机械社",生产纽扣、牙刷等小型简单日用品塑料模具,1968年将"黄岩城关五金社"更改为"黄岩模具社",诞生了黄岩第一个专业模具企业。70年代初,在黄岩乡镇系统中,黄岩县红旗乡率先建立"黄岩县红旗塑料模具厂",后来陆续办起了20余家以制造塑料模具为主的小规模乡镇企业。80年代后,改革开放的政策调动了广大群众办企业的积极性,大量个体、民营模具加工企业应运而生。90年代起,各模具企业加大技术改造力度,积极培养、引进专业技术人才,加强内部管理,大胆实施体制创新,黄岩模具产业得到了快速提升。进入21世纪后,黄岩区模具企业发展明显加速,一批成长型模具企业以国际化视野来做强、做大黄岩模具,模具之乡也进一步成为全球知名的模具制造基地。2002年11月,黄岩区被浙江省科技厅批准为"黄岩塑料模具省级高新技术产业基地";2003年7月,被国家科技部批准为"国家火炬计划黄岩塑料模具产业基地";2006年3月,国家发展和改革委员会授牌"中国(黄岩)模具产业升级示范基地";2009年6月,浙江省政府批准黄岩模具产业集群为全省20个产业集群转型升级示范区之一。

2. 集群产生原因及类型分析

黄岩模具产业发端于该区第一家专业性的模具企业,后来经过社办企业、民营企业的发展和推进,模具产业集群逐步形成。就成因而言,主要基于两个方面:一方面为产业发展的内部动力即区域良好的工业基础和发展环境、民营企业家的致富欲望和良好的把握市场机遇的能力以及区域良好的产业配套能力;另一方面是产业发展的外部推手即改革开放的政策和黄岩当地政府对模具产业发展的重视和政策上的扶持。

从生成模式上看,黄岩模具发源于农村工业化,在短缺经济时期形成并不断成长和发展,属内源式自发成长型产业集群;从空间形态上看,黄岩模具主要集中在北城、西城和东城,属于典型的县市型块状经济;从组织形态上看,黄岩模具属于产业、市场、城市互动提升型产业集群。

3. 产业分布

黄岩区大多数街道和乡镇都有模具企业存在,企业总占地面积约为 2000 亩(详细布局图如图 4-23 所示)。

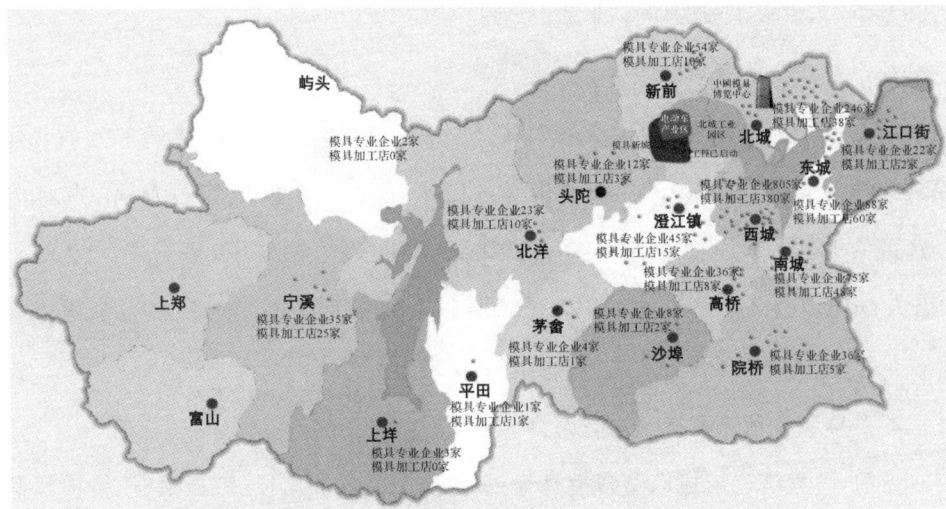

图 4-23　黄岩模具产业和主要企业区域分布(截至 2009 年 6 月)

从企业区位分布来看,模具企业主要集中在西城、北城和新前,其中以西城最为集中,模具企业和加工点数量超过 1000 家,约占全区总数的一半,北城拥有模具企业和加工点近 300 家,地域的高度集聚推动了产业的快速成长和生产优势的日益增强。

从现存企业性质来看,现有空间布局的主体主要是模具生产企业和加工企业,研发、设计、技术、信息服务等非生产性企业尚未形成明显的集聚和合理分布,配套服务供应略显不足,各类生产性服务企业及公共服务平台的布局调整亟待加强。

从发展空间拓展来看,正在启动招商引资的模具新城和模具博览中心为模具企业的发展提供了更大的、更加集聚的空间,在土地供应明显不足的黄岩,模具产业发展空间的拓展也体现了政府推动产业发展的决心和行动。

(二)产业基础及优势

悠久的发展历史和良好的产业基础使黄岩模具在国内和国际具备较强的影响力和竞争力,形成了较为明显的竞争优势。

1. 产业和企业竞争力较强

2008 年,模具企业共实现产值 95 亿元,销售额约为 56 亿元(未销部分为自用模具),约占全国产量的 10%,商品化率达到 62.2%;出口模具 13.5 亿元,占 2008 年产值的 15%。截至 2008 年年底,黄岩区模具生产厂点有 2100 多个,从业人员近 5 万人;规模以上企业 101 家,其中 3000 万以上的企业有 23 家;全国 95 家重点骨干模具企业中,黄岩区有 10 家,占总数的 10.2%。

2. 主导和特色产品市场占有率高

目前,黄岩区已形成以塑料模具为主,金属制品的冲压模、铸造模、压铸模及其他模具为辅的生产格局。塑料模具销售产值约占黄岩区模具销售总产值的 85%,主导产品汽车配件注塑模在国内市场占有率约为 30%,特色产品挤出模、吹塑模具在国内市场占有率分别为 30% 和 20%,均处于业内领先地位。

3.技术研发能力优势明显

黄岩区模具行业拥有 7 家高新技术企业、2 个省级技术中心,同时,该区拥有全国模具行业第一个博士后工作站,对高端人才培养和技术研发产生较强带动作用。2003—2008 年,中国模具工业协会推荐的 240 副国家级新产品模具中,黄岩生产的占 110 副,占被推荐模具的 45.8％;国际水平模具 91 副,占被推荐模具的 37.9％。

4.装备水平处于国内一流

黄岩模具设计制造环节实现数字化,设备基本实现数控化。截至 2008 年年底,全区拥有数控设备约 5000 台(套),数控化率达 70％左右,高于全国 60％的平均水平。根据中国模具工业协会的统计资料,黄岩拥有 50 台以上加工设备的企业有 5 家,共有设备 504 台。

5.公共服务平台基本健全

黄岩区拥有功能齐全、专业化程度较高的社会化协作网络,依托区内职业技校以及其他培训机构,形成了比较完善的人才培育平台;依托中国塑料模具网、国际模具网和黄岩模协网等网络资源,企业可以深入了解国内外模具产业发展动向和市场供需情况,并通过网络平台互通交易信息。

(三)存在问题和劣势

1.技术研发资源要素供应有限

当前,规模以上模具企业研发投入占销售收入的比重约为 5％～10％,与发达国家 15％～20％的比重相比存在一定差距。高端研究设计人员较少,各类研发人员学历层次普遍较低;企业员工中,45％左右的钳工比例与发达国家 15％～20％相比过高,反映出研发和专业技术人员比例过低。

2. 高端精密产品制造和开发能力不高

黄岩模具以大型注塑模具为主,产品总价较高,但精密度和附加值都较低,高精密度、高附加值、高美观度的产品市场份额不足。同时,模具标准件使用率为45%,与模具发达国家70%以上标准件使用覆盖率相比差距巨大,使得规上企业产品开发周期比国外平均水平超出20%左右,开发能力和生产效率仍有待提高。

3. 区域品牌建设和价值挖掘相对滞后

当前参加展会、发放协会会刊等为主的品牌宣传渠道较为单一,也缺少真正能够代表区域产业实力的代表性品牌,"黄岩模具"区域品牌的影响力和自身建设难以完全匹配,与全国模具行业第一个集体商标"北仑模具"和正在积极申请区域商标的"余姚模具"相比,黄岩在区域品牌建设方面已经落在了后面。

4. 企业管理现状与现代企业管理存在较大差距

在黄岩模具企业中,家族式管理、经验式管理仍然占据相当大的比重。部分企业缺乏制度意识,管理制度不健全,生产管理、现场管理和质量管理难以达到制造类企业的规范要求。企业家对战略和管理的认识有限,当企业规模扩大到一定程度以及竞争环境改变之后,难以做出较为有效的应对措施和战略举措。

5. 高级人才和专业技术人才较为缺乏

由于黄岩的地理位置和经济实力弱于省内如杭州、宁波等地及其县市,尽管拥有良好的产业发展环境和配套优势,但对高级人才创业和就业的吸引仍然存在一定的局限,使得具备较强技术能力和经验的高级设计人才、专业技术人才及经营管理人才较为紧缺,这已成为制约黄岩模具产业继续向前发展的重大瓶颈。

(四)产业链区位分析

从全球产业发展格局来看,黄岩模具特色明显,但技术水平较低。对比世界主要模具制造中心生产规模和技术水平,从模具综合水平衡量,德国、美国、日本模具综合水平最高,处于第一梯队,其次是新加坡、韩国等新兴工业化国家。我国模具产业诸多产品已经与新加坡、韩国水平比较接近,今后几年追赶的主要目标是日本和美国。黄岩模具的特色明显,集中了较大规模的大型塑料模具产业,在全球也具有较强的影响力;同时,在大型注塑模具领域,黄岩的部分单件产品水平能够达到国际先进水平,但整体技术水平上还落后于主要的发达国家,处于世界中等技术水平。

从国内视角来看,国内众多模具集聚区都有自身的特色,黄岩区域塑料模具在大型注塑模具产品方面处于全国前列;从单个企业来讲,黄岩模具企业在挤塑模具、大型注塑模具领域已经达到国内领先水平;从产品类别和精密度来讲,黄岩模具产品在精密度、美观度和寿命等方面与深圳、东莞等地还有一定的差距,特别是精密模具方面,缺少具有竞争实力的企业和产品;就综合实力来说,黄岩模具在国内位居前列,但模具产品精密程度不高,综合实力与广东的深圳和东莞等地还有一定差距,目前,黄岩处于中国模具产业的第二梯队。

从模具产业链的角度来看,受上下游产业影响较大。如图 4-24 所示,产业链上游主要是模具材料和模具设备,就模具设备来讲,黄岩模具高端设备主要依赖欧美、日本等国家进口,设备已比较先进,与国外区别不大。模具材料主要是模具钢,目前国内大部分钢铁企业都能生产模具钢,但模具钢的质量和稳定性与国外优质钢材相比还有很大的差距,这对黄岩提升模具产品质量带来了很大的挑战;从产业链下游分析,黄岩模具产品尤其是大型汽车配件注塑模具还主要以配件市场为主,很少有企业能够进入主机市场。

从价值链角度分析,黄岩模具具有多数制造业产业集群所不具备的优势和特点。与其他制造业产业集群集中在加工环节不同,黄岩模具的价值链分布具有两个特点:一是由于模具产业对加工环节的技术要求较高,因此在设计、加工、营销环节的附加值差异并没有一般制造业那样大,而且由于模具是非终端类产品,营销环

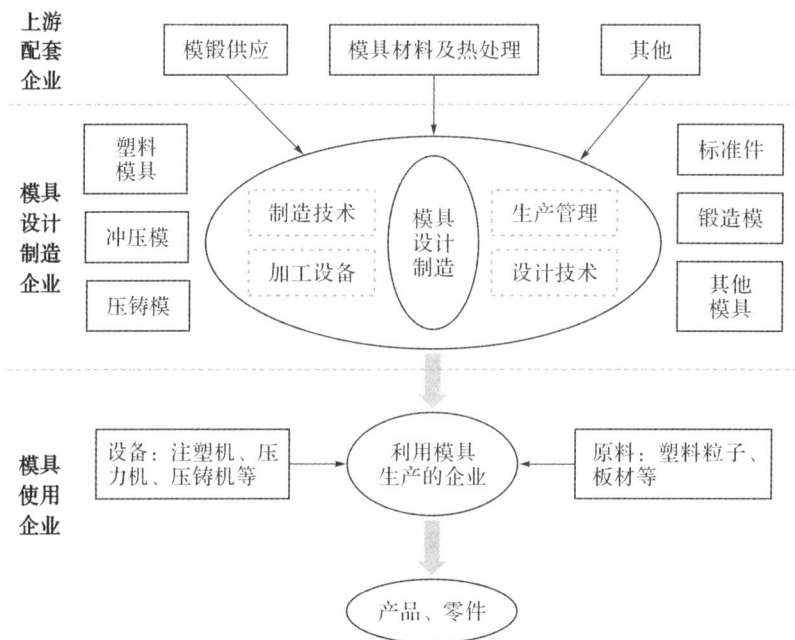

图 4-24 黄岩模具产业链总体示意图

节的影响也与终端类产品不同,模具产业的"微笑曲线"呈现得较为平缓且两端高度不同的局面(如图 4-25 所示);二是模具设计、工艺设计、加工制造、市场营销等整个产业链环节都能在黄岩内部完成,即占据了全部"微笑曲线"。这个明显的特点使得黄岩能够掌握较为核心的优势和更多的产品附加值,而且具备了拥有话语权的实力基础。但应该注意到的是,黄岩模具在价值链各环节的实力强弱并不均衡。黄岩模具在设计软件、加工装备、原材料等硬件方面投入较大,但在人才引进、管理能力提升、市场网络布局等软实力方面仍然较为欠缺,因此,对于价值链各环节而言,软硬实力不均衡导致加工能力明显高于设计能力和营销能力。

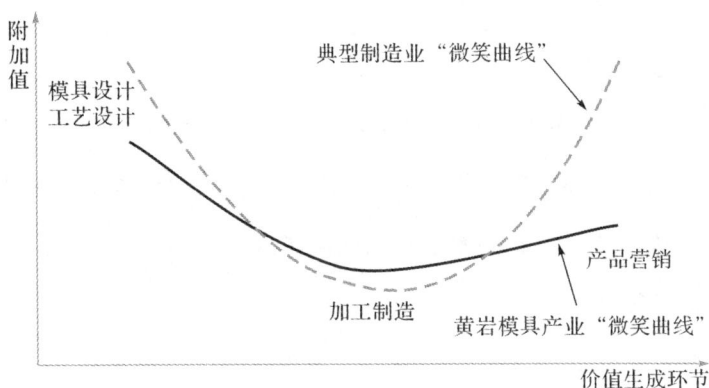

图 4-25　黄岩模具产业价值链示意图

二、转型升级思路和重点领域

(一)战略思路

1. 模具精密化战略

加快模具产业的生产标准体系和质量检测体系建设步伐,从材质、外观、精度、寿命以及标准化程度等方面推动塑料模具升级换代,发展大型注塑模具、精密注塑模、塑料导型材挤出模及新型建材模具。同时,扩大对市场需求较大的冲压模、压铸模以及其他模具产品的研发和生产,推动黄岩模具产品多元化。

2. 技术高端化战略

加强技术研发力量,在依靠自主创新基础上引进并吸收国际先进的模具制造技术,积极推动模具制造企业开展技术改造,提升装备水平,增强企业技术创新能力。要加大技术培训和技术服务力度,重视高新精密模具开发,推广模具高能量密度表面强化技术,进一步扩大 CAD/CAM/CAE 技术的应用范围,切实提高模具产品的技术和质量水平。

3. 市场国际化战略

在进一步扩大国内模具市场份额的基础上,找准国际市场定位,不断开发国际市场,提升国际市场份额;逐渐缩小与国际先进水平的差距,向高精密度模具市场推进,实现黄岩模具产业向全球价值链高端发展。

4. 企业差异化战略

通过差异化发展路径,坚持培育龙头企业和专业型中小企业并举。不断努力引进和培育具备较强市场话语权的模具龙头企业,提升黄岩模具高端企业的市场地位;强化各加工企业的专业精度和深度,使有较强专业加工能力的中小企业向差异化和纵深化方向发展。

5. 人才充沛化战略

引进具有先进管理理念、丰富管理经验的高级经营管理人才;加大模具人才培养力度,大力培养企业发展所需的各类模具人才,搭建人才发展平台,构建合理的人才结构体系,使模具人才队伍建设成为黄岩模具产业转型升级的助推器。

6. 平台公共化战略

加快公共服务平台建设,大力发展服务型出口代理商、生产力中心、技术信息中心、标准信息服务平台、公共研发中心、质量检测中心、开放性行业技术中心等较为全面的集群配套服务机构,形成完善的公共服务平台群。

(四)重点发展领域

1. 制造业领域

(1)产品发展重点

——大力发展中高档汽车塑料覆盖件模具和大中型汽车内饰件模具,实现由配件市场向主机市场的突进;发展为家电配套的大型注塑模具和为集成电路配套的精密塑封模具;发展塑料板、片、膜挤出模头及配套生产设备;发展为新型建材及节水农业配套的塑料异型材挤出模。

——发展技术含量高、附加值高的多工位级进模和小型精密模具;开拓模具使用新领域,如新能源、新材料、医疗和航天等领域,拓展精冲模制造、精密型腔模具制造、大型薄壁精密压铸模具制造等其他领域模具产品。

（2）技术发展重点

——提高大型、精密、复杂与长寿命模具的设计与制造技术,快速提高汽配、家电等大型模具设计制造能力,加快引进国外先进制模设备,应用国际先进模具设计软件特别是 CAE 软件,提高模具制作的数字化水平。

——积极采用快速成型设备和技术,发展推广模具标准件制作,推广热流道、气体辅助注射等新技术和工艺,提高大型精密复杂模具的制造水平。

——大力发展模具技术和工艺领域的盲区,如激光焊接、三维微加工技术（DME）、三维型腔的精密成型和镜面电火花加工一体化技术以及稀土元素表面强化、化学镀、纳米表面处理、铝材模等大量先进加工工艺、材料和技术。

——寻求与模具配套领域的重大突破,如铸造、锻造、粉末冶金、热处理与表面处理技术等方面;进一步开发应用快速原型、快速经济模具制造新技术、模具制造的节能、节材技术。

（3）标准化重点

——组织专家制定塑料模具块状产业联盟标准,把执行模具标准件国家标准、标准件使用覆盖率、原材料和零部件进厂检验要求、生产过程控制要求、车间作业现场管理、QC 小组活动、产品出厂检验等纳入联盟标准。

——推广模具标准设计、UG 软件的使用,加强标准模架、导向件、推杆推管、弹性元件等的应用。

——建立模具产品标准信息服务平台,强化企业标准信息服务。

2. 服务业领域

——开展"电子商务进企业"工作,有条件的企业建立独立的电子商务平台或联合第三方电子商务服务企业开展电子商务应用,建立网上专业市场,通过电子商务的营销模式创新,缩短产品流通周期,降低营销成本,拓展国内外市场。

——引进、培育各类创新创业中介服务机构,为企业自主创新提供技术评估、人才引进与培训、信息咨询、管理咨询、投融资和法律咨询等服务。

——着力引进科技含量高、成长性好、带动力强的重大项目以及提升产业层次的高端项目,如模锻、铸造、热处理中心等,大力发展模具配套产业。

——创建一家服务于模具企业的生产力促进中心,由生产力促进中心对模具产业发展的共性技术进行统一研发,提高共性技术利用效率。

——建成一家服务于区域经济的特殊科技型服务机构,服务范围包括科技咨询、技术中介等,通过服务机构提供服务实现区内知识、资源、技术的溢出。

——创建模具检测中心,为区内模具企业提供检测上的方便,政府可通过招商引资方式引入国家电机及机械零部件产品质量监督检验中心模具实验室。

——向国家工商总局申请并注册"黄岩模具"商标。

3. 空间优化思路

以推动黄岩模具产业块状经济向现代产业集群转变为目标,结合黄岩城市与产业发展形态,为模具产业发展空间构建"一主一副一中心"的产业布局,形成高度集聚为主要形式,合理调整产业梯度和企业布局,大力提升各类公共平台作用(具体布局规划如图 4-26 所示)。

"一主":即远景规划 2310 亩中国(黄岩)模具新城,是未来黄岩区模具产业发展的最核心区块,要大力引进优质模具企业入驻,提升资源利用率和投入产出率,成为带动黄岩区模具产业发展的龙头。

"一副":即西城和北城两块拥有较强产业发展基础的片区,要依托两大片区现有模具产业优势,在鼓励区块内优质企业向模具新城集聚的同时,着力培育和孵化有潜力、有特色的模具企业,成为黄岩模具产业后备力量的重要培育区域。

"一中心":即中国黄岩模具博览中心,是该区模具产业最集中、最重要的公共服务平台和交易平台,形成专业交易市场和研发、检测、培训、展示、信息五大中心,成为推动该区模具产业向更高层次发展的重要平台和产业发展副中心。

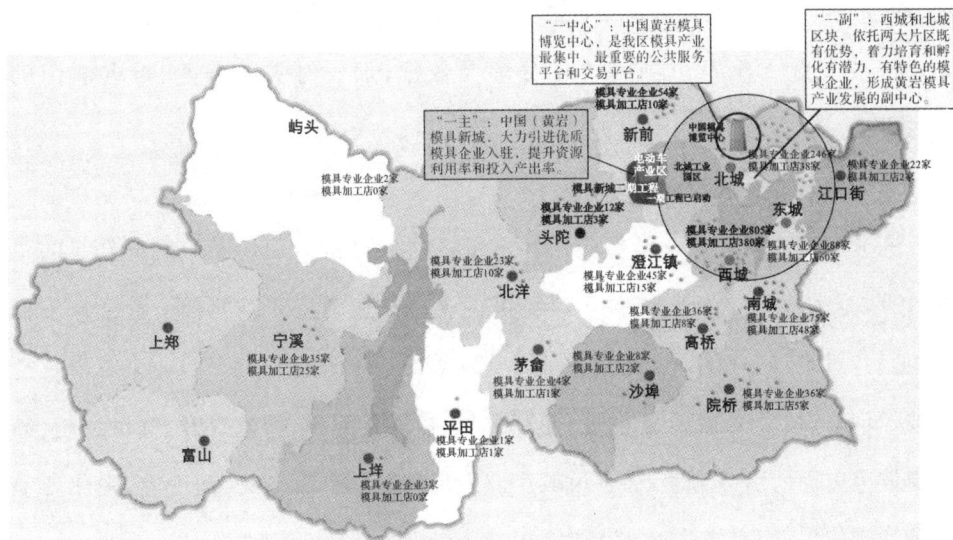

图 4-26　黄岩模具产业总体空间布局规划

三、保障措施和扶持政策

(一)组织领导和责任落实

1. 成立区产业转型升级领导小组

成立"黄岩模具产业转型升级领导小组",由区政府主要领导任组长,由区经济贸易局、发展改革局、财政局、科技局、人劳社保局、国土资源局、规划分局、外经贸局、质监局、人民银行黄岩支行、经济开发区管委会、黄岩模具协会等单位为领导小组成员,负责模具产业集群转型升级行动实施和政策制定,协调解决模具产业发展中的重大问题。

2. 强化升级方案责任分解

对于产业转型升级重点项目,建立区政府主要领导或分管领导、各主管部门、企业、协会以及各方专家参与的项目责任制,充分落实各部门的分解责任;以转型升级实施方案重点项目责任分解为依据,加大对重点企业、重点部门的考核。

3. 编制转型升级实施意见

充分利用浙江省工业转型升级和示范区块状经济向现代产业集群升级的机遇,以区委区政府名义出台《关于加快推进模具产业转型升级的若干意见》(下称《意见》),对模具企业用地、资金、补贴、奖励等给予明确化、制度化,加大对模具企业技术创新、技术改造、人才引进、专利申报、标准化建设、质量提升、质量赶超、品牌建设等方面的引导力度;结合区域产业发展特色,充实《意见》的内容,强化各项政策的实施条件、实施单位,必要时出台相应实施细则。

(二)龙头企业引进和培育

1. 建立产业龙头骨干企业培育体系

对列入模具产业集群龙头骨干培育名单的企业,每家一次性安排 10 万元,专项用于企业的发展战略提出、研究、制定及落实等,培育名单每两年进行一次调整。

2. 鼓励规模以上企业做大做强

对其他新增的模具产品销售收入当年超过 3000 万元(含)、5000 万元(含)、1亿元(含)及以上的企业,年终分别奖励 3 万元、5 万元、10 万元;对当年新增的规模以上(销售收入 500 万元)企业奖励 1 万元。

3. 大力引进优质模具企业

积极鼓励境内外优质模具企业来黄岩投资,对当年引进的投资额在 1000 万元(含)以上(不包括土地成本)或当年实到外资在 100 万美元(含)以上的企业,一次性奖励 30 万元,同时企业在办理相关证照及报批手续时实行专人跟踪服务制度。

4. 鼓励企业实施兼并重组

鼓励优质规模模具企业实施兼并重组,提高规模化生产水平,推动产业结构调整升级。经确认,免除各项行政事业性收费;兼并重组过程中产生的营业税、企业所得税地方新增财力部分,由区财政给予全额补助,在资产过户、排污许可、土地证办理等方面给予相应优惠政策。

(三)企业自主创新能力提升

1. 加大科技型企业的培育扶持力度

对新确认的高新技术企业,一次性给予 10 万元奖励,对高新技术企业执行企业所得税 15% 的规定;对获得省科技型中小企业称号的企业奖励 5 万元;列入国家级、省级星火计划项目的企业,分别奖励 6 万元、3 万元。对企业设立国家级、省级、市级企业技术中心、研究开发中心、产品质量检测中心,经有关部门考核认证确认并保持正常运转的,国家级、省级、市级的分别给予 100 万元、35 万元、20 万元一次性补助。经省、市认定与大院名校共建创新载体的企业,分别给予 20 万元、10 万元的奖励;对设立国家级、省级博士后工作站的企业分别给予 30 万元、15 万元的奖励。

2. 引导企业加大研发投入

执行企业研发费 150% 加计抵扣政策,并对当年加计抵扣实际发生额达 30 万元及以上的企业,再给予一定比例的补助,最高补助金额不超过 50 万元。

3. 鼓励企业技术改造

对实际设备(技术)投资达到 300 万元以上且符合产业导向的技改项目,按设备(技术)投资额 300 万(含)～1000 万元、1000 万(含)～3000 万元和 3000 万元(含)以上,按一定比例分档累进的奖励。对列入高端关键设备引进目录范围内的进口设备,单台设备在 300 万元(含)以上的,区财政分别按设备额的 6% 给予补贴,单台设备补助最高不超过 100 万元。

4. 推广应用先进制造技术

对模具企业引进应用的各类产业技术,在技术引进实施后,区财政按企业实际开票支付技术交易额的 15% 给予企业一次性补助,每项补助最高不超过 20 万元。

5. 鼓励企业开发精品模具

每年在全区范围内开展 30 副大型、多层、多腔、多色、精密等优质模具评选,给予每副 0.5 万元奖励,并享有优先推荐参加精模奖和国家级新产品模具认定的资格。对经中国模协技术委员会评定,获得国家精模一、二、三等奖的模具,分别给予 2 万元、1.5 万元和 1 万元奖励。被认定为国家级新产品的模具每副奖励 8 万元;模具产品被评为国际水平和国内先进水平的企业,每副分别奖励 1 万元、0.5 万元。

(四)公共服务平台体系建设

1. 鼓励产业服务平台建设

凡进驻中国黄岩模具博览中心和模具新城的各类模具产业公共服务平台,经相关部门确认后对产业有促进作用的,除在土地安置、办公场所安排等方面提供优惠外,另每家一次性补助 5 万元用于各项业务开展。

2. 拓展公共信息商务网络建设

对在黄岩区域注册成立的模具产业专业网络平台,予以一定金额的补助;支持有条件的企业建立独立电子商务平台,支持企业联合第三方电子商务服务企业开展电子商务应用,建立网上专业市场。

3. 积极鼓励举办各类推介活动

对有关部门组织的模具产业座谈、沙龙、论坛等活动予以支持；对在我区举办的全国性模具会议予以支持。

(五)企业经营管理水平提升

1. 提高信息化应用水平

企业新实施 CAD/CAM 集成系统，经认定审核后每家一次性给予 2 万元奖励；新实施 CAD/CAM/CAE 集成系统，经认定审核后每家一次性给予 3 万元奖励；新引进 ERP 等管理软件且投入额在 20 万元(含)以上，实施管理系统化并且在行业内具有示范作用的企业，经认定审核后按实际投入额的 30％予以补助。

2. 强化科技成果转化和标准化推进

对获得国家、省、市专利示范企业称号的企业，分别奖励 10 万元、5 万元、2 万元。对承担组建新的全国专业标准化技术委员会、分技术委员会以及工作组的企业，分别给予 20 万元、10 万元、5 万元一次性奖励；对年模具标准件覆盖率达到 50％以上和 60％以上的企业，经认定后分别给予 2 万元、3 万元奖励。

3. 强化企业自主品牌建设

鼓励企业争创国家和省级名牌称号，积极挖掘有潜力的企业和产品，进行重点扶持；打造一批品牌企业，对新获"中国名牌"、"中国驰名商标"(行政认定)称号的企业给予 25 万元的奖励；对新获"浙江名牌"、"浙江省出口名牌"、"浙江省著名商标"称号的企业给予 5 万元奖励；对新获"台州名牌"、"台州市著名商标"称号的企业给予 1 万元奖励。

4. 积极提高广告宣传支持

对已获得省级以上名牌或商标称号的企业开展的各种形式的广告宣传予以支持，在国内主要媒体和模具产业主要宣传渠道进行企业和产品的广告宣传，并按广告费的 10％给予补助,每家最高补助不超过 10 万元。

5.加快高级人才引进和培养

积极鼓励企业参加有关部门或行业协会组织的各类人才培训班,年底按实际培训费的 20％予以补助,最高补助不超过 10 万元;对企业引进的高级人才,单人当年缴纳个人所得税超过 1 万元以上的部分,区财政给予地方留成部分 50％的补助;鼓励企业设立内部职工技能培训中心,整合教育培训资源,培训费用按计税工资总额的 2.5％列入成本开支。

(六)要素资源保障优化

1.设立模具产业专项资金

设立"黄岩模具产业转型升级发展资金",区财政每年统筹安排 1500 万元资金,用于支持产业发展带动性强的公共平台搭建、人才培养、各类研讨交流活动开展、重点项目建设、产业名牌创建、产品开发创新、产业基地建设及"黄岩模具"推广宣传等。区模具产业转型升级领导小组组织出台《黄岩模具产业转型升级发展资金管理办法》。

2.加大企业用地支持力度

以中国(黄岩)模具新城规划建设为主,在用地指标落实方面,国土部门每年安排至少 400 亩土地用于模具企业扩大生产。

3.改善企业融资环境

积极创建灵活宽松的融资环境,各金融机构要加大对模具企业的信贷投入,优化信贷结构,提高企业授信等级。

4.鼓励企业参与各类展会

对模具企业参加区备案的境内外重点展会,给予展位费补贴和费用补助。模协组织行业内企业以"黄岩模具"形象集体参加国内(国际)模具展览会且每次参展企业在 20 家以上的，每次给予 4 万元的布展经费补助。

5. 强化区域品牌建设

注册申报"黄岩模具"商标，由模协制定商标使用规则；区质监局和模具协会共同申请"浙江区域名牌"，区财政每年拨付 15 万元专项资助用于"黄岩模具"商标和"浙江区域名牌"的宣传和推广。

6. 支持行业协会建设

区财政每年专门拨付 20 万元作为行业协会扶持资金，积极鼓励协会开展宣传区域品牌、加强行业自律、组织人才培训、开展技术推广、申报税收优惠等工作。

（本文写作于 2009 年 12 月）

从低效粗放迈向高效集约

——加快推进浙江船舶工业转型升级研究

一、浙江船舶工业发展现状分析

浙江位于我国船舶工业(含海洋工程装备)三大造船基地之一的长三角造船基地区域,处于我国钢铁、石化、国际航运发达的产业密集区,在发展船舶工业方面拥有得天独厚的区位优势、岸线资源、港口条件与自然场址。近十年来,尤其是"十一五"期间,浙江省船舶工业充分利用岸线资源优势,抓住产业发展机遇,实现了跨越式发展。船舶工业经济规模不断扩大,块状经济特色明显,涌现出一批龙头骨干企业,为下一步推进船舶工业转型升级奠定了扎实基础。

(一)取得成就

1. 经济规模总量不断扩大

2011 年,浙江省船舶工业企业完成工业总产值 1051.4 亿元,与 2007 年相比年均增长 27.9％,占全国规上船舶工业企业工业总产值的 13.5％,排名全国第二。其中,船舶制造业完成工业总产值 876.6 亿元,船舶配套业完成工业总产值 63.5 亿元,船舶修理产值 64.7 亿元。2011 年,浙江省船舶工业企业实现主营业务收入 679.9 亿元,与 2007 年相比年均增长 23.0％,占全国规上船舶工业企业主营业务收入的 10.9％(见表 4-11)。

表 4-11　浙江船舶工业总体发展概况

年份	地区	造船完工量(万载重吨)	新承接船舶订单(万载重吨)	手持船舶订单(万载重吨)	船舶工业工业总产值(亿元)	船舶制造产值(亿元)	船舶修理产值(亿元)	船舶配套业产值(亿元)	船舶工业主营业务收入(亿元)	船舶工业利润(亿元)
2011 年	浙江	1126	870.1	2607.5	1051.4	876.6	64.7	63.5	679.9	24.4
	全国	7665	3622	14991	7775	5983	811	909	6221	481
2010 年	浙江	1066.8	1341.7	3022.9	865.2	706.9	58.8	63.8	698.1	41.1
	全国	6560	7523	19590	6799	5135	825	769	5271	408
2009 年	浙江	748.6	1034.7	2837.8	785.6	620.87	58.34	56.1	582.73	29.51
	全国	4243	2600	18817	5484	4176	677	620	4080	316.4
2008 年	浙江	522	1089	2555	592.67	466.77	73.25	20.35	462.89	33.43
	全国	2881	5818	20460	4143	3170.84	644.76	436.01	3000	283.4
2007 年	浙江	293.26	1170.30	1704.47	392.50	307.29	50.66	16.28	296.72	25.53
	全国	1893	9845	15889	2563	1795	533	228	2000	200

浙江省船舶企业 2011 年造船完工量达到 1126 万载重吨,是 2007 年的 3.8 倍,累计完工出口船舶 755.2 万载重吨,是 2007 年的 7.37 倍。2011 年,浙江省造船完工量、新承接船舶订单、手持船舶订单三大造船指标在各省市排名中继续保持前三位。2007—2011 年,全省累计造船完工量 3756.7 万载重吨,占全国的 16.2％;累计新承接船舶订单 5505.8 万载重吨,占全国的 18.7％(见表 4-12)。

表 4-12　浙江三大造船指标占全国、全球份额　　　　单位:%

三大造船指标	2007 年		2008 年		2009 年		2010 年		2011 年	
	全国	全球	全国	全球	全国	全球	全国	全球	全国	全球
造船完工量	15.5	3.6	18.1	5.3	17.6	6.1	16.3	6.8	14.6	6.6
新接订单量	12.3	5.2	18.7	7.0	39.8	24.5	17.8	8.6	24.0	12.5
手持订单量	10.7	3.5	12.5	4.4	15.1	5.8	15.4	6.3	17.4	7.5

2. 技术装备水平逐步提升

全省现有 5 万吨级以上船坞(台)53 座,配置 200 吨以上起重吊机 76 台,最大起重能力 800 吨。重点骨干企业已逐步采用平面分段生产流水线等关键技术装备、三维船舶设计系统以及先进船舶设计技术。钢材利用率、高效焊接率、预舾装率、无余量上船台率等技术指标处国内先进水平,船坞(台)、码头周期达到或接近国内先进水平。船舶公共服务体系建设不断完善,已拥有专业船舶设计院所、公共平台 30 多家,具备 7 万吨以下各类船舶的设计能力。同时,相关的检验检测服务能力不断增强,在非常规船舶检测项目、检测辅件自主创新领域走在全国前列。

3. 产业集聚发展趋势明显

浙江省船舶工业已经形成超 50 亿元的船舶产业集群 7 个(见表 4-13),其中岱山、普陀、定海三个跨县域区域发展,并作为舟山船舶修造产业集群一起列入全省 42 个块状经济向现代产业集群转型示范区之中。从区域分布来看,舟山、宁波以大中型远洋船舶和海洋工程装备为主,台州、温州、杭州主要建造中小型船舶,嘉兴、湖州以建造小型内河船舶为主,杭州的富阳、淳安和湖州等临江临湖地区主要发展游艇、赛艇产业;修船产业主要集中在舟山地区;船用配套产品分布于全省各地,舟山、宁波及杭州是船舶动力产品的主要分布区域,杭州、宁波、舟山、台州、温州、绍兴是船用配套产品的主要分布区域。

表 4-13　超 50 亿元的块状经济(仅限船舶修造领域)　　　单位:亿元

序号	产业集群名称	市名	县区名	工业总产值	工业销售产值	出口交货值	利润总额	税收
1	岱山船舶修造产业集群	舟山	岱山县	307.79	307.78	267.59	26.49	0.93
2	普陀船舶修造产业集群	舟山	普陀区	253.23	253.23	187.75	4.04	3.40
3	定海船舶修造产业集群	舟山	定海区	141.79	138.57	23.77	3.54	1.33
4	临海船舶制造业产业集群	台州	临海市	89.94	100.83	18.37	2.69	1.95
5	温岭船舶修造业产业集群	台州	温岭市	76.65	75.80	18.81	4.18	1.18
6	奉化船舶产业集群	宁波	奉化市	73.93	53.55	45.65	6.67	0.58
7	乐清船舶修造产业集群	温州	乐清市	65.93	61.23	15.88	3.64	3.40

注:据省经信委最新一轮块状经济统计数据(2010 年)。

4. 龙头企业培育渐见成效

全省已经涌现出诸如"金海重工"、"浙江造船"、"中远船务"、"扬帆"、"常石"等一批知名度较高的重点造船骨干企业。2011 年,"金海重工"跃升为国内大型多种类型船舶制造企业之一,手持订单量世界排名第八、国内排名第二;工业总产值排名前十位的企业共实现工业总产值 507.4 亿元,占全省船舶工业总产值的 48.3%(见表 4-14);5 家省级船舶工业行业龙头骨干企业共实现销售收入 315.1 亿元、利润总额 9.87 亿元,分别占全省船舶工业的 46.3%、40.5%,与 2009 年相比分别提高了 10.0、8.7 个百分点(见表 4-15)。

表 4-14　2011 年船舶工业总产值排名前十位企业

序号	单　　　位	工业总产值(亿元)	占全省的比重(%)
1	金海重工股份有限公司	132	12.6
2	扬帆集团股份有限公司	78	7.4
3	舟山中远船务工程有限公司	57.4	5.5
4	浙江欧华造船有限公司	56.2	5.3
5	常石集团(舟山)造船有限公司	48.8	4.6

续表

序号	单　　位	工业总产值（亿元）	占全省的比重（%）
6	浙江造船有限公司	48	4.6
7	浙江正和造船有限公司	32.2	3.1
8	杭州前进齿轮箱集团股份有限公司	28.6	2.7
9	台州枫叶船业有限公司	14	1.3
10	舟山增洲船舶修造有限公司	12.2	1.2
合　　计		507.4	48.3

表 4-15　5 家省级龙头骨干企业发展情况　　　　　　　　　　单位：亿元

序号	企业名称	区域	年度	销售收入	出口交货值	利润总额	上缴税收
1	金海重工股份有限公司	舟山	2009 年	75.72	24.63	4.06	0.22
			2010 年	110.92	89.92	7.28	0.91
			2011 年	135.07	76.71	9.61	1.93
2	浙江欧华造船有限公司	舟山	2009 年	35.47	35.47	0.13	0.37
			2010 年	43.37	37.97	0.96	0.47
			2011 年	56.23	54.23	0.52	0.49
3	扬帆集团股份有限公司	舟山	2009 年	40.45	31.77	3.93	1.27
			2010 年	52.06	40.25	0.41	1.38
			2011 年	53.24	51.63	−2.21	1.49
4	浙江造船有限公司	宁波	2009 年	44.94	20.23	0.41	0.34
			2010 年	56.03	32.73	4.66	0.53
			2011 年	50.87	50.04	0.45	0
5	杭州前进齿轮箱集团股份有限公司	杭州	2009 年	15.24	1.47	0.83	0.83
			2010 年	18.08	1.75	1.21	0.89
			2011 年	19.69	1.73	1.5	0.84

5. 自主创新能力逐步提升

浙江省船舶企业通过加大创新投入，努力提升新产品开发能力，在部分领域取得了突破。例如，终端产品开发方面，世界首艘按照国际共同规范（CSR）设计的

5.45 万吨散货船,GPA254 石油平台供应船等多种类型海洋工程船,3.8 万吨自航式半潜船、采用液压环梁步进式升降装置的海上平台、415WC 可移动自升式起重平台等产品均已成功开发。配套产品开发方面,DN8320 大功率中速柴油机填补了浙江省不能自主配套大船主机的空白,HCQ700 轻型高速船用齿轮箱打破了我国完全依赖进口的局面,大型螺旋桨、变距推进器等一批世界知名品牌船舶配套产品也开始在浙江省制造,船舶配套与船舶制造逐步协调发展。此外,浙江省开始发布首个反映国内船舶交易价格波动趋势的"中国船舶交易价格指数"——舟山船舶交易价格指数,标志着浙江省在船舶工业领域的商务创新也迈出了重要一步。

6. 行业平台建设取得成效

浙江省造船工程学会、浙江省船舶行业协会在密切行业联系、扩大省外交流、提供行业信息咨询服务方面起到了积极作用,有利于引导船舶工业企业逐步向有序竞争、差异化竞争方向转型发展。浙江省航海学会船舶技术专业委员会和国家船舶舾装产品及材料质检中心在提升船舶检验检测技术水平、强化质量保障等方面发挥了有力保障,有利于支持船舶工业企业加快向技术研发、品牌经营方面转型发展。以扬帆集团股份有限公司为牵头单位的浙江省船舶制造产业技术创新战略联盟,在开展关键共性技术攻关、共享技术攻关成果、提升联盟整体创新能力等方面发挥了显著作用,有利于推动龙头船企加快向高质量、高技术含量和高附加值等领域转型发展。

(二)存在问题

我们也必须清醒地看到,浙江省船舶工业起步较晚,短期增长迅猛,发展模式粗放,质的提升水平远远滞后于量的扩张速度,在快速发展中也积累了不少矛盾和问题,与兄弟省市、世界造船强国相比仍然存在较大差距。

1. 造船品种较为单一,产品结构有待优化

从手持订单结构来看,浙江省造船品种主要以附加值低、技术含量低的散货船、中小型船舶为主。目前浙江省手持订单中,尽管散货船占比已经从 2008 年的 75.87% 下降到 2011 年的 71.3%,但仍在 70% 以上。其中大多为舾装件产品,高附加值船舶和高技术含量特种船舶比重偏低,缺乏高端和知名品牌。由于产品类型过于集中,散货船市场的巨大波动会对浙江省散货船制造企业带来较大系统性风险。

2. 龙头企业规模较小,国际竞争能力较弱

与兄弟省(直辖市)发达地区相比,浙江省龙头企业整体能力有待提升。2011 年浙江省船舶工业总产值超百亿元的企业仅有金海重工 1 家,而江苏省有 4 家;浙江省造船完工量突破 100 万载重吨的企业仅有金海重工、扬帆集团、常石集团(舟山)3 家,江苏省则有江苏新世纪、江苏熔盛重工、扬子江等 11 家。与韩国、日本等造船发达国家相比,浙江省龙头企业造船规模较小,实力较弱。2011 年舟山金海重工的造船完工量 233.6 万载重吨,分别占韩国现代重工、日本今冶造船年度造船完工量的 9.9%、53.5%。截至 2011 年 12 月,按手持订单量排名,浙江省仅金海重工入围全球前十强(第八位),其规模与韩国三星重工、现代重工等企业相比也要小得多。

3. 创新研发起步较晚,自主设计能力较弱

从船舶设计研发平台来看,高新船型研究和共性关键技术的应用能力较为薄弱。浙江省共有船舶设计院所 30 余家,主要以常规船型设计为主,一些自主开发设计的主流船型的性能参数与日、韩相比还有一定的差距;绿色环保船型,高技术、高附加值船型设计能力较弱,仍未摆脱依赖国外设计的局面。部分设计研发服务平台尚处于起步阶段,功能仍有待完善,难以满足船舶工业快速发展的研发创新与设计需求。从企业品牌经营来看,浙江省船舶企业缺乏品牌积累与沉淀。浙江省多数船舶企业主要集中在船舶制造加工环节,不具备船型研发设计能力。部分企业(如金海重工的阿拉芙型油船和常石(舟山)的散货船系列)具有一定的品牌效应,但缺乏国际认可的精品船型,难以形成自主品牌产品。而韩国现代重工已经连续 28 年、总计有 60 多艘船舶被评为"世界优秀船舶"。

4. 配套产业规模较小,本土化装船率较低

浙江省配套产业规模较小,核心零部件的装船率较低。2010 年,浙江省主流船型船用配套设备本土化装船率约为 15％～20％,低于 49.67％的全国平均水平,与日本 98％、韩国 90％的国产化船用设备装船率水平差距更大。2007—2011 年,浙江省船配工业总产值占全国的比重从 2007 年的 7.1％下降到 7.0％,与兄弟省市相比,发展规模亟待扩大。目前浙江省的船舶配套基地主要为舟山一家,而江苏省已经形成了南京、泰州、镇江三大船舶配套基地。浙江省能够为常规出口船、中高端船舶配套的产品种类依然有限,多数为船用油漆、中小型螺旋桨、锚链、舱口盖、舾装件、五金零件等技术含量低、附加值低的"双低"产品,舱室设备、自动化设备、通信导航仪器产品极少或几乎没有,众多高端产品基本处于空白。具有较高技术含量和附加值的中高端船舶配套产品的本地开发和制造能力有待进一步加强。

5. 企业融资困难较大,各种税费负担较重

企业面临融资难、融资贵问题。船舶工业是典型的资金密集型产业,需要大量资金来支持企业正常运转和开展经营活动。由于外部宏观调控和经济形势的影响,银行将船舶工业列为高风险行业,对船舶企业的放贷始终保持谨慎态度,使得众多船厂和船东融资难度和融资成本进一步加大。对于浙江省具有保函能力的骨干船厂来说,融资成本的增加不仅导致造船成本上升,更使得船厂流动资金短缺问题加重。为了应对融资难问题,部分企业采取了"短贷长投"、民间借贷等方式,大幅度放大了企业经营风险,也在客观上进一步加剧了"交船难"和"接单难"。浙江省船舶企业税费负担也相比较重。与江苏、安徽省相比,浙江省部分地区(如台州)

船企税收负担较重。由于调整了船舶生产企业的最低计税依据(按吨计征调整为按一般纳税人计征),企业的税负出现了大幅度增加,不仅压缩了企业盈利空间,也直接导致船东向外转移订单。另外,下水服务费、拖轮服务费、船舶出港服务费、环保收费等收费项目依然较多。

6. 涉船管理多头重复,行业自律能力较弱

一是涉船部门实行的是条块结合的管理体制和行政事业单位的管理模式,职责履行协调性较弱,管理存在多头重复现象。按现行管理体制,船舶制造行业的行业管理者为各级地方政府的经信委(经信局);质量检验由船舶检验部门负责;企业安全生产管理为安全生产监督局负责;航行安全由交通部海事局各派出机构和地方海事部门负责。这种管理体制表面上职责清晰、管理有序,但实际上在小船厂准入监管、船检管理、船舶质量源头控制等领域难以管理到位。二是行业组织协调有待加强,自律约束机制有待完善。经济形势好的时候,浙江的温州、台州、宁波、舟山等主要造船基地,相继出现低水平扩大投资、小规模生产发展、造船民企散乱等"低、小、散"一哄而上的局面,形成结构性产能过剩。经济形势不好的时候,企业又只能各自为战、自生自灭,无船可造、船舶积压,撤单、弃船等现象接连出现。

二、船舶工业转型升级迫在眉睫

"十二五"时期,船舶工业的内外发展环境已发生新的变化,既面临着浙江海洋经济发展示范区上升为国家战略的良好机遇,也面临着全球经济增长趋缓、市场有效需求不足、国内产能明显过剩、生产成本不断上升、国际新标准继续施压等挑战。

(一)全球船舶市场迎来重大调整期

"十二五"中前期,国际航运市场持续低迷,上一轮造船高峰期超量订船所形成的世界运力过剩一时难以消化,同期投资发展的造船能力释放后造成的产能过剩矛盾进一步显现,这些因素将推动传统船型产能总量优化和价格下降,船队船舶拆船量上升和高附加值船舶和装备需求增加,世界造船竞争格局正面临重大调整。

1. 市场供求格局发生重大变化

受全球经济复苏受阻影响,船舶市场需求持续低迷。当前国际造船产能总量大于市场需求,市场价格在低位徘徊。2012 年,全球新船订单量为 7000 万～8000 万载重吨,而造船完工量则达到 1.5 亿载重吨,预计船舶供需失衡状况将进一步压低市场价格。受美欧债务危机影响,短期内的发展环境对船舶市场价格上升也形成不利因素,预计散货船等传统船舶的新造船价可能再降低 15％～20％。鉴于市场需求低迷,船舶产品供大于求,船舶拆解业将迎来一个发展高潮。2011 年世界船舶拆解达 4000 万载重吨,是 2009 年的 4 倍,明年或将有更多的船舶要进行拆解。预计"十二五"期间全球船舶拆解量在 1.15 亿载重吨左右,年均拆解量 2300 万载重吨。

2. 产品需求结构发生重大调整

2011 年以来,国际船舶市场需求结构发生了重大变化,我国具有竞争优势的散货船、油船等的需求量和价格急速下跌,而超大型集装箱船、LNG 船等双高船在整个市场需求结构中所占比例显著提升。传统船型的产能优化和价格下降将成为"十二五"国际船舶市场调整的主要方向,未来具有发展潜力的细分市场主要包括以下领域:(1)海工装备领域。2010—2015 年世界海洋钻井装置的总需求量为83～166 座(艘),其中自升式平台 6～12 座,半潜式平台 66～93 座,钻井船 11～12艘;平均年需求量约 16～24 座。(2)特种船领域。包括 LNG 船、化学品船、海洋执法船、海工辅助船等多种类型。仅以 LNG 船为例,韩国大宇预测,全球液化天然气运输船(LNG)需求量将提高到每年 20 艘,2015 年市场年增长率达 7.7％。2011—2030 年间中国天然气需求量年均增长为 6.5％,为满足天然气的进口需求,预计到

2015 年,中国将拥有超过 65 艘的 LNG 船。(3)游艇领域。据中国交通运输协会邮轮游艇分会预测,今后 5～10 年,我国企业对游艇的需求就有 5 万艘,中产以上阶层个人购买量大概也有 5 万艘。按平均每艘 50 万～100 万元的价格计算,我国的游艇产业将能创造出一个最高可达 1000 亿元的巨大市场。

3. 行业竞争模式将发生重大演化

目前在国际环保要求日趋严格,国际油价居高不下的大背景下,船东已经认可绿色节能船舶。日韩造船业已经意识到,在世界运力过剩的情况下,只有通过提高船只绿色节能高标准,加快老旧船舶淘汰,方可为未来的造船市场需求腾出空间。未来船市需求必然将以绿色节能船舶为主,相应的技术也将成为未来竞争的关键,主要造船国家和企业竞争力将发生变化,部分缺乏技术实力的造船企业将被迫退出市场竞争,世界造船业竞争格局将可能面临新一轮洗牌。

(二)国内船舶工业进入关键发展期

预计"十二五"期间,世界造船业竞争格局将从中日韩三足鼎立转变为中韩两强争霸,国内船舶工业将进入抢抓机遇、做大做强的加速期。

1. 全球造船中心东移趋势明显,我国正加快从制造大国走向制造强国

工业和信息化部在《船舶工业"十二五"发展规划》中明确指出,"'十二五'时期,船舶工业将进入由大到强转变的关键阶段。……到 2015 年……国际造船市场份额稳居世界前列,成为世界造船强国"。20 世纪 50 年代之前,现代造船业是欧洲一统天下,从 50 年代中期开始,日本、韩国、中国造船业先后崛起,世界造船中心逐步东移。远东地区造船呈现中、日、韩三足鼎立局面。2011 年在造船产量、订单承接量和手持订单量方面,韩国分别占世界市场份额的 31.3%、38.3%、32.0%,日本分别占 18.7%、4.2%、15.4%,中国分别占 45.1%、52.2%、43.3%。目前韩国船企加强了散货船、油船等常规船舶的营销力度,我国也正积极向 LNG 船和海洋工程装备等高技术船舶装备领域拓展市场,预计到 2015 年,我国国际造船市场份额将稳居世界前列,海洋工程装备设计制造能力进入世界前列,成为世界造船强国之一。

2. 船舶工业将进入兼并重组和结构调整频发期

《船舶工业"十二五"发展规划》中明确提出要进一步优化船舶工业结构,推进产业结构优化升级,促进中小造船企业向"专、精、特"方向发展,在优势领域形成特色和品牌;力争到 2015 年,实现"产业集中度明显提升,前 10 家造船企业造船完工量占全国总量的 70% 以上,进入世界造船前十强企业达到 5 家以上"的发展目标。预计"十二五"期间,国家及各兄弟省市将进一步优化船舶工业结构,大力推进跨地区、跨行业、跨所有制等多种形式的兼并重组,提高产业集中度。

3. 国际造船新标准实施将带来重大考验

在"十二五"期间,《所有类型船舶专用海水压载舱和散货船双舷侧处所保护涂层性能标准》(PSPC)、《目标型船舶建造标准》(GBS)、《新船能效设计指数》(EEDI)、《柴油机排放标准以及燃油硫含量标准》等一批国际造船新标准、新规范将生效实施或进入前期运作阶段,如何有效应对国际新标准、新规范,是我国大量中小船企将面临的严峻考验。

(三)浙江船舶工业处于战略转折期

"十二五"时期,浙江船舶工业的内外发展环境已发生新的重大变化,面临着机遇与挑战并存的局面,正处于战略发展的"拐点",积极成功转型升级则能抓住机遇,实现行业大发展、大繁荣、大跃升;不转型升级,则面临生存压力,难以有效应对竞争,行业发展可能一落千丈,迅速失去现有的行业地位和优势。

1. 加快船舶工业转型升级,是应对行业不景气、转"危"为"机"的内在需求

由于受制于全球经济大气候影响,船舶市场面临供大于求的严峻挑战,许多中小企业面临生存危机。根据本课题调研,目前浙江省舟山以及甬、台、温等船舶工业主要布局地区的众多船企正面临比 2008 年更严峻的形势,成本上升、订单不足、融资困难,许多企业甚至处于停产乃至破产的边缘。切实推进船舶工业转型升级,才能积极稳妥地度过当前行业发展低谷期,避免被洗牌出局,也才能有机会抓住发展机遇,推动整个产业更上一个台阶。

2. 加快船舶工业转型升级,是贯彻落实国家战略和相关规划的客观需要

首先,浙江省已经把船舶工业列为浙江工业转型升级的重要内容。2012 年,浙江省政府在《浙江工业强省建设"十二五"规划》中明确提出要"重点发展散货船、油船、集装箱船等高附加值大型船舶,以及船用主(辅)机、动力装置、甲板机械等配套设备和船舶控制与自动化、通讯导航等船用电子设备,做强特种船舶和远洋渔船,积极发展中高档游艇。……努力建设成为国际上有相当影响力的船舶修造基地。"其次,浙江船舶工业已经成为长三角区域先进制造业发展的重要内容。2010年公布的《长江三角洲地区区域规划》中明确提出,要"以上海、南通、舟山等为重点,建设大型修造船及海洋工程装备基地",并鼓励舟山、台州等地建设船舶类先进制造业基地,成为民营经济创新示范区。再次,《浙江海洋经济发展示范区规划》上升为国家战略,为浙江省船舶工业转型升级带来重大机遇。《浙江海洋经济发展示范区规划》中明确提出,要"充分发挥浙江港口岸线丰富的优势,坚持自主化、集群化、高端化方向,大力发展以船舶工业为重点的临港先进制造业。"2011 年 4 月,浙江省在《浙江省人民政府办公厅关于印发浙江海洋经济发展试点工作方案的通知》(浙政办发〔2011〕30 号)中提出建设 10 个临港先进制造业基地,其中仅船舶工业类基地就占了一半。

3. 加快船舶工业转型升级,也是加大海洋资源勘探开发力度,有效应对外部挑战、提升海权维护能力的迫切要求

随着中国发展成为世界第二大经济体,中国对海洋的依赖也与日俱增,海洋战略也由此被提升到前所未有的高度。一方面,海洋油气与矿产资源的勘探和开发需要船舶工业转型升级。据保守估算,我国近海石油资源储量为246亿吨,海洋天然气资源量为15.79万亿立方米,分别占全国石油和天然气资源总量的23%和29%。此外,海洋中还包括巨量的天然气水合物(可燃冰)和海底热液硫化物、多金属结核和富钴结壳资源等。海洋资源的勘探和开发必须加快开发研究勘探船、自升式钻井平台、半潜式钻井平台和生产平台、钻井船以及浮式生产储卸装置(FPSO)等。另一方面,海洋主权的维护形势日趋严峻复杂,也需要加快船舶工业转型升级。近期发生的黄岩岛对峙事件再次证明,在美国的支持下,周边国家勘探海底资源步伐加快,围绕南海、东海、黄海主权的海洋领土纠纷将愈演愈烈。下一阶段,我国必须通过海洋渔业、资源勘探和海监、渔政、海军巡航等多种层面,加快从被动抗议走向行动上的主权宣示。未来海洋权益争夺将更趋激烈,必须加快发展大型海监船、渔政船、海洋执法船等。此外,海上军事力量的发展壮大也需要有船舶工业的强大支撑。

　　船舶工业是一个地区工业化发展阶段的重要标志,是工业制造能力的重要体现,船舶工业是浙江省先进制造业的重要组成部分和工业竞争力的重要体现,更是海洋经济发展的重要载体。加快浙江省船舶工业转型升级,既是抢抓发展机遇、积极应对外部挑战的客观需要,也是破解行业发展瓶颈、应对产能过剩和需求不振、跨越行业低谷期、缓解企业生存压力的内在要求,更是解决浙江省船舶工业大而不强的必然要求。由此,加快推动浙江省船舶工业转型升级迫在眉睫、刻不容缓。

三、加快推进浙江船舶工业转型升级的战略思路

　　船舶工业具有经济周期性比较明显的行业特征,当前行业不景气的低谷期,也是推动企业优胜劣汰、实现行业整体提升的机遇期。必须以行业发展的客观规律

为指引,选择正确的转型升级战略和路径,加快推动船舶工业成功转型升级。

(一)指导思想

深入贯彻落实科学发展观,紧紧抓住"四大国家战略"、"四大建设"和"五大统筹",强化政府引导,以加快推进船舶制造大省向船舶工业强省转变为目标,坚持"突出重点、创新引领、企业主体"三大原则,明确市场主攻方向、攻克核心技术瓶颈、开拓新兴市场、优化产业空间布局,围绕船舶工业产业链,加快形成一批产业基地、骨干企业和品牌产品,努力向高技术含量和高附加值环节延伸,在全球船舶产业链分工中占据中高端环节,力争成为浙江省海洋经济发展示范区建设的重要推动力量。

(二)基本原则

坚持突出重点原则。"有所不为才能有所作为",要突出结构调整这一核心环节,加强政府引导力度,选择明确细分领域,集中政府有限的土地、能源、资金等各类资源要素,投向重点领域,在若干新兴产品领域形成新竞争优势和经济增长点。

坚持创新引领原则。要抓住自主创新能力不强这一制约转型升级的"牛鼻子",充分发挥创新引领和技术支撑作用,整合设计研发力量,突破船配能力不强的技术瓶颈。加强国际交流与合作,积累和集聚各种创新要素,注重引进技术消化吸收和产学研联合,完善公共服务平台,全面提升企业技术创新能力。

坚持企业主体原则。培养企业家队伍,引进高端人才,提升企业竞争能力。以骨干船舶企业集团为主导,开发中高端产品,占领中高端市场。特别是针对陆地文明向海洋文明转型的要求,有针对性地开发特种船,占领新兴市场。引导中小船舶企业向专业化配套方向转型发展,发展中间产品制造、船舶修理、特种船舶制造等业务,开拓非船产品市场。

(三)目标定位

加快推动船舶工业转型升级,力争使浙江省从造船大省转变为造船强省。

1. 保持行业竞争优势地位

力争到 2015 年,浙江省造船完工量、新承接船舶订单、手持船舶订单三大造船指标在国内外市场的占有率实现较大突破,总体造船能力保持全国前三。力争到 2020 年,特种船、海洋工程船舶等高附加值船舶的造船能力达到全国第二,海洋工程装备制造能力达到并保持全国第三。

2. 进一步提升行业集中度

力争到 2015 年,行业集中度明显提升,培育形成 10 家龙头船企和一批优质中小企业,前十大企业的工业总产值达到全省的 70% 左右。到 2020 年,三大造船基地的造船产业集聚度力争超过 85%。造船能力超百万吨的企业达到 10 家以上,收入超百亿元的企业达到 15 家;产业空间布局进一步优化,形成国内先进、国际知名的造船产业基地和配套产业基地,带动一批中小企业实现较快发展。

3. 有效提升研发设计能力

重点突破三大主流船型优化升级换代技术,初步具备高新技术船型的自主设计能力,力争到 2020 年,形成 20 个满足 IMO 新规范、节能环保新要求的品牌船型。力争到 2015 年,规模以上企业研发经费投入高于销售收入的 2%。

4. 强化本土中高端配套

力争到 2015 年,船舶配套业实现工业总产值突破 300 亿元,三大主流船型省内生产的船用配套设备的平均装船率突破 50%。力争到 2020 年,基本形成模块制造能力和系统研发能力,中高端配套产品制造能力占全国的比重突破 20%。

5. 推广应用先进适用技术

力争到 2015 年,10 家龙头船企基本建立现代造船模式、精益管理模式,三大主流船型平均建造周期平均缩短 15％。力争到 2020 年,特定船型的船台、船坞周期、码头周期达到国内先进水平。采用现代绿色造船工艺,大力研发、推广应用节能环保技术和工艺,钢材利用率显著提高,每修正总吨工时消耗量、单位面积涂料消耗量、分段无余量上船台/进坞率与国内先进企业差距明显缩小。

四、加快推进浙江船舶工业转型升级的重点方向

当前及今后一个阶段,世界船舶行业将进入深度调整期,一些落后的中小型船舶工业企业将必然被淘汰。这一时期,也是浙江省船舶工业做强做大的关键阶段。我们必须科学判断和准确把握国内外船舶工业发展趋势,抓住浙江省大力发展海洋经济的有利时机,积极争取各种有利资源,着力提升研发设计能力,加快产品结构调整,打造高效制造体系,优化产业基地布局,积极创造产业发展和国际竞争新优势。

(一)推进兼并重组,培育有影响力的龙头船企,引领船舶工业转型升级发展

积极推进以大型骨干造船企业为龙头的跨地区、跨所有制的兼并重组,优化资源配置,发展拥有核心竞争力的国际一流造船企业集团,提高船舶工业的产业集中度。一要打造现代造船企业。重点扶持船舶领域的 5 家省级龙头骨干企业开展技术改造、兼并重组,10 家省级重点船舶工业企业基本建立现代造船模式、精益管理模式,支持建立设计数字化、装备智能化、造船总装化、制造精益化、管理精细化的现代造船模式,提升中高端产品制造能力。二要支持企业实施兼并重组。重点引导支持 3～5 家行业龙头骨干企业组建战略联盟、实施并购重组、开展海外并购,打造成为具有国际竞争力的企业集团。支持重点骨干船舶企业或船配企业与上下游企业组成战略联盟或兼并成大型综合船舶制造集团、航(海)运集团。对不具备先进生产能力的企业或者落后的产能进行淘汰。加强与央企、军工、有国际竞争力的

外资企业对接合作。进一步探索推进大型船舶企业集团收购海外知名品牌和海外投资建厂,加强营销服务网络体系建设,促进品牌国际化。三是扶持发展一批成长型企业。发展一批 3 万吨以下造船能力的、在转型升级过程中充当排头兵的中小企业,使之成为未来可发展为龙头企业的苗子型企业。

(二)重视产品创新,打造一批高附加值产品,加快产品结构优化调整

高度重视产品创新,在做专做精现有优势船舶产品的同时,着力提升高技术、高附加值船舶产品和海洋工程设备产品市场份额。一是高端主流船舶。集中力量开发一批大型散货船和油船、超大型集装箱,选择推出一批市场前景较好、拥有自主知识产权的绿色环保船型及其他新船型。二是游艇。立足整艇制造,积极发展高级旅游观光游艇、公务艇、商务艇、邮轮等各类游艇产品。支持大型豪华游艇修造企业发展,引导中小企业向生产分段、模块及配套产品的专业厂方向发展,形成分工明确、优势互补的关联产业链。鼓励中小游艇企业走集约化、规范化经营的道路,培育中小企业集群,打造若干个特色游艇制造集聚区和配套产品产业区。三是特种船舶。积极跟踪国内市场需求,加快发展大型远洋渔船、LNG 船、LPG 船、冰区船舶、海事执法船,选择培育一批高技术、高性能、高附加值船型和大型工程船舶。四是海洋工程船舶。掌握海洋工程船舶特有的建造技术、安装调试技术,建立与海洋工程船舶项目特点相适应的、与国际接轨的现代工程管理模式和生产组织方式,支撑总承包和总装集成能力的提升。以市场需求量大的海洋油气资源开发装备为重点,开发形成海洋工程船舶系列产品(见图 4-27)。

(三)拉长产业链条,打造若干个船配产业基地,提高船舶工业的配套协作程度

加快船舶制造、船舶修拆等环节向船型研发、工程承包、原材料物流服务、船舶配套制造、船舶交易等产业链两端延伸。以提高船舶本地化配套率为目标,大力推

研发需求	2015 年	2020 年	2030 年	目标体系
高端主流船舶制造领域	主流船型优化升级换代技术 满足国际造船新标准规范的三大主流船型更新技术 清洁能源动力装置应用技术 五万吨以上散货船、油船、5000箱以上集装箱船			集中力量开发一批大型散货船和油船、超大集装箱，选择推出一批市场前景较好、拥有自主知识产权的绿色环保船型及其他新船型。
游艇制造	全船减震降噪技术 游船特殊制造工艺技术 游船通讯与照明系统研制应用			积极发展高级旅游观光游艇、公务艇、商务艇、邮轮等各类游艇产品，在豪华游船制造领域达到世界先进水平。
特种船舶制造	安装调试技术研究、总体联合调试技术 专用设备的研究与开发及特殊建造工艺研究 基础设计领域：虚拟设计与制造技术、设计参数评估技术			积极跟踪国内市场需求，加快发展大型 LNG 船、LPG 船、冰区船舶、海事执法船、海监船
海洋工程船舶制造	海洋工程装备总装建造技术 海洋工程装备模块化制造技术、精细化重量控制技术 海洋工程项目管理及信息化技术 海洋工程装备设计制造集成软件开发			建立与海工船舶项目特点相适应、与国际接轨的现代工程管理模式和生产组织方式，开发形成海洋工程船舶系列产品。

图 4-27　未来 10～15 年浙江船舶制造技术发展路线

注：本图指出高端主流船舶、特种船舶、海洋工程船舶、游艇四大领域的技术发展方向。针对产品结构调整优化的需要，结合航运市场需求的变化和发展趋势，在做专做精现有优势船舶产品同时，重点提升高端主流船舶、特种船舶、海洋工程船舶、游艇四大领域的制造技术。浙江省在船舶制造技术上与先进地区还存在较大差距，而韩国和日本近年来注重造船模式和工法的研究和应用，采用产品生命周期等信息化管理系统，兴建新型船坞，大幅增加了产能，提高了产品质量。

进协作配套体系建设，加快培育形成产品特色化、技术高新化的配套产业基地，着力创建 2～3 个配套产业基地（产业集群）品牌。一是推进船配产业基地建设，着力建设一批船用关键设备产业基地。围绕发展舟山造船产业基地、宁波—舟山海工装备产业基地、杭州船舶装备产业基地、杭州游艇产业基地、温台总部海运基地的发展需要，选择在舟山、宁波、杭州、温州培育建设特种船舶设备配套产业基地、高技术船舶设备配套产业基地和海洋工程装备战略性新兴产业基地等；选择在黄岩、新昌、永嘉、遂昌等地培育建设船用模具产业基地、船用轴承产业基地、船用泵阀产业基地、船用金属制品产业基地等配套产业基地。二要支持各产业基地围绕重点配套产品，建立骨干配套企业培育体系，重点培育一批一级骨干配套企业，拓展高端配套市场。支持实施关键设备研发和创新成果产业化，重点发展船用动力设备、船用电子设备、船用电气设备、船用环保设备和海洋工程装备五大领域。发展船用齿轮箱、中高速柴油机、电机、船用轴承、低速和中速柴油机曲轴、船用电器、船用电缆等优势产品,培育形成一批省级和国家级名牌。发展一批满足国际公约规范和节能环保要求的船用主(辅)机、动力装置、推进系统,形成一批高附加值配套产品。建立开放的协作配套体系,提高船用设备制造本土化率。加强军民产品对接,拓展军工产品配套市场(见图4-28)。

研发需求	2015 年	2020 年	2030 年	目标体系
基础制造、先进制造领域	造船信息化、精细化管理技术 高效制造工艺与先进工装技术研究 符合国际海事新要求的船舶标准应用 船舶及配套装备标准化 船舶建造新技术标准化前瞻研究			加快推广现代造船模式,进一步推进信息化和工业化深度融合,鼓励探索新型管理模式,实现船舶设计全数字化、船舶制造精益化、船舶管理精细化、船舶制造装备自动化和智能化。
配套产品	大功率电力电子应用技术、智能通信系统开发 船用设备轻小型化与模块化技术 船用设备信息化及智能化技术 数字化、专业化精益制造技术			支持实施关键设备研发和创新成果产业化,重点发展船用动力设备、船用电子设备、船用电气设备、船用环保设备和海洋工程装备五大领域。

图 4-28　未来 10～15 年浙江船舶共性技术与配套产品的技术发展路线

注:本图指出基础制造、先进制造与配套产品领域的技术发展方向。结合船用设备在节能减排、大功率、大负荷、智能化、轻量化、模块化等方面的发展趋势,不断加强基础制造、先进制造以及配套产品领域的技术研究。船舶配套已经成为浙江省船舶工业转型升级的短板,尤其是高附加值、高技术产品的竞争力相对较弱,本土装船率明显低于日韩。

(四)重视开放合作,整合一批船舶设计机构,提升企业技术创新能力

建立以龙头企业为主的研发创新体系,支持面向行业企业的产品研发、设计和科研成果转化的公共服务平台建设,加快船舶研发力量从船型设计向设备开发倾斜,加快突破绿色造船技术,加快重点节能型设备、船用设备系统的国产化、本土化进程。一是重点扶持大企业大集团加强自主创新能力建设。扶持大企业大集团建设省级、国家级技术中心(或工程技术中心)、重点实验室、试验基地、船舶试验水池等,建设若干个民用船舶和海洋工程装备研发中心。支持企业到国外并购船舶研

发设计机构。二是推进高中档船舶设计院所、检验检测机构建设。大力支持省外、境外公司在浙江省建立船舶、海洋工程装备、船用柴油机及配套产品专业研发设计机构,通过合作共建、战略投资等方式,争取引进1～2家国家级船舶设计院。充分借助中船重工715所、中国电科第36研究所等国家级涉船产业的研发力量,支持省海洋开发研究院、浙江大学舟山海洋研究中心、省船舶行业技术中心、省船用动力产业技术创新战略联盟的建设与发展。支持国内外大型船舶企业集团、船舶研发机构、船级社在浙江省注册兴建船舶研发设计中心、检验检测中心或分支机构。三是加快科技创新成果转化。重点支持科研机构与造船企业围绕应对IMO(国际海事组织)国际新标准新规范,以突破船舶关键共性技术为切入点,争取国家重大创新项目。支持研究开发新型自升式钻井平台、深水半潜式钻井平台和生产平台、浮式生产储卸装置、海洋工程作业船及大型模块、综合性一体化组块等海洋工程装备,加快海洋工程动力及传动系统、单点系泊系统、动力定位系统、深潜水装备、甲板机械、油污水处理及海水淡化等海洋工程关键系统和配套设备等领域创新成果的产业化步伐(见图4-29)。

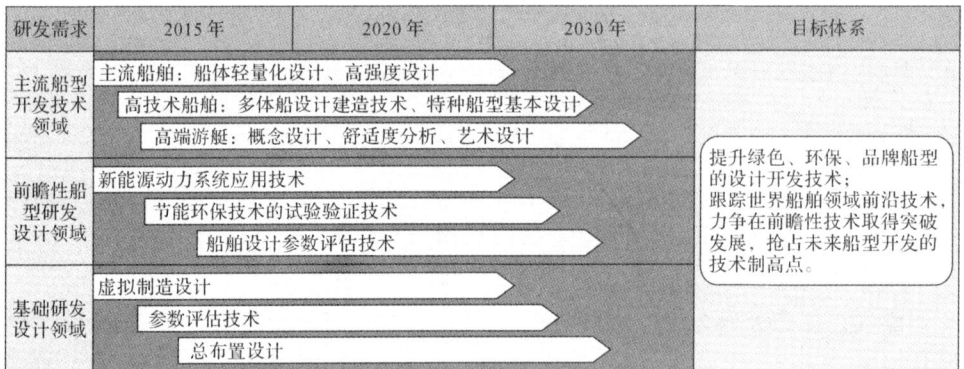

图 4-29　未来10～15年浙江船舶研发设计技术发展路线

注:本图指出主流船型设计、前瞻性船型研究和基础设计三大领域的技术发展方向。重点支持科研机构与造船企业围绕应对IMO(国际海事组织)国际新标准新规范,以突破船舶关键共性技术为切入点,在主流船型设计、前瞻性船型研究和基础设计领域取得较大发展。浙江省船舶研发设计存在船型研发设计薄弱、优化升级缓慢、新概念产品创新能力较低,需要依靠上海、江苏等外部研发力量,缺乏品牌船型支撑。

(五)加强配套支撑,培育一批涉船服务业,拉长船舶产业链条

大力发展船舶相关服务业,明确船舶修拆、船舶交易服务等若干重点突破方向,培育一批涉船服务重点企业。一是培育 1～2 家船用材料大型配送中心,支持有条件的地区建设船舶交易平台。支持围绕修造船产业基地、一级配套产业基地、二级配套产业基地,推进建设一批船用设备物流产业基地、中转基地。支持生产企业和物流企业合作建立船用钢板、钢材、管材、电缆、涂料、玻璃纤维等船用材料大型配送中心,重点建设船用钢材加工配送中心,实现原材料定规格入厂。支持企业建立区域性船舶交易市场、二手船舶交易市场、船用设备交易市场等。二是大力支持发展船舶维修、改装服务,科学发展绿色拆船业务。发挥毗邻洋山港和宁波港优势,抓住两大港口逆势增长的良好机遇,支持舟山等地船舶制造企业提升修船和船舶改造等服务能力。鼓励企业采用现代绿色拆船技术从事船舶拆解业务,尤其是侧重大型船舶的拆解服务。三是制订游艇产业规划,推动发展游艇消费服务业。从沿江、沿湖、沿河、沿湾及沿海的地区中,选择 3～5 个消费能力较强、基础设施较好、带动性较强的试点,完善产业发展政策,推进公共游艇码头建设,加快完善带动发展游艇销售、游艇运输、游艇维修、燃料加注、水上娱乐、餐饮服务等相关行业。优化所有权证、船舶检验合格证、国籍证等游艇检验登记手续,积极推动长三角地区游艇通行、驾照通认、管理规章通用。

(六)推进管理创新,培育若干家两化融合试点企业,提升企业竞争软实力

围绕造船模式转变,进一步推进信息化和工业化深度融合,引导工业企业提升管理信息化水平建设,鼓励探索新型管理模式,支持 10 家左右的船舶修造企业和若干家骨干配套企业开展两化融合试点工作,实现船舶设计全数字化、船舶制造精益化、船舶管理精细化、船舶制造装备自动化和智能化;支持 2 家资金运营实力较强、抗风险能力较强、上下游掌控能力较强的造船企业在经营原有产品或项目的基础上开展涉船服务,开辟桥梁钢箱梁、火力发电装备和轻轨道岔装备等非船市场,发展成为集船舶、航运、物流、工、贸于一体的多元化经营公司。一是建立完整、科学的现代造船工程计划管理体系。按照以中间产品为导向总装造船的工程分解方式和项目管理方式,建立现代化的造船工程计划管理体系。加快清理、解决不合理的管理体制障碍,加强统筹协调,推进量化管理,增强计划精确性和可靠性,提高精细化管理水平,实现对生产计划、质量、成本、安全的有效控制。全面推行现场管理,持续改进作业标准、改善作业环境。二是加强总装造船工法研究与应用。加强总装造船工法的研究,加强对生产组织管理技术以及流程改造与优化等相关技术的研究。全面推行分段总组建造法,有选择地发展巨型总段建造、船坞快速搭载、平地造船、浮船坞造船等新技术。积极应用造船精度管理与控制技术,实现部件和分段无余量装配、船坞(台)无余量搭载。大力推广分段预装、总段预装、机舱盆舾装、上层建筑整体吊装等先进舾装技术,提高预舾装水平和船舶下水完整性。围绕新的国际涂装规范和标准,积极开展先进涂装技术研究。三是推进建设满足企业多元化经营需求的信息化工程。重点是以企业研发、生产、管理、营销综合优化为目标,以 CIMS 系统、ERP 等集成平台为核心,建立企业共享信息平台和信息处理平台,努力实现船舶设计、制造、管理的一体化,努力实现多元化经营项目信息流、物流、资金流的一体化。建立规范的基础数据管理体系,完善工时与物量的日报制度,加快资源数据库和产品数据库建设,逐步形成系统、科学、规范的数据管理链。加强对信息资源的管理,提高信息资源的真实性和可靠性,构建完整、科学、合理的信息体系结构。

五、加快推进浙江船舶工业转型升级的保障措施

加快推进浙江船舶工业转型升级,必须着力破解制约产业发展的要素瓶颈、政

策瓶颈和体制约束,重点要落实好以下六个方面的保障措施。

(一)加强组织领导,打造促进转型升级的协调机制

充分认识全省发展船舶制造及配套产业的重要意义和地位,明确发展战略和产业定位,立足全局,找准浙江省有别于辽宁、山东、江苏等其他省份的差异化发展之路。一是要建立组织领导机制,加大政府引导力度。建立省船舶工业发展协调小组,总体负责船舶工业的规划、运行和协调管理工作,改变船舶工业多头管理、协调不够等问题。重点市县,在经信委内设船舶工业管理局,统筹本市县船舶产业的发展。统筹行业龙头企业、骨干配套企业、产业基地、设计院所、金融机构、人才基地等领域资源整合、重大项目规划,出台支持船舶工业企业集聚发展、船舶配套企业入工业园区、进产业基地发展的扶持、优惠政策,推进一批重大项目,引导企业开展兼并、改造。二是要出台政策指导意见。省政府层面出台《加快船舶工业转型升级的意见》,在发展壮大船舶制造及配套产业方面统一认识,形成合力。要把发展船舶制造及配套产业作为政府经济工作的长期战略和重点,纳入国民经济中长期规划和各年度计划,发挥多种积极因素,动员各种经济社会资源,促进发展目标圆满实现。三是推进部门协同合作。重点是协调国土局和海洋局相关部门,试点推进海权证与土地证的换发改革,建立海域使用权二级交易市场,理顺海域使用权证转化土地使用权证的政策路径;协同金融机构积极开展船舶行业系统性融资规划以及相关融资课题研究,并运用其搭建的国际规划咨询合作平台,整合国内外资源推进企业和项目对接,促成跨国产业并购。四是加强产业链招商引资力度。在海工装备、特种船、军工配套等重点领域引进2～5家的央企落户浙江。支持省内资金实力较强、产业基础雄厚、研发能力过硬的大企业大集团开展战略合作,投资高速艇、海监船、海工装备、发动机、船用电子等中高端领域以及船用材料物流配送领域。要积极推进中电科第36研究所、中船重工第715研究所在舟山设立船舶电子

产业化基地,形成高端船舶电子产业链配套能力。组织招商团队赴韩国、日本、新加坡、北京、江苏、上海、大连等地区专题围绕船舶工业产业链开展招商活动,探索并购、股权投资、中方自然人与外方合资等利用外资新形式,加快引进外资研发性机构、高端船舶制造项目。

(二)加大财政扶持,优化推进转型升级的资金支持

集聚政府财政资金资源和土地资源,集中支持符合船舶工业转型升级方向的重点产业基地建设、重点企业(不超过 20 家)的重点项目。一是加大并发挥好财政专项资金的引导作用,争取省海洋经济发展专项资金、新区优惠政策向船舶工业及重点配套领域倾斜。建议省船舶专项扶持资金增加到 1 亿元,用于重点扶持企业的转型升级项目的贷款贴息。支持企业积极开展应对 IMO 造船新规范及重点船型开发而实施的技术创新、技术改造,支持构建现代造船模式,支持高技术新型船舶、海洋工程装备及重点配套设备研发,支持关键共性技术和先进制造技术研究。省市级财政每年安排一定基金用于扶持船舶工业企业技术创新体系建设、产品研发等。为船企及船配企业的专利申请提供扶持政策。二是出台船舶"以旧换新"办法,支持浙江省信用度高、经营状况良好的航运企业加速船舶折旧、拆解船舶、购置新船。允许航运企业采用转换折旧方法等方式加速船舶折旧;对航运企业报废符合规定的船舶按船舶等级给予最高不超过 200 万元的补贴;对航运企业购买由龙头船企建造的符合高效率、低油耗、低碳环保方向的高端主流船舶、特种船舶、海洋工程船舶和游艇类重点船舶产品,每艘按年贷款利息的 20% 及以上给予补贴,补贴由地方税收先征后补,补贴年限最高为 5 年,单艘船舶累计补贴最高为 500 万元。推动浙江省重点船舶制造企业列入国家《促进老旧运输船舶和单壳油船报废更新政策符合条件的船舶制造企业名单》。三是强化税收政策清理与政策创新。支持船舶出口,对出口船舶按照工程进度实行"先退税再结算"办法。对企业年缴

营业税和所得税100万元及以上的龙头船企和骨干配套企业,当年所缴的这两项税收比上年度新增的部分中,将60%部分返还企业。对船舶工业企业实行弹性税率制,对利润率在2.5%以下时按税率的60%计征,利润率在2.5%~3%时按税率的80%计征。允许造船企业自由选择按吨位计征或按一般纳税人计征,三年更改一次。支持重点产业基地内的重点龙头船企、研发设计院和骨干配套企业开展科研开发工作,支持设立技术创新中心、重点实验室,辅导一批企业发展成为高新技术企业,对列入高新技术企业名录的船舶工业企业优先安排用地计划、配予岸线资源,提供科研开发补贴。对重点龙头船企建造的海监船、海洋执法船、渔政船提供政府补贴,列入优先采购目录。降低游艇购置、消费过程中所产生的各类税费,引导和培育游艇消费市场。四是优化财政展销资金,做好切块支持和部分参展补贴权限下放。确立省级重点船舶展会,从重点产业基地、龙头船企、重点配套企业中确定参展名额,由省财政进行切块支持。由省财政下放30%的参展补贴权限,由县市区根据船舶工业转型升级方向,确立地方重点参展展会补贴目录,自行组织重点船舶企业、配套企业、研发设计企业和成长性企业集中参展。

(三)强化金融支撑,完善推进转型升级的融资环境

积极完善船舶产业投资环境,大力促进融资模式创新,帮助企业克服融资瓶颈。一是创新股权融资模式,打造产业资本与金融资本对接的多元化平台。借助温州金融改革的推进,联合民间资本整合政府资源设立船舶产业基金,吸引金融机构、企业、个人等社会资金及省外、境外资金投资于船舶产业;支持浙商产业投资基金加大对船舶建造的投资力度;吸引国内外各类股权投资基金投入船舶产业。二是创新信贷融资模式,降低企业的融资门槛。支持金融机构为企业提供并购贷款引入国内外先进技术、经验和品牌,整合业内优质资源,提升企业竞争力;支持金融机构开展单船公司融资(优先购买省内船厂造的船)、银团贷款、技术改造贷款、基

础设施建设贷款、流动资金贷款、融资租赁等多样化信贷产品,并积极探索尝试在建船舶抵押贷款、海域使用权和岸线抵押贷款等创新信贷产品,为企业提供融资支持;支持金融机构大力推进买方信贷、卖方信贷、预付保函、信用证、保理等贸易融资业务支持船舶出口,参与国际分工合作;支持金融机构开展利率掉期、远期结售汇等其他资金交易类业务和国际结算业务,满足船厂在支付结算,规避利率或汇率风险等方面的需求。三是创新混合融资模式,优化企业债权结构配比。在风险可控的前提下,支持企业采取"股权融资+债权融资+内源融资"相结合的融资模式,通过 IPO、增资扩股、产权交易、发行债券、资产证券化以及银行信贷等多种渠道筹集资金,从成本、风险等综合角度权衡配置和优化企业债权结构。四是创新中小企业平台合作融资模式,提升企业融资效率。充分发挥政府组织协调优势、金融机构融资优势以及行业协会、担保机构、风投公司等专业机构的市场优势,以合作为基础,以机制建设为手段,以风险分担为保障,积极整合各方资源,探索创建政府引导、社会参与、企业化管理、市场化运作的融资合作机制,"组织化、系统化、专业化、批发式"为浙江省中小船企发展提供融资支持。

(四)强化人才引培,提升推进转型升级的智力支撑

实施"东海英才"计划,统筹推进船舶工业的高端人才引进、人才基地建设、人才队伍培养三大任务,支持企业以加强人才队伍建设为主线,以后备人才引进与培养为重点,大规模开发人才,大幅度提高人才素质。一是加大高端人才引进力度,力争在"十二五"期间引进(聘请)设计大师、院士 5 名以上。对于国有大中型企业内顶尖人才、国际造船行业的领军人才,采取定向高薪聘请。对于机关事业单位人员和离退休人员采用柔性聘任机制,支持其到企业兼职或担任顾问。二是组建 3 个船舶工业高等人才培养基地。加强浙江海洋学院、浙江交通职业技术学院、浙江国际海运职业技术学院等院校的专业与学科、科研和培训基地建设,力争在"十二

五"期间打造 3 个船舶工业高等人才培养基地,若干个生产性实训基地和施工人才培训基地。基地培养要根据船舶工业发展的需求,选送员工到金海重工、浙江造船、浙江欧华等企业关键技术岗位强化实践锻炼,培养紧缺应用型人才。三是对全省 10 家重点企业的 100 名专业技术骨干、高级经营管理人员和学术技术带头人进行重点培养,造就一支技术实力过硬、经营管理素质高、研发创新能力强的船舶人才队伍。培育一批与制造业发展水平相适应的技能型人才队伍。在人才培养上采取院校教育、基地培养、企业培训等方式进行,加大校企办班力度,每年选送一批有培养潜力的年轻员工到高校深造,培养出适合企业需要的船舶专业人才。四是加快完善产业人才引进机制和留住人才的机制。针对船舶工业属于技术密集型行业的特点,既突出高层次的经营管理和专业技术人才引进,又注重搞好一线技能型工人的人才招聘。完善人才培养、选拔、引进的激励机制,要为引进人才解决好生活上的子女入学、配偶工作、住房条件等后顾之忧。

(五)健全行业管理,营造推进转型升级的制度环境

加大对经济运行情况监测、分析及管理,进一步关注行业发展的前瞻性、趋势性问题,并利用行业内各种信息渠道,及时通报国际航运及船舶市场动态。是要充分发挥行业协会、学会作用。通过行业协会、学会及时了解企业存在的问题和困难,加强内部协调沟通,并代表行业利益诉求,向有关部门提出合理建议与意见,推进船舶工业平稳发展。

(本文写作于 2012 年 8 月)

第五篇

漫　谈

名家　名企　名牌

　　名家(大企业家)、名企(著名公司)、名牌(公认名牌)是市场经济发展的重要微观构成,三者之间的逻辑可以理解为是一个以企业家为驱动和支撑,企业为载体和平台,品牌为终极表现和价值形式的有机整体。在市场经济发展过程中,尽管有先发或后发优势、政策和制度差异,但是通过市场竞争实现优胜劣汰,必然会有一批企业、品牌和企业家比其他的企业更具竞争力、品牌更具认同度、企业家更受社会尊重,在市场中具有更好的表现、更佳的知名度和更广的影响力,在经济社会发展中起到示范、引领和带动作用。这些企业、品牌和企业家就是企业家(名家)、著名公司(名企)和公认品牌(名牌),可以简称为"三名"。"三名"工程的实施,是一个国家和地区经济发展从相对低级阶段到高级阶段不断演进的过程。

　　党的十八届三中全会以后,我国经济社会发展进入了新的历史时期,"新"就新在中国开始进入"真正的市场经济阶段",市场机制对社会资源起决定性配置作用,企业的成长和发展将主要靠市场驱动而不是政策推动。在这一新的发展阶段,加强知名企业、知名品牌和知名企业家的培育和扶持,统筹推进"三名"工程,不仅是顺应深化市场化改革的需要,也是应对当前国际经济形势复杂变化的必然要求,更是建设"两富"现代化浙江、提前基本实现现代化的有效抓手。正因为如此,新一届省委、省政府把实施"三名"工程作为浙江省加快经济发展方式转变的重要抓手。

深入实施"三名"工程,贯彻省委、省政府的要求,需要以全球的视野,进一步明确"三名"工程推进的重点、目标和路径,寻求和注入浙江省经济发展的新动力,增强浙江省区域经济的新活力,再创浙江省经济发展的新魅力。

"名企"工程:努力培育全球 500 强企业

知名企业是在区域或行业中具有较大领先优势的企业,既包括大型企业(集团),也包括细分领域的"隐形冠军"、"显形冠军"。知名企业的形成是市场经济发展到一定阶段的必然产物,也是企业市场化选择的必然结果。从浙江发展的实际来看,大量中小企业"低、小、散"的问题仍较为突出,"前店后厂"式的路径模式依赖明显。随着短缺经济时代的结束,工业化将从中期进入后期。从经济发展增加有效供给的角度去看,如何从"适应市场"式的发展转向"引领市场"式,乃至"创造市场"式的发展,将成为企业成长和发展的必然趋势。在这样一种趋势下,区域经济转型升级中,"扶大"比"活小"显得更为重要。

"三名"工程中的"名企工程",重点应放在培育和扶持大型企业集团上,特别是《财富》世界 500 强企业上。未来 5～10 年,是浙江省经济强省建设的关键时期,"干好一三五,实现四翻番"以什么为标志?不仅仅是浙江省 GDP 在全国的排名问题。如果在未来 5～10 年中,浙江省能够涌现出 8～10 家全球 500 强企业,那是浙江省经济强省建设取得成功的重要标志。因此,不管是纵向垂直整合,还是横向链式整合,目标要十分清晰,那就是着力培育和打造全球世界 500 强企业,使其成为浙江经济发展的"地理标志"性企业,成为浙江经济发展的"稳定器"和转型升级的"火车头"。

目前《财富》世界 500 强排序的主要依据是公司营业收入、治理结构、盈利能力、运用透明度等。2012 年,《财富》世界 500 强的门槛为 230 亿美元,中国上榜的公司总数已经达到 95 家,而浙江省仅有两家企业上榜,占全国上榜企业的 2.19%,这一比例和浙江省经济总量占全国 6% 左右的比例很不相称。2013 年浙江省规模总量前 5 名的企业中,规模最低的为约 130 亿美元 ,如果按照 7.5%～8% 左右的增速及近 1～2 年的美元汇率预测,企业"自然"成长路径,至少可以新增 3～4 家《财富》世界 500 强企业。

这里有一个非常值得关注的问题,浙江省是中小微企业大省,2013 年浙江省工业中小微企业近 90 万家,规模以上工业企业 3.7 万家。随着市场竞争环境的改变、产能过剩问题的突出、结构调整步伐的加快,市场倒逼、环境约束、资源趋紧,产业整合发展会成为浙江省区域经济发展的一个必然趋势。如果能够按照产业链、价值链、供应链的方式推进兼并重组,加快产业整合发展,培育销售收入超 1000 亿元左右的大型企业集团,那浙江省完全有条件有更多的企业进入全球 500 强,成为"第一方阵"各省中《财富》世界 500 强企业最多的省份之一。

当前及今后一段时期,浙江省名企培育和扶持的目标可以设为 8～10 家世界500 强企业航母,800～1000 家的上市公司行业冠军。根据这一目标,来谋划和实施名企工程,并在制定"十三五"规划时重点研究。按照党的十八届三中全会提出大力发展混合所有制经济,引导浙江省丰富的民间资本参与国有企业改造,同时积极引导国有资本参股民营企业,通过这种"双向"混合的方式,积极推进产业兼并重组。把"资本优势＋市场优势＋政策优势"结合到一起,在浙江省的优势产业领域,积极推进产业整合,尽快培育和发展一批可以引领浙江省转型升级的顶层企业,带动全省经济实现转型和跨越。

"名牌"工程:着力塑造区域经济的"四有"品牌

知名品牌是经济价值市场化表现的终极形态。品牌的价值体现为巨大的无形资产和良好的经济效益。品牌既属于企业,也属于社会,更属于区域和国家。是否拥有著名品牌,已经成为衡量一个国家和地区经济实力的重要标志。

根据我国现有的品牌经济认定和管理体系,知名品牌包括中国世界名牌产品、中国驰名商标、中华老字号、省著名商标、出口名牌和区域名牌等已有的国家或省市认定的品牌。但如果从品牌的真正影响力来看,品牌的顾客和市场的认定才是起决定性作用的。这种市场的认定表现为在市场竞争中被客户的广泛认知和价值认同,体现为有文化蕴意、有个性表征、有历史传承、有时代气息("四有")。而且这种"四有"特点不但在一个时段、更在于在若干个历史阶段内,表现为被市场的持续接受和广泛认同。

无论是在"吃穿用住行"和"文教医旅娱"等传统领域,或者在难以预见的"高精特新尖"等新兴领域,真正的名牌都是属于市场遴选的结果,具有较广的知名度和较高的美誉度,在特定市场或大众市场具有较高的市场占有率。名牌的市场认同度、忠诚度不是靠政府评出来的,而是靠市场竞争表现出来的。如在市场竞争中,"能够打入日本市场的家电品牌就是国际品牌,能够打入德国市场的机床品牌就是国际品牌,能够打入美国的 IT 产业制造商、服务商就是国际品牌"。这种具有国内外市场竞争力的名牌产品,就是具有文化蕴意、个性表征、历史传承和时代气息。它不但体现在高质量产品上,也体现在优质服务上,在产品全生命周期内均具有广泛的市场需求。

从名牌的持续竞争力上,名牌产品具备鲜明的文化内涵,能够代表企业的核心价值观、某一区域(行业)的文化特色,甚至人类共同的价值观。独特的名牌形象,能够将消费者与产品和服务联系起来,满足其功能需求和情感需求;一定的历史积淀,能够代表产品、企业的发展历史,表明产品、企业发展的稳定性和持续性;浓厚的时代气息,能够在传承的基础上,不断汲取时代养分,跟随时代前进。

实施名牌战略是国内外经济结构调整的通行做法,一直以来都是国家和区域提升竞争力的重要措施。多年来浙江省也力图把名牌作为重要的抓手,来提升区域经济的竞争力。新时期,从供给导向走向需求导向是经济发展动力机制的重要改变,塑造若干"四有"名牌,将有利于浙江省应对日益激烈的国内外市场竞争。

浙江省经济发展正处于从"产品经济"向"名牌经济"发展的关键时期,浙江制造的产品具有较强的市场优势,如果能够结合浙江省深厚的文化积淀,良好的创意氛围,将"文化＋创意＋制造"加以密切结合,浙江省完全有条件成为"东方的意大利"。可以把"四有"产业作为名牌经济的发展重点,紧紧抓住国家大力发展文化创意产业、物联网产业发展的有利时机,选择500个左右具有明显市场竞争优势的传统产品("隐形冠军"),运用市场评价机制,把市场优势、技术机会、政府制度结合起来,通过5年左右的努力,使其中的100个左右的"隐形冠军"成为行业的全球"显形冠军",实现从"标准制造"向"制造标准"的转型。

"名家"扶持:大力培养和锻造新生代企业家

企业家是一个国家和地区企业群体中的标杆和示范,是一个时期内具有国际视野、较高素质、较强社会责任感的杰出代表。知名企业家(名家)能够集聚高端资源要素,引领行业发展方向,是企业核心竞争力的重要组成部分。企业家资源是浙江省区域经济实现跨越发展的重要推动力量,是浙江省能够从"资源小省"走向"经济大省"的重要支撑。从浙江省经济发展的实践来看,名家主要包括年度风云浙商、年度经济人物、浙江优秀企业家、胡润排行榜上榜企业家以及其他权威媒体评选的企业家等,这是对已有企业家、创业者、成功人士的充分肯定。在市场经济条件下,企业是市场经济的主体,企业家理应受人尊重,他们是这个时期"最可爱的人"。政府如何通过政策和制度创新,营造更加尊重企业家的社会氛围,是一个永恒的话题。一个地方经济的持续发展,要不断通过改革,形成最佳的创新创业环境,才有可能促进经济的持续发展。

但是,必须指出,国家和地区经济的活力更应该面向未来、展望未来,经济的发展是一场"马拉松"而不是"短跑赛","长江后浪推前浪",一定是经济社会发展的必然规律。以前的名家功成名就主要是立足过去,那是浙江省"昨天的赞歌",今天和明天的精彩,期待出现一代又一代充满时代气息的企业家。未来浙江省经济的发展,谋划的重点应在于锻造一批新生代企业家来成为"名家工程"的重要主体。特别是在第三次工业革命来临的大背景下,科学技术发展迅速的大环境下,把社会的资源更多地集聚到最具社会创造力的新一代企业家身上,更能够加快推进地方经济实现转型升级发展。

两代企业家相比,老一代企业家在创业中创新,新一代企业家在创新中创业。新生代企业家往往具有更高的文化素质,善于学习;彰显个性甚至个人英雄主义;遵循国际标准,具有全球视野;并更少受到不合理规则的约束。他们或者从原生代企业家手中接过接力棒,或者靠自己的核心技术获得市场的追捧,或者从细分市场完成原始积累,在新的历史时期正在形成一股强大的新生力量,正在制定新的市场规则。

实施"名家工程",通过促进企业家的"更新换代",努力培育和建设一支具有正确政治立场和价值取向、充满开拓创新精神和社会责任意识、具备战略思维能力和现代企业经营管理水平的新生代企业家队伍,将再创浙江省民营经济的新辉煌,极大地促进新时期"两富"现代化浙江的建设。新生代企业家终将走上历史舞台,并成为这个时代的主旋律。因此,锻造新生代企业家,使其成为新时期浙江经济社会发展的新代表,成为创新创业的引领者和发展方式转变的开拓者,是当前和今后一段时期推进名家扶持的重点工作。

浙江省要积极探索建立新生代企业家培育的长效机制,如可以探索设立"浙江企业家学院",学院实行"政府+成功企业家+经济专家"共同组成理事会的领导体制,像培养市管后备干部、省管后备干部一样,培养新生代企业家、高级职业经理人。同时,承担老一代企业家的在现行制度内条件下的"政治待遇"。企业家学院可以设立在高校、党校、社会主义学院内等,也可以独立设置,独立运行。这种制度设置可以把企业家的自身企业平台和社会价值平台结合起来,无论对老一代企业家还是新一代企业家来说,都能够提供一种正能量。这种制定设置和安排,也符合我国高等学校下一步改革的方向。

"三名"工程是省委、省政府新时期促进浙江省经济实现从"传统"走向"现代"转型的重要抓手,分别从企业平台、竞争手段、动力机制三个方面清楚地阐述了经济发展方式转变的路径,三个方面具有严密的逻辑关系和内在联系。实施"三名"工程,应把"三名"作为一个有机的整体加以谋划,注重统筹推进,特别是应注重全球 500 强企业、"四有"名牌和新生代企业家的融合推进,使新生代企业家领导全球 500 强企业,全球 500 强企业拥有被市场广泛接纳的"四有"名牌,而"四有"名牌成为全球 500 强企业和新生代企业家价值的重要体现。

(原载《浙江经济》2014 年第 7 期)

创新的魅力

怎么创新？该怎样去实施有效创新？这是一个困惑企业界已久的历史性难题。

创新就是对未来的一种投资，说起来是简单的一句话，但做起来却是一件难度很大的事情。事实上，能够开展有效的创新，本来就是天底下最难的一件事情，对于企业来说是一个非常漫长而且痛苦的复杂过程。技术的进步，市场的改变，对手的赶超，政策的调整等，期间一定有很多传统企业会趴下，而新的企业会不断涌现，这是历史的规律。要想在竞争中不断超越，还必须坚持"持续"的创新，才能持续地发展，创造超值的价值。想当年苹果的发展也很痛苦的，但正因为坚持不断地创新才走到今天，才有今天引领市场的力量。当然，也正是因为企业在创新中存在各种各样的问题，才让我们的世界充满不确定性，充满了挑战，充满了魅力。

竞争的力量

分析中国经济发展的第一方阵，能够进入全国500的企业，往往都是成功的榜样。然而，就是在这样的榜单里，那些已经具有一定规模的企业，在他们的"长大"的过程中一定也面临过很多挑战，这样的挑战，往往是企业改变成长命运的重要阶段。浙江省工业企业在近20到30年的发展经历，也很好地说明了这个问题。

以蓄电池行业为例子，浙江省有两家标志性企业——超威公司和天能公司。蓄电池是一个介于传统和新兴产业之间的行业，近几年发展十分迅猛。它们的快速增长，首先来自于我国近几年汽车产业的发展，尤其是新能源汽车产业的发展，对于储能产品的需求大大增长，这种量的增长有力地促进了对超威、天能公司产品需求的增加。第二，超威公司和天能公司自身产业技术进步，加大传统铅酸电池行业的技术改造，大力发展高端新能源产品，大大提高了产品品质，开拓了市场的新蓝海，有力地提高了市场占有率。第三，政府的大力支持，两家企业的成长过程中各级政府给予了很多政策扶持，特别是近几年的新能源政策方面的产业政策，扶持企业转型升级，实践证明也十分有效。第四，区域经济的集聚效应。两家企业所在的地区长兴县，是省政府首批确定培育的42个现代产业集群示范区之一，长兴蓄电池产业集群特征十分明显，实践证明这种产业组织方式的集群创新，对于企业竞争力的提升起到了积极的促进作用。

更重要的是，这样的积极促进作用还表现在超威公司和天能公司之间的市场竞争机制，在集群内得到了强化。近3～5年来，一个十分值得注意的现象是两家企业的互相竞争。两家企业互相"较劲"，互相促进，形成"你赶我，我赶你"的良性竞争格局，最终实现了双方的共赢。一个产业的魅力和竞争力，最终来源于敢于直面竞争的产业主体。超威和天能的比拼，不禁让人想到了当年浙江省低压电器产业集群的乐清柳市，胡成中和南存辉的故事，也是两家互相"较劲"的企业，其实在相当程度上正是有了德力西，才有了今天的正泰，反过来没有正泰也许就是没有今天的德力西。这种产业集群内的竞争带来的放大效应，是非常值得我们去研究的现象。

这里还必须指出的是,集群内的这种竞争,要讲究"适度"的原则,集群的发展,需要竞争的机制,这是根本。但是如果竞争呈现"恶意"的局面,会导致集群的衰落。这就是理论上讲的"马歇尔陷阱"现象,对于浙江这样产业集群化趋势十分明显的省份来说,政府的产业主管部门要引起高度重视,要在集群竞争出现"恶意"化倾向的时候,采取积极的措施,进行"适度"的干预。学术界也要及时加强研究,提出意见和建议,为企业"长大"当好参谋,为政府科学决策当好助手。

创新的选择成本

从 2013 年榜单上来看,光伏企业仍然一蹶不振。"十二五"期间,国家提出了七大战略性新兴产业发展的产业导向政策。本来进入新能源领域,是符合国家产业政策的创新路上的先行者,但是一个产业是否真正能够成为企业的永续发展的机会?仅有产业政策还是不够的。创新才是一个多种价值导向的综合选择。这种选择非常重要,它的重要体现之一就是企业的投资选择。一个企业能不能"长大",很大程度上取决于你选择投什么、如何投。市场的发展,往往"方向比努力更重要"。

百年老店是很多企业的追求,企业从设立到长大、到成为百年老店,企业家至少应该有三个真心朋友:第一个是经济学家,相当于企业的"发改委、经信委",帮你甄别什么是真正的市场机遇,帮你规划企业的战略是什么。第二个是律师,相当于企业的"司法部、安全部",让你避免规则冲突。企业的律师,不是让他来帮你打官司,而是为了不打官司。企业要长命百岁,避免犯低级错误,就需要身边有个律师来提醒你,帮助你怎么样在规则里做游戏。第三个是医生,企业要长命百岁,当然需要企业家的身体好,才能始终有精力管理企业,这更是一种"以人为本"。企业家是社会最宝贵的资源,关爱自己,才能贡献社会。在转型时期,企业家是很"累"的,要多多关爱自己,社会更要关心企业家,营造一种尊重企业家、尊重创业的氛围。

总结这次的 500 强排名中,为什么后面 200 位洗牌现象特别严重?那些"掉队"的企业主要还是在行业选择、投资决策和管理转型这三个方面出现了问题。这些企业也许也已经有点规模了,在行业里也具有一定水平了,但或许是出现了投资决策上的失误,或许是遭遇管理转型的痛苦,或许是损失了行业选择的机会成本,最终败走麦城。相反,前 50 名的企业,它们的行业特征已经比较明显,投资决策相当科学化,管理层已逐渐形成一定的管理机制,在抵抗风险时,它们自然会表现得相对稳定一些。

六大创新途径

从要素推动向创新驱动转变,是浙江省经济发展方式转变的重要途径,也是省委、省政府"调结构、保增长、控能耗、促转型"的重要战略。创新是一个民族进步的灵魂,更是一个企业发展不歇的动力。

习近平总书记曾提出五个创新为我们指出了操作方向:科技创新、产品创新、品牌创新、产业组织创新和商业模式创新。

首先,产品本身凝聚了生产力、科技等要素,小到一个企业、大到一个国家,产品创新关键还是要靠科技、靠管理,所以产品创新体现的就是技术进步、科技创新。从这个意义上讲,科学技术就是第一生产力。

品牌创新是指企业在拥有量大面广的产品基础上,更要树立自己的品牌。品牌创新不仅体现在科技和管理上,还体现在服务和市场上。企业什么时候才能够做品牌?只有当你不再为了利润而去做企业的时候,你的企业才成为一个品牌企业。到那个时候你的目的不是为了出产品,而是玩一种心态。

产业组织创新是指产业的集中、集聚、集群发展。对于产业特色明显、市场定位清晰的产业,按照"产业链、供应链、价值链"的方式,大力推进传统块状经济向现代产业集群发展,是产业组织方式创新的重要内容,大量的中小企业在产业集群中可以获得较好的"经济生态",对于其发展具有十分重要的促进作用。

商业模式是指企业的利益相关方如何实现共赢。这种创新主要是指一项好技术、一个好商品、一种好服务要被市场所接受,就需要有科学的、符合规律的、为消费者欢迎的模式,这样才能把科技、把产品推向社会,让他们走进千家万户。它考验的主要还是企业整合资源的能力,并通过整合实现企业市场价值的最大化。

这五个创新,正是创新驱动发展战略在工业界、经济界的重要途径。

另外,还要增加一个管理创新。企业如何从家族式管理向现代企业管理转变?从老板经济走向制度经济,是以民营经济为主体的浙江经济转型升级发展的另一个重要内容。企业的政治化趋向是老板经济时代一个值得引起注意的标志。这种趋势表现在企业无论小的时候,还是大的时候,决策权都十分集中。这些年浙江省一些十分有名的企业为什么出问题? 一个非常重要的原因是企业家的政治化色彩太浓重。企业要想打造百年老店,必须要在制度上做文章。任何产业都符合演进的规律,在产业演进的过程当中,民营企业刚开始的时候规模小,投资和管理都是由老板一个人来做没有问题,但是随着企业不断壮大,企业的管理模式就要相应调整,要"权变",要从老板经济、能人经济走向制度经济。这种"软"创新,其实就是一种"硬"创新,要高度重视并积极推进。

（原载《浙商杂志》2013 年第 6 期）

他们为什么败走"麦城"

——企业成长陷阱分析

改革开放 30 多年来,浙江涌现出一批又一批敢为天下先、勇于闯天下、充满创业创新活力的企业家、领头人,推动了浙江经济快速发展。但是,随着市场、技术、要素以及政策制度环境的变化,许多曾谱写过华丽篇章的浙江企业却在市场竞争中没落,甚至倒闭消失,这值得我们深思。

我国经济正进入一个发展速度的换挡期、社会矛盾的凸显期、刺激政策的消化期。浙江企业持续健康发展,必须先看清各类"陷阱",才能少走点"弯路",少支付昂贵"学费",有效避免陷入成长的陷阱,并最终实现跨越陷阱。

陷阱一:背离主业,过多多元化

许多民营企业家在发家之前都涉足过多个行业,可以说今天的主业很多都不是其掘到第一桶金的产业,而是他们取得发展并扬名的核心业务。通过在不同行业内的腾挪转换,企业家积累了一定的原始资金,同时鼓舞了其走多元化的信心。

一旦企业在主业取得较快成长、外部又有相关利好政策以及市场存在暴利诱惑时，往往就会经受不住多元化的诱惑，"将鸡蛋不放在同一个篮子里"，进入到资金需求高、投资回报率高的"赚眼前钱"的产业，快赚钱、赚快钱。然而，即期高投资回报往往意味着高风险，"只见利润，不见或少见风险"的投资心态，使得企业在投资中未能设置相对应的风险规避措施。

什么赚钱做什么，使企业背离主业或形不成主业，导致在变化的环境中失去核心竞争力。正所谓"一艘大海中没有目标的航船，来自任何一个方向的风都是逆风"。

陷阱二：民间借贷、"短贷长投"

融资难，一直是企业尤其是中小微民营企业发展道路上比较严重的一个瓶颈制约。由于制度性原因，在直接融资管制十分严苛、间接融资又倾向于"铁、公、基"的背景下，中小微民营企业主往往在正常资金渠道供应相对紧张时，转向民间借贷，有些企业除了将所筹集的这种资金用于短期拆借外，还进行长期投资。

民间借贷资金期限短、财务成本高、筹集速度快，对于需要"迅速行动"的民营企业来说，是转社会资本为产业资本的有效途径。如温州经济，在改革开放前30多年之所以能够快速发展，一定程度上就得益于这种社会资本的转化制度，创造了著名的"温州模式"。

然而，这种制度往往伴随着巨大的市场风险，特别是在金融形势趋紧、宏观经济发展下行的背景下，若将筹集的民间借贷资金用于往复的短期拆借，出现过度"寻租"，或用于长期投资项目，资金链断裂的风险就会随之而来。

民间集资，短贷长投，企业将承担高额融资成本及现金流更为不足的双重压力与风险。短贷长投，对于市场相对弱势的中小微企业存在这样的问题，即使对于国有股份制银行,也会出现资金链的问题。发生在 2013 年 6—7 月份国内资金市场上的流动性不足而导致的短期利率市场飙升就是一个很好的佐证。

陷阱三:经营决策过度自信

中小企业从创建到一步步发展,企业主们往往要面临很多次生死抉择。

企业一路走来凝聚了他们的大量心血,也使得他们"独裁"决策成为一种习惯。他们自信多年来积累了丰富的经商经验,自信掌握了企业的全局信息,自信自己对于企业经营的独到眼光,以及认定自己做出的决策是最有利于企业本身发展的科学合理决策。因此,企业主们往往不信任、少信任"外人"对于企业发展的决策建议。同时,他们缺少系统的科学决策知识,虽然拿到了 EMBA、MBA 学位,但经验决策、原始核心创业者决策仍然是主流中的主流。这种自信式的"能人经济",往往导致经营风险大大增加。

近年来发生的"富二代"接班问题成为热议的话题,一定程度上就是这种"自信"与"他信"在制度性"冲撞"中的真实反映。

陷阱四:企业的产业发展周期判断失误

无论是新兴产业还是传统产业,每个产业发展都有其固有的发展周期——产业演进内在规律。周期性表现,是针对业内所有企业而言的。

个体企业因进入时间、发展阶段、技术与产品差异等多种原因,在实际经营中,产业周期上行时有失败的企业,下行时也有发展的公司。关键是企业主们能否把握行业发展的客观规律,运用自如地应对周期性过剩或周期性短缺。如果在自身主业所处产业周期判断失误的情况下,仍不适时宜地大举实施扩张,往往会超越企业生产经营"底线",导致企业成长最终走向末路。企业在长大的过程中,往往是呈现出"方向比努力更重要"的结果,顺势而为是很多企业能够做到的,但逆势而上很多企业却未必能够做到。

陷阱五:努力"包装"上市

企业上市,是从"私营企业"走向"公众企业"的重要标志。在成熟的市场经济中,符合上市条件的企业应该都可以上市,而并不是"审批式"上市。

由于国内市场经济制度性安排还是"审批制",很多民营企业家十分相信对付这种制度的"潜规则",条件不成熟,创造条件也要上市,所谓的"包装"上市就成为中国企业"公众化"发展中的一个奇特现象。由于本来就是"包装"的,加上缺乏对企业上市的通盘考虑,仅看到上市成功后可为它们注入大量资金,而没有全面评估成功上市的可能性及所需花费的巨额成本,结果更多的是上市计划未能实现,少量的企业即使成功上市,也背负了沉重的资本成本。而在股市上,这样的企业也成为投资者最大的困惑。

不少类似企业的高管,一旦"解禁",往往套现走人,成为股市中最大的"坑爹"股。这就是通过包装所带来的结果:上不了市"坑"了自己,上市了"坑"了人家。

陷阱六:封闭式经营导致制衡与监督缺失

在"家文化"浓郁的浙江市场上,活跃着的大部分民营企业都带有一定"家族式"管理特征。家族企业一般都由家族内部成员出资成立,企业的中高层、要职都被家族成员所占据,"家长式"管理模式也被推行于企业管理中。

在初创时期,家族式经营管理方式有助于最小化交易成本,而随着企业的不断成长,企业内外部需要协调的资源已远远超过家族内资源。然而,少有企业主愿意出让企业的所有权和控制权,拒绝外部有利资源的流入,人为给企业发展设置了人力、资金、技术等障碍。

同时,推行这种家族管理模式,企业的股权结构往往不尽合理,治理机制往往不尽完善,这其中包括所有者相互间的决策制衡机制不健全以及缺失的监督机制,一些原本可以及时纠正的错误决策,往往会在家族管理中一贯到底,从而导致决策偏离企业正确的经营战略,导致企业在长大的过程中跌入"陷阱"。

(原载《今日浙江》2013 年第 21 期)

敢问"物"在何方

——关于浙江省物联网产业发展的思路与建议

一、浙江省物联网产业发展现状

浙江省是国内开展物联网产业研究和开发较早以及技术研究实力较强的省份之一,处于国内物联网产业发展的"第一梯队",具有明显的产业发展基础优势和提升潜力。

1. 物联网产学研一体化发展处于全国前列

强大的技术支撑力是浙江省物联网产业实际引领发展的重要特点。中国电子科技集团第 52 研究所、36 所、中船重工第 715 所,是国内较早从事物联网相关技术研究与应用开发的军工类企业,在传感器节点与网关设备开发、超声/非声探测设备研制、无线传感网自组网技术、安防技术与设备等领域已拥有多项核心自主知识产权,在国内处于技术领先地位,代表了国家水平。中控集团、浙大网新、正泰集团、德力西集团、华立集团、大立科技、银江电子、鑫诺电子、家和智能等一大批创新型企业在物联网及相关领域不断开拓,是引领浙江省物联网产业快速发展的主力军。同时,浙江省与中科院等国内顶尖研究机构广泛开展产学研合作,早在 2004年,中国科学院上海微系统研究所与嘉兴市人民政府共同成立中科院嘉兴无线传感网工程中心,现已成为我国第三代特种传感设备研制主体,具有较强的技术优势。

2. 产业发展已经全面进入市场成长期,产业基础雄厚

物联网产业发展的基础是 IT 产业,其成长在于信息化程度的不断提高。目前,浙江省已创建了 12 个国家级信息产业特色园区(基地)和一批省级信息产业特色园区(基地),还拥有一大批国家软件产业基地、国家集成电路设计产业化基地,具备对物联网产业发展形成专业化、规模化的配套支撑能力,特别是一批具有核心技术的物联网关键元器件、设备生产商和系统集成、内容服务提供商,成为浙江省在国家层面不可替代的关键支撑。另外,浙江省作为民营经济大省,拥有一大批资金实力规模雄厚的产业资本,若能引导好、鼓励好、支持好这些资本,必能推动物联网产业蓬勃发展。

3. 政府主导,积极推动,形成物联网产业发展的良好氛围

近年来,浙江省十分重视物联网产业发展,将其作为推进经济转型升级、实现工业化和信息化"两化"融合的切实途径。2009 年 7 月,浙江省委赵洪祝书记赴省经信委专题调研时,要求省经信委高度关注物联网产业发展的趋向,研究物联网对新兴产业培育和"两化"融合的重要路径。浙江省委副书记、省长吕祖善于 2009 年3 月专程赴嘉兴调研了中科院嘉兴无线传感网工程中心,研究传感网产业化重点项目,并对全省物联网产业发展做出重要指示,金德水副省长就产业发展专门做出批示。省经济和信息化委员会成立后,即着手制订全省物联网产业的发展规划,开展物联网产业政策调研等。杭州市已经联合省工业经济研究所启动物联网产业调研和发展规划编制工作,提出"感知杭州"的发展愿景;嘉兴市已出台《嘉兴市无线传感网络产业发展规划》，筹建物联网产业园区，以"三一工程"为先导，以中科院嘉兴中心为技术依托，力争通过三次跨越，到2015年将传感网产业培育成百亿元级产业。温州确定乐清市为物联网产业发展的示范区，宁波、绍兴等市在传感网产业化方面也开展了相应的推进工作。

二、发展物联网产业的重点领域和主要途径

立足现有产业基础，整合资源，坚持市场导向、产学研合作、产业化扶持、关键技术攻关、应用示范带动，引导企业加快在监测元器件、传感元器件、网络设备以及技术应用开发等核心领域突破，高端切入，迅速抢占物联网产业发展制高点。

1. 突出重点领域

（1）监测元器件及技术领域

集中力量抓紧突破基于视频、音频、温度、压力、重量、流量、位移、加速度等监测设备信息采集的数字化、网络化技术，进一步提高信息的网络接入能力；着力开发应用于各类嵌入式微控制器的研究与开发，不断满足感知多样性、规模化应用的要求；抓紧研究开发各类嵌入式微控制器的数据转换技术，增强不同传感器之间、人与传感器之间的协同、交互能力。

（2）传感元器件及技术领域

重点推进标准化、低成本、低能耗、长寿命、高稳定性、无辐射危害的传感器研发、制造；开发面向特定行业的传感器网络节点、软件或应用系统；研究开发调制方式多样、能适应复杂使用环境的移动通信接入技术的无线接入设备及其关键部件；破解传感器节点能源供应难题，加快研究太阳能、电磁波嵌入式微纳发电，增强节点的持续工作能力；积极推进多功能、易用、低成本的RFID标签的设计、研制、生产。

（3）网络设备及技术领域

根据物联网产业化应用对网络设备的需求，结合浙江省信息产业发展实际，大力发展应用于物联网领域的大容量、高传输效率的网络数据集成、处理、传输设备；积极开发生产面向 3G 系统各种基站间互联的各种传输设备及软件；研究开发调制方式多样、能适应复杂使用环境的移动通信接入技术的无线接入设备及其关键部件；着手开展 IPv4 向 IPv6 过渡的中、低端网络设备和终端研制与开发。

（4）技术应用开发领域

着力推行涵盖工业信息化、城市管理、交通疏导、安全防范、百姓生活、环境保护等领域的物联网技术应用开发，通过示范工程建立起产品、技术与市场之间的桥梁，推动物联网技术产业化发展。先期重点对公共安全、智能电网、智能交通、汽车电子、环保监测、智能家居、健康监测等具有一定技术成熟性、产业化应用基础的领域予以重点突破。

2. 明确主要途径

（1）坚持市场为导向

遵循市场—技术—资源要素配置路线，充分发挥市场配置资源的基础作用，调动企业积极性，引导企业瞄准市场需求，把握市场前景，创新商业模式，掌握准入标准，以示范工程为基点，积极拓展全国、全球市场。

（2）坚持产学研合作

推动企业与国内外大专院校和研究机构的产学研合作，建立在技术、人才、设备等方面都具备国内一流水准的物联网产业合作机构。整合优势资源，推动产学研合作各方积极主导和参加标准制定、共性和关键技术突破、推进和实施试点示范应用项目，支撑浙江省物联网产业实现跨越式发展。

（3）坚持产业化扶持

集中力量逐步推进各类产业园区、特色园区建设，引导各类物联网企业集聚，延伸产业链,在集中力量重点突破的基础上,进一步推动以点带面,点面结合,从而形成完整的产业体系。

(4)坚持关键技术攻关

立足浙江省现有技术优势,着力破解产业发展关键制约瓶颈,通过政府扶持、引导,开展关键、共性技术研究攻关,努力掌握核心知识产权,形成一批关键技术专利,迅速占领物联网产业发展的高端环节。

(5)坚持应用示范带动

坚持"以用促产"的原则,采取政府与企业合作共建、政府购买服务等多种形式,积极推行试点示范工程,通过示范工程建立起产品、技术与市场之间的桥梁,积极开发市场价值,推进物联网技术产业化发展。

三、关于加快物联网产业发展的建议

1. 完善政府政策导向

成立领导小组协同推进产业发展。建议由浙江省政府领导牵头,省经信委、发改委、科技厅等相关部门共同组成物联网产业发展领导小组,从宏观战略层面提出浙江省物联网产业化发展方向,组织制定物联网产业发展规划和相关扶持政策,确立省级物联网产业试点示范工程并组织实施,审核重大产业化投资项目,建立产业培育协调机制。

完善各项政策措施,引导企业加大投入。研究制定加快发展物联网产业的政策措施,鼓励企业加大创新投入和市场开拓,依托省内研究机构、重点实验室以及一批国家级和省级企业技术中心、工程研究中心,推动创新资源向企业集聚;搭建各类物联网技术创新支撑平台、物联网资源共享与交流平台,为浙江省物联网产业发展提供数据运算、软件技术产品测试、信息交流等多项服务,进一步降低研发成本、优化创新资源。

引导物联网技术向传统产业领域渗透融合，推进传统产业改造。加快实施一批产业关联度大、市场前景好、带动效应好的重点技术改造项目，推进物联网技术向传统产业渗透；针对浙江省制造业为主的产业结构，利用物联网技术提升制造业自动化控制水平，形成传统制造业更高精度、更可靠的智能自动化控制系统；将RFID技术、全球定位系统（GPS）等物联网技术不断集成到现代物流信息系统领域，助推物流运输业走向高端服务。

建立服务机构，推进物联网技术产业化应用。积极利用政府和社会资源，建立以产业化应用培育和推广为主要职能的专业机构，如"浙江省物联网产业化发展中心"，利用已有的技术研发和产业化基础，通过国内外各类要素整合，以示范工程为切入点，组织制定物联网产业标准，积极探索物联网产业化的模式和协作方式，组织各类技术交流和服务、人才培训与指导、应用领域研究等工作。

2. 突出产业规划引领

启动规划编制，引导各地产业合理发展。浙江省经信委将联合多方力量，抓紧着手全省物联网及相关产业的调查研究，进一步摸清浙江省物联网产业发展现状。在深入调研的基础上，开展物联网产业发展规划编制工作，明确产业发展方向、重点领域与空间布局，指导浙江省物联网产业有序发展。

加强政策衔接，形成"上、下、左、右"互动发展。物联网产业是关联度非常高的产业，要加强与国家及兄弟省市的政策衔接，主动参与国家重点项目攻关和标准体系建设，各重点地区结合当地产业发展实际，应出台相应的实施意见，指导当地物联网产业的发展。

推进标准化建设，占领信息技术先机。充分利用中科院嘉兴无线传感网工程中心联合中科院微系统所技术牵头国家传感网标准制定并主导国际传感网标准制定的有利时机，建立和完善物联网的标准化体系。积极发挥行业龙头企业作用，参与有关行业标准的制订。

3. 推进产业集群建设

积极打造国家级物联网产业基地。建议以杭州市为核心区,嘉兴市、温州乐清市等为产业支撑区,加快行业龙头骨干企业培育,尽快推进浙江省物联网产业基地建设;整合现有技术研发机构和重点企业,结合公共技术服务平台建设,逐步构建物联网产业集群,巩固浙江省物联网产业的领先地位。通过与工信部、国防科工局等建立战略合作关系,打造国家级物联网产业基地。

鼓励多方参与,发挥网络平台支撑作用。联合省移动等网络运营商,积极构建"浙江省物联网技术平台",开拓 M2M 等物联网业务,满足各领域物联网技术应用的数据接入、处理服务需求,支撑物联网技术产业化发展;发挥各类技术创新支撑平台的技术、设备、人才优势,围绕产业共性问题、技术标准化、产业化应用问题,开展集中攻关研究;加强技术创新支撑平台服务产业发展的能力,积极为产业化应用产品、系统、数据运算、衔接以及中间件、应用软件提供公共检测、测试服务。

4. 加强产学研合作

成立物联网"产学研用"联盟,充分发挥合作优势。以现有主要研究机构、企业和产业化推广机构等为主要组织者,建立合作机制,在浙江省物联网技术与产业化发展进程中发挥引领作用。以"合作共赢"为目标,通过产业联盟促进各领域在技术创新、应用开发和市场开拓等方面的合作,形成行业自律的良好局面,推动整个产业健康持续发展。

推进产学研合作办学,加强人才队伍建设。重点发挥高校在电子信息、计算机、自动控制、通信、软件等多学科领域的专业优势,倡导高校与物联网企业、研究机构进行合作办学,形成多层次的人才培养体系。积极引进优秀人才,加强企业工程技术人员的再培训,进一步完善人才引进和培养平台建设。

5. 加大要素保障力度

设立专项资金,集中力量扶持物联网产业发展。参照江苏省做法,建议设立浙江省物联网产业发展专项资金,对实施试点示范工程、引进培育龙头企业和重大项目、突破关键核心技术、构建区域创新体系、搭建产业发展平台等方面给予资金扶持。

推进融资体系建设,引导社会资本参与物联网产业发展。进一步开放准入门槛,组织创业投资引导基金投资物联网产业,充分发挥其对社会风险投资资本的引导、示范作用;不断完善风险投资退出机制,切实提高风险投资效率,提高风险资本投资积极性;切实推动有条件的企业通过境内外上市或股权交易融资。

（原载《杭州科技》2010 年第 1 期）

再议"余额宝"

　　自从央视证券资讯频道执行总编辑兼首席新闻评论员钮文新，将余额宝比作趴在银行身上的"吸血鬼"、典型的"金融寄生虫"、应该予以取缔以来，有关余额宝的是是非非成为中国经济生活的重要话题。余额宝到底是一个正面"宝"，还是一个反面的"鬼"，我觉得管理当局、理论家、评论者暂且不要过早给出一个论断。余额宝发展得再快，也有个过程，目前它还只是条小小"虫"（占中国全社会的融资比例只有 3％），害虫也罢，益虫也罢，需要社会各界冷静地观察，包容地看待。中国现今社会发展比较快，新生事物比较多。央视是中国高层声音的代表，最大限度、包容地看待余额宝这类的新产品和新服务，更能够体现泱泱大国的气度。

　　关于信息化与金融业的关系，比尔·盖茨有个很著名的观点："如果传统银行不改变的话，他们就是 21 世纪一群要灭亡的恐龙"，这恐怕是对互联网与银行业最大碰撞的完美阐释。比尔·盖茨这句话，我的理解至少有三层含义：一是这是一个信息化的社会、知识经济的时代，网络信息技术是这个社会的主导技术，任何组织只有顺应这种发展趋势，才能引领时代的发展。二是金融业是现代经济的核心，银行业是国家金融产业发展的主体，但即使是像这样的行业、这样的金融企业，如果不能够顺应信息化和网络经济发展的要求,同样会被社会淘汰。三是以恐龙为例,就是一个很好的证明。恐龙在三叠纪是毫无疑问的地球统治者,但它们为什么会消失?非常重要的原因就是外部生存环境发生改变后,恐龙不适应新食物,不改变饮食策略,难以与占优势的鸟类与哺乳动物争食物,最终失去繁衍空间,退出历史舞台。银行企业在众多市场主体中,规模和效益都是最具竞争力的,是恐龙级的企业组织。但是,如果在商业环境发生改变后,这样的组织像恐龙一样,不顺应趋势,不改变经营策略,也就无力与占优势的互联网金融争市场,最终会失去储户,失去发展空间,失去市场。

从《第三次浪潮》到《第三次工业革命》,信息与网络经济时代已经到来,"技术"创新层面的信息化正逐步演变为"技术＋管理"创新的信息化,随着信息技术为主导的经济社会管理范式形成,"管理"层面创新将最终成为信息化建设的终极目标,当然必须指出,这种终极目标也只是阶段性的。在余额宝问题上,以下认识可以共鉴:

第一,余额宝是基于信息与网络社会的一种金融服务模式创新。根据《中国互联网络发展状况统计报告》(CNNIC 2013 年 7 月),截至 2013 年 6 月底,我国网民规模达到 5.91 亿人,互联网普及率为 44.1％。根据阿里研究中心的报告,中国网购的人群已经达到 2.7 亿人,比英法德三国加起来的人口还要多 6000 万,中国经济社会的互联化趋势十分明显。金融业是现代经济的重要组成部分,更是现代生活的重要组成部分。基于网络技术背景的金融业创新,是一种巨大的需求,谁适应了这种需求,谁就寻找到了巨大的商机。余额宝就是为了迎合这种"适应"的一种创新,只不过阿里集团比银行界的大佬们先行了一步。其实,在信息化风起云涌发展的现代社会,银行业信息化的步伐从未停下来过,监控、认证、电子银行等,所有的推进可以形象地概括为"银行的信息化",这种信息化更多是为银行自身改善管理、提高效率服务的。而余额宝则从顾客主体的角度去创新商业模式、改变服务模式,在获得自身合理收益的同时,为顾客创造更多价值。这种创新体现出强大的魅力,尽管是几元钱的目标市场,却表现出了生生不息的活力。

第二，余额宝对于"门槛"以下的社会大众增加投资机会提供了可贵的渠道支撑。有人说今天的中国经济社会发展，不是"钱荒"，而是"钱慌"，不要说"土豪"，即便是一般群众，要拿出 500 元、5000 元、50000 元进行投资理财，都是没有太大问题的。今天的中国经济发展，缺乏的不是资本，而是创新。然而创新需要一个过程，需要积累，对于逐步富裕起来的广大中国人来说，如何使自己的财富保值、增值？存银行，这是一个负利率时代；投资股票市场，对众多散户来说，为"庄家"打工；基金理财，几十元、几百元、几千元的客户，门槛都迈不进。而与此形成鲜明对比的是，通胀却以坚定不移的脚步往前走。毕竟大多数人都不是"土豪"，如何呵护自己的财富？余额宝为社会，尤其是基层社会提供了一个崭新的平台。过去，人们在银行柜台边看到"零钱捐款箱"的时候，会丢下 0.1 元、0.5 元、1 元钱，那是金融大佬们利用渠道优势为社会筹集善款。现在，进入网络时代，人们在余额宝平台上看到"很多个 1 元＋很多个 1 元＝网络金融"时，在余额宝平台上投下"很多个 1 元"时，余额宝还只是老百姓理财的重要渠道；而当众多人投下众多的"很多个 1 元"后，余额宝也就成为充满魅力的新生事物。

第三，余额宝对于倒逼中国金融机构，尤其是国有金融机构的转型起到了十分积极的作用。中国的金融机构，尤其是国有金融机构，基本上都是世界 500 强，这成为中国特色社会主义经济的"地理标志"。但是中国银行业的发展如何服务广大百姓？微笑服务、全天候服务、协议存款、增加网点是重要的，但更重要的是推行基于网络经济、云计算、大数据时代的新的经营方式。以前的中国社会是割裂的，其社会管理和服务是垂直的。但现在的中国社会是一个网络化、多元化的社会，社会管理和服务业必须是扁平化、网格化的。那种到银行业务大厅里才能享受银行服务的模式一定会被时代所淘汰。有一点可以肯定，银行业的发展，再多设立分支机构，再增加网点，也比不上网络金融服务的扩张规模和速度。银行业要顺应信息社会的发展趋势，努力从"银行的信息化"时代走入"信息化的银行"时代，是一种必然的选择。事实上"银行的信息化",已经成为当今中国银行转型的重要推动力量。招商银行的董事长马蔚华表示,十几年前招商银行开始搞互联网时只有 200 个网点,到现在也不到 1000 个网点,但是招商银行今天已经成了一个庞大的零售体系,成了亚太十大标杆零售银行的体系,靠的就是不断推进信息化的建设。然而,在今天的银行业靠牌照生存发展的大背景下,信息化的发展只是一种技术手段,而不是模式上的颠覆性创新。从技术创新逐步走向技术与制度融合创新,并逐步形成基于网络经济时代的银行业发展模式,是一个值得深入研究的大课题。

第四,余额宝问题凸显了政府对金融行业监管的"惰性"。金融是国家信誉,任何国家都有严格的金融管理体系、政策制度和法律法规。余额宝横空出世,就让数以千亿元级的存款搬了家,尽管在这个资本市场中所占的比重不高,但是从相对数量上已经不是一个"小数",如果余额宝团队也像其一些中小型民营企业一样,来个"跑路"什么的,政府连想买单的机会都没有。中国经济社会正处在转型发展、跨域中等收入的关键时候,经济稳定的需求、社会和谐的要求,都考验着政府的执政能力和治理能力。"惰性"是一种"懒政"的表现,很难面对日新月异发展的各种新生事物。政府要及时提出类似金融业监管的方法,出台相应的制度,规范经营行为。当前,随着余额宝吸纳社会资金量化的过程,要及时出台互联网金融的监管办法,切实加强对类似余额宝资金的引导和管理,防止各种强化"以钱炒钱"的行为,切实把风险控制在合理的范围内。余额宝在中国,实际上已经成为互联网金融的代名词,既然金融业发展还处于一个依靠"牌照"为主的管理模式下,不妨把余额宝从制度外纳入制度内管理;银行企业在互联网金融时代,有系统安全、风险控制的竞争优势,也面临着储蓄搬家、理财增值的竞争压力,为什么不支持银行企业从传统柜台上向网络平台拓展发展、与余额宝同台竞技?给余额宝发一个"牌照",支持银行企业走一条"信"路,探索创建中国第一家"阿里网络银行",也许是可以考虑的最佳选择之一。

（原载《浙江日报》2014 年 3 月 19 日,有改动）

春江水暖鸭先知

——PPI 连续 29 个月是负数说明了什么?

9 月份已经来临,今年的经济运行得如何? 定向精准式调控,对于当前经济运行有没有起到有效的"发力"? 在经济进入新常态下,政府调控和市场主体该如何客观地把握经济的走势,要有一个十分清楚的认识。从目前国家每月公布的GDP、CPI 看,宏观经济运行正在向好的方面转变,对于完成年初确定的目标,应该没有太大的问题。自下半年以来,从公开指标上看,各种迹象显示经济运行的确开始企稳回升,向好的区间转变,但是否就此说明宏观经济已经筑底回升,还需要进一步分析。

以 PPI 指标为例,从 2012 年 3 月至今,PPI 已经连续 29 个月负增长,应该引起社会各界的高度重视。PPI 是企业生产者价格指数。这个指数是反映国民经济运行健康与否的重要指标,是市场供求关系最直接的度量指标。国民经济的基础是建立在以企业为主体的基础上的,只有生产企业发展稳定了、健康了,GDP、财政才能稳定、健康,而生产企业稳定和健康的主要衡量指标就是 PPI 能否稳步提升。根据国家统计局发布的 2014 年 7 月份 PPI 数据显示,PPI 环比下降 0.1%,同比下降 0.9％。至此 PPI 已经自 2012 年 3 月起连续 29 个月负增长。

PPI 这个走势,告诉了我们什么? 如果用一句话来说,那就是经济目前仍然处于下行区间,企业的生产经营情况仍然没有根本好转,实体经济发展仍然处于非常困难的时期,经济出现输入性通缩的可能性仍然存在。具体讲,至少有以下五个方面。

第一,PPI 持续两年多为负值,意味着"实体经济一直处于通缩状态"。从生产的角度上看,实体经济,尤其是以制造业为主体的工业经济发展,库存压力明显加大,加上一些行业产能过剩,更加重了这种压力。近期的目标应该是大量去库存。如加大市场开拓的力度,创新市场开拓的方式,切实把企业经营的注意力引导到去库存上。政府促进经济发展的着力点,应该放在帮助企业尽快去库存化上。

第二,PPI 持续负增长,表明目前宏观经济运行仍然处于工业化加速期,产业结构基本上还是以重化工业为主体,体现出工业化的中期为主要阶段性特征。在终端产品生产上,低档产品产能严重过剩,无法适应进入"中等收入社会"的新需求,这是当前经济运行上非常突出的矛盾。这再一次说明改变传统工业化道路的"三高一低"的发展方式,已经到了刻不容缓的地步。要推动工业化进程,必须走新型工业化道路,特别是要在转型升级上下功夫,努力在进入高端产业和产业的高端环节上下功夫。29 个月的 PPI 数据,再一次证明没有工业的现代化,不可能实现经济的现代化。

第三,PPI 的负增长趋势进一步扩大,表明微观主体(企业)的生存环境还是没有得到改善,甚至还会继续恶化。PPI 负增长延续的时间越长,企业生产经营所付出的代价越大。今年上半年浙江萧山、柯桥等地一批基础尚不错的企业也进入倒闭行列,就是一种证明。PPI 在负增长,即使其他成本维持不变,企业的净现金流也会越来越弱,不少企业就会由于现金流断裂而"被倒闭"。在市场环境没有根本改变的情况下,改善工业经济的运行环境,最直接的是从企业减负上入手,减负比财政贴补式、返还式转移支付更为有效。其次,要把降低企业的融资成本作为主要的举措。如根据财报数据,一季度、二季度银行业的净利润率均在6%以上,而制造业平均利润未达到3%。对于以制造业为主体的实体经济,可以采取利率最高限价的方式,降低企业融资成本。而不是以利率市场化"议价"的方式。实际上,利率的市场化所推行的"议价"制度,对于中小企业,尤其是小微企业来说,是不会有实质性意义的。因为小企业处于"议价"的"弱势"方而不是"强势"方,"议"的结果往往是提高资金价格而不是降低。

第四,表明市场预期仍然在观望之中。3年前较为宽松的货币政策,直接推动了PPI的持续攀高;随着刺激政策的逐步退出,PPI就开始走低。持续的走低,微观主体的预期仍然在等待,希望高层实施再刺激政策。事实上,很多专家预计,到今年年底PPI不一定能够由负转正,即使在新常态下,为了确保一定的经济速度,管理层会在一定程度上改变或变向现行宏观经济政策,这已经成为另外一种对经济形势和走势的解读。但是,必须指出,社会需求已经改变,靠简单的扩张性的货币政策和大规模政府投资来拉动增长,是不可持续的。宏观经济政策必须继续坚持"调结构、稳增长、促转型、惠民生",产业结构决定了需求层次,也决定了经济结构。财政金融政策必须和产业结构调整找到交集,而不是平行推进,对这种社会预期必须做出正确的引导。

第五,产业资本仍然处于流出为主的状态。PPI的长期低迷,产业资本就会加速从实体经济流出,削弱工业经济的发展后劲,减缓经济回升之路。PPI的长期低迷,会直接影响到老百姓手中余钱的走向,存款转化为产业资本的规模会大量缩小。如果这些存款进入流通领域,还会大大推动CPI指数的上扬,游资炒作的各种现象又会涌现。事实上从8月份开始,"姜你军、蒜你狠"已经出现卷土重来的苗头。必须通过引导,设定PPI在一个相对合理的区间,让微观主体有个缓冲期,能够筑底企稳。对于出口型企业来说,尤其是汇率政策,影响十分巨大,人民币的汇率不能够再升值。外贸政策上,稳住汇率是第一要务。

（原载《浙江经济》2014年第19期,有改动）

阿里巴巴成功赴美上市意味着什么？

中国大陆 IPO、香港 IPO、美国 IPO，经历近两年时间的谈判、筛选，阿里巴巴终于在 2014 年 9 月中旬在美国正式 IPO。根据目前的乐观估计，IPO 后的阿里巴巴市值将超过 2000 亿美元，而马云因持有 7.3% 的股份，上市后的个人资产将达到 218 亿美元，成为中国的首富。近段时间来，大小媒体、各种场合，这几乎都是头条新闻。阿里巴巴成功赴美上市到底意味着什么？我认为至少有五个启示。

第一，只有顺应新科技革命的大潮，才能实现跨越发展。 从托夫勒的《第三次浪潮》到里夫金的《第三次工业革命》，明确地告诉我们人类社会正在大步迈入信息社会，以大数据、云计算、物联网、移动互联网为代表的新一代信息技术的广泛应用，已经带来生产方式、生活方式前所未有的变革。阿里巴巴从成立到 IPO，用了 15 年的时间，市值将达到 2000 亿美元。小米公司，从设立到开始进入手机产业，仅仅用了 3 年的时间，销售收入从 5 亿元增长到 316 亿元。这是传统经济发展模式根本无法实现的。信息经济的发展，是传统经济学的生产函数根本无法解释的。中国经济要实现大国崛起，跨越发展，必须顺应信息经济发展的大潮，主动谋划，积极有为。面对资源、要素、环境的制约，各级政府在"十三五"规划制定的过程中，要把如何发展信息经济作为第一要务。正所谓习近平同志所讲的"没有信息化,就没有现代化"。

第二,互联网时代,正在成为一个公平的创富时代。从计划经济转向市场经济,中国经济社会发展取得了巨大的成就。根据外媒报道,1978年,中国人均GDP只有381元人民币,到2012年已经上升到3.84万人民币,即使考虑物价上涨了16.2倍,中国人实际收入已经增加了100倍。2013年的中国货物进出口总额创纪录的4.16万亿美元,力压美国成为世界上最大贸易国。但是中国社会贫富不均(基尼系数接近警戒线)、机会不平等、发展不平衡等问题异常突出。经济社会的可持续发展,一方面呼唤改革和法治来促进和维护社会的公平和正义。另一方面呼唤通过互联网经济的不断发展,来改变传统经济社会的发展方式和管理方式。互联网最积极的意义是,它对每一个创业的主体来说都是公平的,正如弗里德曼所讲的"世界是平的"。马云及其团队的成功,从根本上讲是个人奋斗的结果,而不是政府扶持的结果。只要你拥有足够的智慧和精力,去拥抱互联网时代、驾驭互联网经济,你也可以成功。马云和阿里巴巴,是"中国梦"最生动的案例。

第三,面对新常态,中国经济的形象在改变。美国《财富》杂志发布的2014中国世界500强,前十位的均为中国国字号企业。前三位分别是:中石化,2.88万亿人民币(约4500亿美元);中石油,2.26万亿人民币(3500亿美元);中国建筑,0.68万亿人民币(1062亿美元)。随着阿里巴巴的成功IPO,这一次序将被改变。预计在今后一个较长的时间内,阿里巴巴将稳居中国世界500强的前三名。阿里巴巴作为互联网经济的代表企业,将中国经济从资源型经济、金融型经济带入消费型经济、服务型经济。IPO后的阿里巴巴,将进一步围绕互联网经济的发展,在技术进步、商业模式、文化创意、金融服务等方面,颠覆传统技术、商业、文化、金融等,塑造一种全新的现代文明。一批依托阿里巴巴而成为新富的"土豪",会成为这种新现代文明最直接的推动者。

第四，阿里现象，将为中国社会创新发展注入强大的正能量。纵观人类社会的每一个时代，都有时代的榜样，正所谓榜样的力量是无穷的。马云正在成为今天这个时代的英雄和榜样。当今的互联网经济是最适合年轻人追梦的大舞台，在这个舞台上，中国社会需要引领者。我们希望多一点马云式的人物，少一点凤姐式的炒作。马云当年怀揣着自己的梦想，寻找自己最适合的发展机会，创造自己的发展平台，在杭州西子湖畔成立了阿里巴巴，一路走到了今天。当然，马云也不是浮云。十五年的创业生涯，有成功，也有痛苦。曾几何时，阿里巴巴也饱受争议。这一切的一切，都随着阿里巴巴的成功上市而烟消云散。"走你的路，让人家去说吧。"

第五，阿里巴巴，新常态下正考验着政府驾驭市场经济的能力。阿里帝国是一个新经济生态体系，它不仅仅只有阿里巴巴 B2C，还有阿里金融、阿里云等。中国第一家网络银行估计很快将会诞生。互联网经济相对于传统经济来说，是一个新生事物，而且这种新生事物将成为一种新常态。长期以来，我们经济的管理制度和管理方式，在相当大程度上是建立在传统经济的思维模式上的。所以，当余额宝、支付宝这样的产品推出来的时候，不但传统的银行业感到了极大的压力，甚至管理当局也感到无所适从。取缔余额宝、收购支付宝，也许都是一厢情愿的想法。随着时间的推移，各种网络经济的模式创新，一定日新月异（如"空付"）、迅速发展，政府该如何应对？正如麦肯锡《中国的数字化转型》中描述的一样，如果说货币经济的本质特征是货币作为价值尺度和流通手段发挥作用，那么当信息经济全面发展，数字化转型完成时，灌注了信任"币值"的信息开始具有价值尺度和流通手段的作用（事实上支付宝已经成为价值尺度和流通的手段），将全面颠覆政府现有的宏观调控手段，政府必须未雨绸缪。

（原载《浙江日报》2014 年 9 月 22 日，有改动）

后　记

在考虑将本书正式出版的时候,正是十八届三中全会提出"市场起决定作用"一周年之际,也是2008年全球金融危机以来,中国经济从2008年11月推出4万亿投资计划到2014年11月央行下调金融机构人民币贷款和存款基准利率0.4个百分点之际。无论是经济大家还是一般民众,无论是政府官员还是工商界人士,无论是外媒还是国内大小媒体,都高度关注中国经济未来的发展趋势。

回想近3~5年来,从党的十八大对改革开放30多年的科学总结,到对中国特色社会主义事业发展的"道路自信、理论自信、制度自信"的总体评价,特别是十八届三中全会以后,真正开启中国经济百年崛起第二个30年的平稳、健康、协调发展之路的探索,解决中国经济"不平衡、不协调、不可持续"的突出矛盾和问题,是中国特色社会主义理论创新与实践的重要方向。中国经济的百年崛起绝不是第一个30年的"风景这边独好",更是第二个30年的发展问题。如果第二个30年,中国经济不能够保持较好发展的话,中国梦是要落空的,发展问题仍然是中国的第一要义,这决不能动摇。要坚持发展,但传统的高污染、高排放、高消耗、低效益的"三高一低"的发展方式,必须摒弃。发展是硬道理,但是污染没有任何道理。雾霾笼罩,绝不是崛起中国的形象,群众也不会答应。如何实现转型升级发展成了当前中国经济最大的问题之一。

2001 年加入 WTO 后,中国成为了"世界工厂",2010 年 GDP 超过日本,成为全球第二,成就斐然,中国的工业化成为全球经济发展最成功的实践。2013 年,中国人均 GDP 已经超过 6700 美元,达到了理论上的"中等收入"。中国会不会陷入"中等收入陷阱"成为中国经济"十三五"前期研究的重大问题。国家主席习近平在 2014 年召开的 APEC 会议上指出,中国有信心、有能力跨越"中等收入陷阱",这种跨越是继续坚持在"世界工厂"的道路上前行,还是"退二进三",将发展服务业作为第一经济战略?无论在理论上还是在实践上,都需要重新考量。

纵观中国经济的发展走势,在全国经济版图中,浙江改革开放 30 多年经济发展的轨迹,可以说是这种中国经济发展轨迹的典型代表。21 世纪初洛桑管理学院在研究中国经济的课题中,将浙江称为"中国模式的浙江版本"。从一个资源小省、人口小省、经济小省,到中国经济的"第一方阵",浙江是这种跨越发展最典型的省份。可以说如果把浙江经济发展的得失研究清楚了,在相当程度上中国经济如何发展的问题也就研究好了。这就是本书之所以取名《问道中国经济转型升级》的主要考虑。

本书最大的特点是观点性、争论性、代表性、公开性。观点性,如中国经济在未来较长一个时期内,都要坚持把发展工业作为重大发展战略,一以贯之,还是寻找新的发展道路?争论性,如工业、服务业,谁主沉浮?代表性,从一个区域的角度,而不是中国经济的全部,窥一斑而见全豹。公开性,本书所收录的文章,绝大多数都是在地方主流媒体上公开发表过的,接受时代的检验,本书的出版是"串珠成链"。

如果说本书有什么缺憾的话,就在于书中研究所涉及的大多是浙江地方经济发展轨迹,如果能够加上中国其他一些省份,或者中国经济转型升级的理论与实践的话,那就更为全面,更具对比性了。本书可供从事工业化发展、区域经济研究、产业政策制定、县域经济转型升级实践等方面的专家和领导参考,也可以为开展中国经济观察、研究的相关机构提供有益的借鉴。

在本书整理出版的过程中,中国社会科学院工业经济研究所所长,国内产业经济、区域经济研究领域著名的学者金碚研究员专门为本书作了序。曾任浙江省经济贸易委员会主任、浙江省委统战部部长、浙江省政府党组成员,现任浙江省政协副主席汤黎路教授也为本书作了序。两位长者都是笔者十分敬重的专家和领导,在此表示深深的感谢。浙江省经济和信息化委员会综合处副处长罗延发博士也为本书的出版提出了很好的建议,浙江省工业经济研究所的助理研究员任洒洒为本书的出版做了大量的基础工作,在此一并表示感谢。

中国经济发展,已经进入"新常态",进入以"绿色、智慧、超常、融合"等为主要特征的转型升级阶段,将呈现出新的特点。作者由衷希望与广大读者一起探索未来中国经济发展的道路。欢迎广大读者对本书批评指正并与我联系。我愿和大家一起,在"新常态"下,共同问道转型升级。同时,期待本书再版。

兰建平(Jnlan@aliyun.com)

2014 年 12 月 18 日于杭州

图书在版编目（CIP）数据

问道中国经济转型升级 / 兰建平著. —杭州:浙江
大学出版社，2014.12

ISBN 978-7-308-14156-7

Ⅰ.①问… Ⅱ.①兰… Ⅲ.①中国经济－转型经济－
研究 Ⅳ.①F12

中国版本图书馆 CIP 数据核字(2014)第 284754 号

问道中国经济转型升级

兰建平　著

责任编辑	赵博雅
封面设计	水玉银文化
出版发行	浙江大学出版社
	（杭州市天目山路 148 号　邮政编码 310007）
	（网址:http://www.zjupress.com）
排　版	杭州中大图文设计有限公司
印　刷	杭州丰源印刷有限公司
开　本	710mm×1000mm　1/16
印　张	19.75
字　数	266 千
版 印 次	2014 年 12 月第 1 版　2014 年 12 月第 1 次印刷
书　号	ISBN 978-7-308-14156-7
定　价	48.00 元